18 Pasos

para desarrollar tu negocio

Linda Pinson

Traducido por: Doris Benavides

OM..IM

OUT OF YOUR MIND...
AND INTO THE MARKETPLACE™

Traducido de la edición en ingles de *18 Steps for Starting Your Business*

Autora: Linda J. Pinson

Traductora: Doris Benavides

Editor: Juan Carlos Ferrufino

Diseño interior y de portada: Linda Pinson

Foto de portada: La foto de la portada se usa con permiso y derechos de autor del fotógrafo Diego Cervo. (©Diego Cervo. Image from BigStockPhotos.com)

Publicado por: OUT OF YOUR MIND...AND INTO THE MARKETPLACE™
13381 White Sand Drive
Tustin, CA 92780-4565

714-544-0248 (Information)
800-419-1513 (Orders)
www.business-plan.com

Impreso en Estados Unidos de América

Pinson, Linda.
18 Pasos para desarrollar tu negocio: comienza hoy un futuro sólido. Traducción en español de 18 Steps for Starting Your Business/Linda Pinson.
p. cm.
Incluye índice.
ISBN-13: 978-0944205-22-8
ISBN-10: 0-944205-22-4
1. Pequeño negocio. 2. Nuevas empresas. 3. Negocio exitoso–Estados Unidos. I. Título
HD62.5 P565 2008

Dedicatoria

Dedico este libro a Juan-Carlos Ferrufino. Jamás podré pagarle la deuda que tengo con él por su contribución a este libro. Él creyó en el valor potencial de los empresarios de habla hispana y ofreció su tiempo voluntariamente para trabajar en este proyecto. Decir que Juan-Carlos editó la traducción y revisó el contenido sería mencionar sólo una pequeña parte de la historia. Su experiencia en negocios, generosidad y apoyo total en este proyecto fueron proporcionados gratuitamente y sin limitaciones. Él es realmente un buen hombre y de gran valor para quienes entran en contacto con él. Gracias, Juan-Carlos, desde lo profundo de mi corazón.

Juan-Carlos Ferrufino tiene una gran experiencia en desarrollo económico y comercial. En el Centro para Mujeres y Empresas (Center for Women & Enterprise) Juan-Carlos ha impulsado programas de negocios en español y ha trabajado con negocios medianos y grandes, apoyándolos en la creación de estrategias de crecimiento. Trabajó para la Municipalidad de Boston ayudando en los esfuerzos de revitalización de distritos comerciales. Juan-Carlos tiene gran experiencia en micro y macro finanzas, habiendo servido como director de ACCIÓN USA en Nueva Inglaterra y como prestamista comercial en el banco East Boston Savings Bank. Él produce y dirige el programa radial en español "Guía Económica", mediante el cual educa a la comunidad hispano parlante sobre economía doméstica y empresarial. Con frecuencia es invitado a conferencias de negocios. Juan-Carlos es líder del comité de educación de la Alianza de Boston para la Inclusión Económica del FDIC, proyecto que promueve la educación financiera a nivel regional. Juan-Carlos es miembro fundador de la Asociación Latinoamericana de Negocios (Latin American Business Association) y de NAHREP- Boston. Ha servido por 5 años como vice cónsul de la República de Bolivia en Boston. Actualmente, el está ayudando en la creación de Veritas Bank, el primer banco latino en Nueva Inglaterra. Juan-Carlos es originario de Bolivia y reside con su familia en Boston, Massachusetts. Su tiempo libre lo disfruta tocando música boliviana y jugando fútbol soccer.

Reconocimientos

En la última redacción de esta edición de mi libro para nuevos negocios y su subsiguiente traducción al español, he tenido la buena fortuna de contar con la ayuda de muchas personas talentosas y generosas.

- **Doris Benavides,** la traductora de este libro. Ha sido un gozo trabajar con ella. Nunca es fácil encontrar el traductor apropiado para un libro de negocios en español. Cuando más la necesitaba, Doris (leer su biografía en la última página) aceptó el reto. Gracias, Doris, por tu maravilloso entusiasmo y por cumplir con mis imposibles fechas límite.

- **Janet Cronick,** propietaria de Ultimate Gifts y ex presidenta de la Asociación Nacional de Mujeres Latinas de Negocios, durante mucho tiempo ha estado trabajando en la educación de empresarios latinos en Estados Unidos y en América Latina. Gracias, Janet. Tu amistad, tu entusiasmo y tu apoyo ayudó a hacer posible este libro.

- **Andrew Hernann,** Chicago, IL, participó en el proceso inicial de traducción. Agradezco a Andrew por su entusiasmo con este libro y su deseo de trabajar a favor de la educación empresarial entre la comunidad hispana. Andrew es de origen puertorriqueño, tiene un grado universitario en español y es traductor de las cortes..

- **Ndaba Mdhlongwa,** dueña de Business Plan Solutions en Dallas, Texas (www.businessplanprofessionals.com), trabajó conmigo durante la redacción y edición de nuevos capítulos para el libro. Ndaba ha trabajado conmigo durante ocho años en varios libros y software, incluyendo el desarrollo de un Manual para Instructores para la edición en inglés de "*Steps to Small Business Start-Up*" (Pasos para un nuevo pequeño negocio).

- **La comunidad de entrenamiento empresarial.** He estado trabajando en esta idea de producir este libro en español durante tres a cuatro años. Para lograr que fuera possible, todo debía estar en orden. Tenía que saber si existía la necesidad del libro. Necesitaba un traductor (ya que sólo sé el suficiente español como para ser peligrosa). Requería de asesoría sobre parte del contenido. Recibí todo esto de personas involucradas en varios programas para empresarios en escuelas y centros de entrenamiento. Ninguna persona tiene éxito por sí misma. Agradezco a todos ustedes por hablar conmigo, referirme a otras fuentes y por animarme a completar este libro. Han sido invaluables.

Gracias Doris, Janet, Andrew, Ndaba y todos los demás. Éste no es sólo un mejor libro debido a ustedes. Sin ustedes este libro no existiría. Les doy gracias y sé que mis lectores también les agradecerían personalmente si tuvieran la oportunidad.

Sobre la Autora

Linda Pinson es una autora galardonada, experta en planeación de negocios, conferencista, asesora y educadora de negocios reconocida a nivel nacional, con una especialidad en la gestión financiera y desarrollo de planes de estudios sobre pequeños negocios. Linda es autora de nueve libros populares para empresario y es la desarrolladora y editorialista del exitoso programa de software de plan de negocios, *Automate Your Business Plan.* Los libros de Linda son usados extensamente como parte de la currícula en universidades y centros de entrenamiento empresarial. Han sido traducidos a varios idiomas extranjeros, incluyendo español, chino e italiano. *Anatomy of a Business Plan* se vende también en Australia y el Reino Unido.

Linda es funcionaria de la Junta Directiva de la Corporación del Desarrollo Financiero de Pequeños Negocios. Sirve en la Junta Asesora del SBDC de tres condados y es miembro del Comité Asesor Empresarial de la Universidad de California, Fullerton. Su dedicación a la comunidad de negocios pequeños ha sido reconocida con premios de la Administración de Pequeños Negocios de los EUA, la Asociación Nacional de Mujeres Propietarias de Negocios y del gobierno del Estado de California. Linda sirvió como delegada y presidenta de asuntos tributarios en la Conferencia de Pequeños Negocios de la Casa Blanca.

Linda reside en Tustin, California, con su esposo Ray. Es una ávida golfista (un hoyo en uno) y jugadora de boliche, pinta acuarelas y le encanta pescar. Linda y Ray tienen dos hijos, dos nueras, dos nietos y una nieta (todos fenomenales, claro).

Sobre la Traductora

Doris Benavides obtuvo una licenciatura en periodismo de la Escuela de Periodismo "Carlos Septién García" de la Ciudad de México. Durante más de 15 años ha trabajado como periodista bilingüe en México y Estados Unidos; ha reporteado, escrito y traducido innumerables artículos y escritos literarios para distintos medios, incluyendo Prensa Asociada (Associated Press, o AP, en inglés) y la agencia de noticias financieras Bridge News, ambas cuando residía en la Ciudad de México. Fue reportera del semanario Excélsior y del diario The Orange County Register, ambos propiedad de la misma empresa matriz, donde cubrió información para la sección de negocios. En la actualidad es reportera independiente de la agencia de noticias en español EFE y trabaja en proyectos independientes de traducción. Doris nació en Honduras, Centroamérica. Actualmente reside en el Condado de Orange, California. Es miembro de la Asociación Nacional de Periodistas Hispanos (NAHJ, por sus siglas en inglés).

Prólogo

Gracias por escoger *18 Pasos para Desarrollar su Negocio* como la herramienta para ayudarle a iniciar su nuevo negocio o para usarlo como libro de texto en sus clases empresariales. Espero que le sea de gran ayuda.

Con frecuencia se ha dicho, "Se puede dirigir un negocio por instinto", pero ese instinto lo puede llevarle al fracaso. Una de las principales razones del fracaso de un negocio es la falta de una planeación correcta. En el mundo de hoy, tanto negocios pequeños como los grandes deben entender que necesitan tomar el tiempo para evaluar su potencial de negocios y trazar un plan para el futuro. El arranque está donde la planeación y la implementación empiezan.

Es el objetivo de este libro proporcionar un proceso claro, conciso y fácil de entender para usarse en la iniciación de un negocio. He trabajado con propietarios de negocios por muchos años y la mayoría de ellos tienen el mismo problema, son expertos en sus industrias, pero son novatos cuando se trata de iniciar y operar un negocio.

Por otro lado, yo no soy experta en la mayoría de las industrias, pero puedo ofrecerle lo que espero sean las pautas a seguir para asegurar que un negocio esté organizado, legalizado y operando. Sugeriría que empiece por leer el libro entero para tener una visión general de lo que estará haciendo. Luego, puede regresar al principio e ir aplicando los conocimientos según sus necesidades.

¿Para quién es este libro?

Este libro se escribió para nuevos propietarios de negocios y para quienes ofrecen entrenamiento sobre pequeños negocios entre la comunidad latina.

- Si usted es un nuevo propietario de negocio, puede usarlo como un curso para estudiar en casa al paso que usted necesite para alcanzar sus propias metas. Cada capítulo le conducirá a una tarea en particular y le dará instrucciones, ejemplos y referencias.

- Si usted es instructor puede usar el libro como un texto para su clase. Podemos proveer un Manual de Instructor gratuito (en inglés) que acompaña a nuestro libro *Steps to Small Business Start-Up*. Contiene planes de lecciones, numerosas imágenes para proyección y hasta unos cuantos exámenes. Puede traducir las imágenes y exámenes y usarlos en sus clases. Para obtener un manual de instructor, me puede escribir a LPinson@aol.com.

Gracias de nuevo por escoger *18 Pasos para desarrollar tu negocio* para ayudarle al logro de sus metas. Aprecio su confianza en el libro y le deseo éxito en su nueva empresa.

Linda Pinson

Tabla de Contenidos

CAPÍTULO

1

Es el momento de ser su propio jefe

Usted ha decidido que le gustaría ser propietario de un negocio. Quiere dejar de trabajar en ese empleo con horario de "nueve a cinco" que no parece pagar bien ni traer ninguna emoción a su vida. En cambio, suena como una gran idea dar un salto hacia el empresariado para convertirse en su propio jefe.

¿Por qué quiere tener un negocio?

Ser propietario de un negocio frecuentemente se ve como un medio de crear riqueza y lograr libertad personal. Algunas de las razones más comunes por las que tal vez elegiría montar su propio negocio son:

- ✓ ***Para construir un negocio propio en lugar de hacerlo para otra persona***
- ✓ ***Para seguir su pasión (Por ejemplo, "Siempre he querido tener un restaurante")***
- ✓ ***Para ser su propio jefe y manejar su propio tiempo***
- ✓ ***Para ganarse la vida haciendo lo que verdaderamente disfruta hacer (carpintería, fotografía, redacción, cuidado de niños, etc.)***
- ✓ ***Para sacar provecho de un invento***
- ✓ ***Para reemplazar ingresos por la pérdida de empleo***
- ✓ ***Crear patrimonio neto (apreciación de capital a largo plazo)***

¿Está listo para hacer la transición?

Cuando usted piensa en ser el dueño de su negocio la idea tiende a ser estimulante. Sin embargo, también es común experimentar incertidumbre. ¿Estoy dispuesto a invertir el tiempo que se necesita para montar y operar un negocio? ¿Puedo controlar las emociones ligadas al manejo de un negocio? ¿Serán suficientes las personas que usarán mis servicios o comprarán mis productos? ¿Ganaré suficiente dinero para sostener el negocio y mi deseado estilo de vida? ¿Estoy preparado mentalmente para dejar mi salario actual y aceptar las incertidumbres financieras ligadas al manejo de mi propio negocio? ¿Podré apoyar a mi familia?

Para tener éxito en su nuevo negocio necesita estar completamente comprometido con su visión. En lugar de trabajar ocho horas diarias la mayoría de nuevos propietarios de negocios trabajan 16 horas diarias con pocos días libres para actividades de ocio. Ciertamente, será su propio jefe y el dueño de su tiempo, pero eso no significa que estará libre. Siempre he pensado que soy la jefa más severa para quien he trabajado.

Piense sobre la idea y asegúrese que es el momento correcto para hacer el cambio de empleado a propietario de negocio. Evalúe posibles amenazas que se puedan presentar y determine cómo las mitigará. Determine cuál es su fortaleza y cómo la usará para montar su negocio y llevarlo hacia el camino de las ganancias.

Para completar su control de la realidad, hágase la pregunta del siglo: "*¿Estoy listo para aceptar las responsabilidades que aparecen al empezar un negocio?*" Si la respuesta es "sí", entonces es la hora de continuar hacia adelante de una manera lógica para decidir sobre un negocio y montarlo sin problemas.

Combine sus habilidades e intereses con su negocio

Habilidades son las cosas que hace bien. Intereses son las cosas que le gusta hacer. Cuando esté considerando el tipo de negocio que quiere montar, regularmente es mejor encontrar uno en el que utilice sus habilidades **y** que capture su interés. Si usted es bueno para algo, pero no le gusta hacerlo, pronto se encontrará deseando estar haciendo algo distinto. Asimismo, si está interesado en lo que le gustaría hacer, pero no puede hacerlo bien, lo más seguro es que no lo seguirá haciendo por mucho tiempo.

Después de identificar sus habilidades e intereses puede entonces empezar a identificar potenciales negocios que satisfagan ambos requisitos. Aquí es donde el verdadero emprendedor puede usar el proceso imaginativo para proponer ideas creativas de negocios nuevos y únicos.

Ejemplos

Sabe mucho sobre flores y plantas, pero no le gusta trabajar al aire libre. No se meta en el negocio de la arquitectura de jardines. Sin embargo, tal vez pensará sobre proveer y mantener plantas de interior para restaurantes, oficinas, corredurías de bienes inmuebles y otros negocios comerciales.

- Le gusta trabajar con niños en edad preescolar (interés) y es maestro de primaria (habilidad). Tal vez considerará montar una guardería infantil que se especializa en actividades de aprendizaje y también ofrece el cuidado después de la escuela y servicios de tutoría.

- Siempre ha querido montar una tienda de ropa. Sin embargo, detesta estar en el interior de un lugar. Lo más seguro es que usted siempre resentirá estar dentro de un edificio. Piense en montar un tipo de negocio como un quiosco de ropa en un centro comercial al aire libre o especializarse en ropa para su venta en eventos de deportes, como en carreras de carros, competencias de surf, juegos de fútbol, etcétera.

Hoja de trabajo para combinar habilidades e intereses
Para ayudarle a pensar sobre el proceso descrito arriba, encontrará una hoja de trabajo al final de este capítulo (página 6).

Estudie su situación financiera

Uno de los problemas que veo frecuentemente entre potenciales dueños de negocios es el fracaso de planear correctamente la transición financiera de empleado a propietario de negocio. Problemas de flujo de efectivo pueden resultar en facturas no pagadas, llamadas continuas de deudores y estrés emocional. Considere su situación financiera antes de montar su negocio.

- **Considere su situación financiera.** Si planea dejar su trabajo actual y dedicar todas sus energías a su nuevo negocio es una buena idea ahorrar suficiente dinero para pagar sus gastos diarios durante seis meses como mínimo. Si tiene cónyuge u otros miembros de la familia que trabajan, ¿puede vivir con los ingresos de ellos?

  En la primera etapa de los nuevos negocios frecuentemente no se obtienen muchas ganancias. Una planeación anticipada puede darle el colchón de protección que se necesita en caso que no pueda retirar dinero de su negocio por un periodo de tiempo.

- **Piense sobre los costos iniciales.** Si está empezando un negocio desde cero, ¿tiene el dinero que necesita gastar para montar el negocio? Piense si necesitará alquilar una oficina, comprar muebles, comprar equipo, hacer publicidad, pagar por permisos, contratar un abogado o muchas otras cosas iniciales que requieren gastar dinero antes de ganar dinero. Los gimnasios de entrenamiento físico y los restaurantes son ejemplos de negocios que requieren gastar cantidades significantes de dinero antes de abrir sus puertas.

- **Analice el potencial real de venta inicial del negocio.** Las oportunidades por ingresos iniciales varían mucho de negocio a negocio. Por ejemplo, muchas compañías de servicio pueden obtener ganancias desde el principio. Si abre un negocio de asesoría y tiene su oficina en su casa, sus ingresos están limitados sólo por su habilidad de atraer y servir a los clientes. Asimismo, un negocio de jardinería puede producir ganancias tempranas si se tiene el equipo correcto, trabajadores capacitados y clientes. Por otro lado, la mayoría de los negocios que venden productos no pueden generar ingresos hasta que los productos estén desarrollados o sean comprados, anunciados y vendidos.

- **Si necesita fondos, esté consciente de los requisitos del prestamista.** Olvide la idea de que es fácil obtener capital para iniciar negocios. Mucha gente piensa que la Administración de Pequeños Negocios de los Estados Unidos (SBA, por sus siglas en inglés) y otras entidades gubernamentales dan dinero gratis a empresarios con buenas ideas. Nada podría estar más alejado de la verdad. Lo que comúnmente se conoce como un "Préstamo del SBA" en realidad es un préstamo de una institución tradicional que presta dinero (banco), pero garantizado hasta un cierto porcentaje por el SBA para reducir el factor de riesgo del banco.

  Además de pedirle un plan de negocios sólido, el banco requerirá que tenga una clasificación de crédito alta (puntuación FICO), dinero para invertir en el negocio y activos personales que pueden ser retenidos si se falla en el pago del préstamo.

Nota. Vea el Capítulo 16 para más información sobre financiamiento de empresas.

Busque un mentor

Antes de montar su negocio sería bueno unirse a alguien con experiencia en su industria y en la gestión de negocios. Trabajar con un mentor puede prepararle para las distintas experiencias que se puedan presentar en su trayecto de negocios, al compartir conocimiento y pericia. La relación con su mentor le ayudará a prepararse para el éxito y protegerle del fracaso.

Si usted es una de las pocas personas afortunadas, contará con un amigo cercano o socio de negocios que tenga las habilidades necesarias y está dispuesto a aconsejarle. En caso contrario, mentores de negocios generalmente pueden encontrarse a través de cámaras de comercio locales y en varias organizaciones de negocios.

A continuación se enlistan algunos recursos:

- **Cuerpo de Servicio de Ejecutivos Jubilados o Service Corps of Retired Executives (SCORE)** – Una organización nacional, patrocinada por el SBA, de ejecutivos de negocios voluntarios que dan consulta gratuita, talleres y seminarios a personas que desean iniciar un negocio o a propietarios de pequeños negocios. Los capítulos locales de SCORE están compuestos por profesionales jubilados que están disponibles para dar asesoría gratuita. (www.score.org)

- **Centros de Desarrollo de Pequeños Negocios o Small Business Development Centers (SBDCs)** – Patrocinados por el SBA en asociación con gobiernos estatales y locales, la comunidad educativa y el sector privado. Proporcionan asistencia, consejería y entrenamiento a futuros empresarios y a los ya existentes.

- **Institutos de Pequeños Negocios o Small Business Institutes (SBIs)** – Organizados a través del SBA en más de 500 universidades a través del país. Los estudiantes y los miembros de la facultad ofrecen consejería a dueños de pequeños negocios.

- **Cámaras de Comercio** – Las cámaras de comercio locales pueden ser un buen recurso para encontrar mentores. Un ejemplo es el Greater Dallas Hispanic Chamber of Commerce (Cámara de Comercio Hispana de la Periferia de Dallas) (www.gdhcc.com)

- **MicroMentors** – MicroMentors ayuda a los empresarios a desarrollar sus negocios a través de consejería proporcionada por profesionales de negocios. (www.micromentor.org)

Consejo tecnológico

Busque información sobre mentores (consejeros) de negocio

Usted también puede encontrar información y artículos sobre mentores en la Internet. A continuación se ofrece una lista de páginas Web que usted podría revisar:

- www.score.org/60_guide_business_mentor.html
- www.score.org/article_value_of_business_mentor.html
- www.inc.com/guides/growth/24509.html
- http://www.entrepreneur.com/startingabusiness/startup basics/findinghelp/article45254.html
- http://www.peermentoring.com

¿Qué sigue?

En este capítulo se le alentó a evaluar su propia disposición para hacer la transición de empleado a propietario de negocios. Hasta este momento ya debe entender mejor cómo evaluar oportunidades de negocios que combinen sus habilidades e intereses y también su situación financiera personal.

El capítulo 2 se enfocará en las elecciones que tendrá que hacer en caso que desee montar un negocio nuevo, comprar una empresa existente o una franquicia. También encontrará información sobre la que puede pensar en caso que esté considerando la idea de iniciar una organización no lucrativa o cómo capitalizar un nuevo producto o invento.

Hoja de trabajo para combinar habilidades e intereses		
Habilidades (lo que hago bien)	**Intereses** (lo que me gusta hacer)	**Posibilidades de Negocio** (ideas de negocios que combinan habilidades e intereses)

CAPÍTULO

2

Piense en las diferentes formas de comenzar un negocio

Usted ha decidido que el negocio es para usted y está listo para iniciar su empresa. La próxima decisión que deberá tomar es qué tipo de negocio montar. Hay muchas rutas que se pueden seguir para llegar a ser dueño de un negocio. Por ejemplo, usted puede:

- ✓ ***Montar su propio negocio***
- ✓ ***Comprar un negocio existente***
- ✓ ***Comprar una franquicia***
- ✓ ***Inventar un producto y llevarlo al mercado***
- ✓ ***Ser emprendedor social***

Empiece su propio negocio

Habiendo decidido que quiere ser propietario de un negocio, necesita determinar qué clase de negocio montará. Para ayudarse a tomar esta decisión hágase las siguientes preguntas. ¿Qué tipo de cosas me gusta hacer? ¿Podrían mi pasatiempo o intereses ser transformados en una iniciativa comercialmente viable? ¿Hay alguna necesidad en el mercado que yo podría llenar? La última pregunta también le ayudará a determinar si hay una demanda en el mercado donde su nuevo negocio encajaría.

Antes de embarcarse en su iniciativa empresarial, haga un análisis para determinar quienes serán sus competidores. Observe sus habilidades y debilidades. Luego, piense cómo su negocio se diferenciará y si puede o no esperar razonablemente ganar esa importante ventaja competitiva en su industria y específicamente en ese mercado al que usted está apuntando.

Si piensa montar un negocio hay varias preguntas que debe hacerse. El siguiente cuadro le servirá de guía para definir algunas de esas cosas.

Cosas para considerar mientras inicia su negocio	
Asunto	**Preguntas**
Sobre mí mismo	¿Cuáles son mis fortalezas? ¿Qué habilidades tengo? ¿Cuáles son mis pasatiempos? ¿Se pueden convertir algunas de estas cualidades en una iniciativa de negocio?
Tipo de negocio	¿Cuál es la mejor estructura legal para mi negocio? ¿Necesito un socio de negocio? ¿Qué habilidades y fortalezas tiene el posible socio de negocio? ¿El socio tendrá capital de inversión?
Ubicación	¿Dónde estará ubicado mi negocio? ¿Podré operar mi negocio desde casa? ¿Compraré o arrendaré un local? ¿Cuánto espacio necesitaré para operar mi negocio?
Dinero	¿Cuánto dinero tengo para invertir en el negocio? ¿Dónde obtendré el resto del dinero que necesito? ¿Tengo buen crédito en caso de necesitar un préstamo bancario? ¿Existen programas financieros específicos que me ayudarían a montar mi negocio?
Clientes	¿Quiénes son mis clientes? ¿Cómo encontraré mis clientes?
Promoción	¿Cómo daré a conocer la existencia de mi negocio? ¿Dónde promoveré mi negocio? ¿Cuánto costará la publicidad? ¿Tengo el dinero suficiente para contratar a un publicista profesional o a una agencia?

Compre un negocio existente

Si decide comprar un negocio existente la primera cosa que querrá hacer es determinar el tipo de negocio que quiere tener. Esta decisión deberá estar basada en sus capacidades, cualidades, intereses y habilidades en general. Al tomar esta decisión encuentre un negocio que le dé la oportunidad para usar sus capacidades con eficiencia.

¿Cómo encuentra un negocio que desea comprar?

Cuando haya decidido el tipo de negocio que más le convenga, el siguiente paso es buscar un negocio. Hay varias consideraciones que deberá tomar en cuenta cuando busque el negocio que desee comprar. Estas incluyen ubicación y cuánto puede gastar por el local (presupuesto). Ahora que ya tiene una idea sobre el área donde quiere buscar el negocio y cuánto tiene para gastar, puede empezar la búsqueda.

- La Internet es un buen lugar para empezar la búsqueda. Simplemente comience por hacer una búsqueda en cualquier motor de búsqueda y escriba "negocios a la venta" en la caja de búsqueda. Sea más específico incluyendo su ubicación. Por ejemplo, si busca un negocio en Phoenix, Arizona, escriba "negocios a la venta en Phoenix, Arizona". Conducir la búsqueda por sí mismo tal vez le tomará mucho tiempo y quizá no le dará los mejores resultados. Si esto ocurre, posiblemente querrá usar los servicios de un corredor de negocios, para lo cual incurrirá en algunos gastos. Hacer su propia búsqueda en la Internet será gratuito.

- Los corredores de negocios le ayudan a la gente a comprar o vender un negocio y tienen los recursos para ayudarle a lograr sus metas. Usted puede decirles el tipo de negocio que le gustaría comprar y ellos pueden hacer una búsqueda en su base de datos para ver si hay alguno disponible. Le ayudarán a buscar uno que reúna sus criterios, ahorrándole tiempo. Los corredores de negocios típicamente cobran al vendedor un porcentaje del precio final de la venta, que se deberá pagar al cierre de la transacción. Asegúrese de preguntar al agente inmediatamente si hay tarifas o gastos de los cuales usted será responsable como comprador y haga las diligencias debidas antes de seleccionar un agente de negocios. Obtenga referencias personales para saber si el agente es miembro de alguna asociación local o nacional de agentes de negocios.

- Otro recurso gratuito es su periódico local. La sección de Oportunidades de Negocios incluye anuncios de negocios que están a la venta. El periódico de los domingos tiene un listado más grande en esa sección. Además, usted puede usar el periódico y la Internet para colocar su propio anuncio, que incluya el tipo específico de negocio que quiere comprar.

- Usted también puede buscar un negocio para comprar asistiendo a varios eventos sociales de redes de profesionales y dejándoles saber sobre su búsqueda para que se pase la voz. Empiece por asistir a reuniones locales de organizaciones cívicas y de negocios y también a los eventos patrocinados por su cámara de comercio local. También hay organizaciones o asociaciones industriales específicas que puede visitar. Conocer a personas que están en una industria específica le permitirá aprender más sobre las oportunidades disponibles.

Cosas que se deben hacer

Independientemente de la ruta tomada para efectuar su búsqueda, hay algunas cosas clave que necesitará hacer cuando haya encontrado el negocio que le interesa adquirir. La primera es hacer debidamente todas las diligencias necesarias. Un negocio podría aparentar ser exitoso y mostrar ganancias, pero esto no significa que no tenga problemas. Usted querrá saber todo sobre el negocio, incluyendo lo que es propio, lo prestado, arrendado y lo que se debe. No querrá estar en una situación que le deje con muchas facturas por pagar, deudas a vendedores, deuda de la renta u otras deudas pendientes.

La segunda cosa que querrá saber es el valor del negocio. Necesitará hacer un análisis y apreciación financiera detallada para determinar el precio apropiado para pagar. Como parte de su análisis deberá revisar los estados de ganancias y pérdidas, hojas de balance, activos importantes, pasivos sujetos a condiciones, pasivos reales y el estado del flujo de efectivo.

Después de haber hecho todo lo que debía hacer y después de haber completado el análisis financiero, está listo para seguir adelante con la adquisición del negocio.

Adquisición de una franquicia

Comprar una franquicia es una de las formas más comunes de iniciar un negocio. Al adquirir una franquicia se abre la posibilidad de vender productos y/o servicios cuyo nombre tiene reconocimiento inmediato. También se beneficiará del entrenamiento que en sus inicios recibirá usted y sus empleados, así como el apoyo constante para ayudarle a ser exitoso. Como en todo negocio inicial, hay costos asociados con la adquisición de una franquicia. Tal vez usted tendrá que pagar a la franquicia uno o todos los siguientes costos: tarifa inicial de franquicia, pagos permanentes de regalías y tarifas de propaganda. Otros costos iniciales incluirán renta, construcción, equipo, inventario, licencias y seguro.

Hay dos formas comunes de participar en un programa de franquicia.

- El método más clásico es comprar una franquicia nueva. Esto significa que necesitará encontrar una ubicación y hacer la construcción del local usted mismo. Esto es una situación de un negocio nuevo en el cual usted se sumerge como propietario/operador. De esta manera muchos empresarios exitosos han construido imperios de unidades múltiples. Las nuevas franquicias usualmente ofrecen esta ruta para ser propietario del negocio. Durante el proceso usted tendrá la ayuda del dueño de la franquicia.

- La otra forma es adquirir una franquicia existente. Existen muchos tipos de franquicias que están disponibles en varias industrias. Para encontrar una franquicia de su preferencia puede asistir a exposiciones de franquicias con el objetivo de visitar expositores en una industria que le llame la atención. Mientras escucha las presentaciones de los expositores, asegúrese de obtener respuestas a algunas de las siguientes preguntas. ¿Cuántos años tiene la franquicia? ¿Cuántas unidades de la franquicia existen en su área local y dónde están ubicadas? ¿Cuál es la tarifa inicial de la franquicia y si hay costos adicionales? ¿Hay pagos regulares de regalías y cuánto cuestan? ¿Qué ayuda se le proporcionaría al principio y en forma continua? ¿Qué tipos de control son impuestos por el dueño de la franquicia?

Antes de comprar una franquicia

Antes de comprar una franquicia hay varias cosas que tiene que considerar, incluyendo la cantidad de dinero que necesita invertir, sus capacidades y habilidades y las metas que necesita establecer por sí mismo. El siguiente cuadro le servirá de guía para entender algunas de las cosas que necesita considerar para tomar una buena decisión.

Cosas que debe considerar cuando seleccione una franquicia

Asunto	Preguntas que debe hacerse
Inversión	¿Cuánto necesito invertir? ¿Necesitaré financiamiento? ¿Compraré la franquicia solo o con otros (socios)?
Capacidades y conocimiento	¿Qué experiencia de la industria debe tener el dueño de la franquicia? ¿Que destrezas poseo que se pueden aplicar a esta franquicia? ¿Qué conocimiento especializado tengo?
Metas	¿Estoy interesado en ingresar a una industria en particular? ¿Estoy interesado en ventas al por menor o en proveer un servicio? ¿Quiero operar el negocio yo mismo o contratar a un administrador? ¿Los ingresos de la franquicia serán adecuados si es mi única fuente de ingresos o la franquicia sólo me servirá como una fuente adicional de ingresos? ¿Estoy interesado en poseer sólo una unidad de la franquicia o muchas?

¡Cuidado! ¡Lea cuidadosamente la oferta de la franquicia!

Las descripciones de las franquicias están escritas para convencer a posibles compradores que deben firmar sobre la línea de puntos y enviar sus tarifas de franquicia tan pronto como sea posible. Proceda con prudencia. No siempre es cierto que, "Él que duda está perdido". Periódicamente leo descripciones de franquicias para mis clientes y he descubierto que estas varían de muy simples a muy complejas. El común denominador es que por ley el dueño de la franquicia debe revelar en algún sitio en el documento ciertos pedazos de información que le permitirán tener una imagen bastante correcta sobre la viabilidad de la oportunidad que la franquicia ofrece.

Es importante que lea lo que se expone entre líneas. No mire sólo las proyecciones de ingresos. Escriba en un cuadro todos los requisitos financieros que le pueda imponer el dueño de franquicia durante la apertura y operación de la misma: regalías, publicidad y propaganda, entrenamiento, seguro, etc. Si no tiene cuidado, usted puede encontrarse atrapado en un contrato lleno de obligaciones legales que le absorberán sus ganancias.

Finalmente, asegúrese de que haya suficiente demanda por los productos o servicios en su ubicación geográfica. Lo que funciona en una parte del país puede no ser factible en otra parte, ya sea por razones financieras u otras. Hable con propietarios de franquicias para conocer cómo funcionan las cosas para ellos y qué nivel de apoyo reciben del grupo propietario de la franquicia.

Consejo tecnológico

Use la Internet para investigar sobre franquicias

También puede usar los recursos siguientes en la Internet para encontrar una franquicia.

1. www.entrepreneur.com/franchise
2. http://www.franchise.org
3. http://www.smallbusiness.com/wiki/Buying_a_franchise
4. http://www.franchisetimes.com

Invente un producto

Muchos buenos negocios han sido desarrollados con base en ideas de nuevos productos. Tal vez usted tiene un nuevo concepto de negocio o un nuevo producto que cree sería viable en el mercado. Tome en cuenta que el proceso de llevar al mercado una nueva idea de un producto podría ser un proceso largo y en algunos casos puede ser difícil.

En su libro, *Successful Inventing (Inventado exitosamente)*, Norman Parrish (inventor, autor, y mentor) dice que el desarrollo del producto y la planeación del negocio debe ser un proceso simultáneo. "Para tener el apoyo financiero necesario y lograr todas las tareas requeridas que lleven a una idea desde su estado conceptual por todas las fases subsiguientes, el inventor debe tener un plan de negocios realista y entender la naturaleza de la distribución del flujo de efectivo y cómo manejarlos."

- El primer paso para lanzar su producto es determinar su factibilidad. Esto le dirá si su producto nuevo es viable y le ayudará a determinar su potencial para que sea un éxito comercial. El determinar la viabilidad es un paso muy importante por lo que sugerimos se tome en serio. Necesitará tomar una decisión informada respeto a si debe seguir con su idea de negocio antes de invertir mucho tiempo y dinero sólo para descubrir que su idea no tiene valor comercial.

- Si ha determinado que su producto tiene viabilidad comercial usted deberá verificar y asegurarse que no haya productos similares en el mercado. Más importe aún, que no haya productos que tienen derechos de propiedad intelectual que usted podría infringir ya que esto podría resultar en pleitos legales contra usted. Para hacer esta determinación vaya al sitio Web de la

Oficina de Patentes y Marcas Registradas de los Estados Unidos. (USPTO) (www.uspto.gov) para hacer una búsqueda de patentes.

- Ahora que ha determinado que su producto tiene viabilidad comercial y sabe que no hay productos semejantes con protección de propiedad intelectual, ahora está listo para seguir al próximo paso: proteger su producto. Usted querrá proteger su producto con una patente(s) o derechos de la propiedad intelectual relacionados. Usted puede hacer esto por sí mismo yendo al sitio Web de USPTO. Además puede usar los servicios de un abogado de patentes. Aunque costoso, consultar con un abogado de patentes o con un agente de patentes en la fase inicial será la mejor solución para proteger su producto y también su negocio.

- Una vez que el producto ha sido protegido necesitará desarrollar un prototipo de su invención que funcione. Usted puede hacer esto comprando o construyendo las partes que necesita para hacer su invención y ensamblándolos usted mismo para crear un ejemplo. Como alternativa, usted puede trabajar con un fabricante de su área para construir el prototipo. Ya en esta etapa usted necesitará decidir si quiere darle la licencia de su invento a una compañía que fabricará y comercializará el producto o si quiere montar un negocio propio. Al tomar esta decisión, considere los costos asociados con montar su propio negocio.

Conviértase en un empresario social
(Comúnmente conocido como organización no lucrativa)

Usted puede iniciar un negocio convirtiéndose en un empresario social. Un empresario social reconoce un problema social y usa sus habilidades y características empresariales para montar un negocio enfocado en un problema social y hará un cambio significativo. El éxito del empresario social se medirá por el impacto que tenga en la sociedad y no tanto por sus logros financieros.

Su vehículo como un empresario social probablemente será una organización sin fines de lucro. Poseer empresas sociales está haciéndose tan popular que una cantidad creciente de universidades están estableciendo programas centrados en la educación y entrenamiento de empresarios sociales.

Crear una organización no lucrativa es como crear un negocio lucrativo. Al igual que al crear un negocio lucrativo usted necesitará hacer una planeación extensa antes de empezar a llenar y presentar los papeles de incorporación y a aplicar por su documento de exención de impuestos del Servicio de Recaudación de Impuestos (IRS, en inglés). El dirigir una organización sin fines de lucro requiere más que compasión. Al igual que al montar una entidad lucrativa, necesitará conducir investigaciones y hacerse varias preguntas. ¿Qué tipo de organización tengo interés en iniciar? ¿Qué productos y/o servicios serán ofrecidos a través de mi organización?

¿Qué necesidades cumplirá mi organización en la comunidad? ¿Actualmente, quien provee servicios semejantes en la comunidad (competencia)? ¿Qué ventajas competitivas tengo sobre las organizaciones no lucrativas existentes? ¿Qué necesitaré hacer para crear demanda por los servicios de mi organización y para sostener operaciones?

De la misma forma que usted deberá hacerlo al montar un negocio lucrativo, usted necesitará una inversión financiera inicial. El capital le permitirá cumplir con sus gastos iniciales y le servirá para obtener servicios profesionales como el legal y de contabilidad. Usted querrá buscar ayuda legal para incorporar su entidad como una organización no lucrativa. El profesional que contrate le ayudará además a elaborar un borrador de los reglamentos corporativos que le servirán como el procedimiento que la Junta Directiva, y posiblemente los miembros de la corporación, utilizarán para hacer decisiones a nombre de la corporación. Una vez que haya elaborado el borrador de los reglamentos, usted tendrá una junta organizacional para crear formalmente la corporación no lucrativa. En esta reunión deberán adoptarse los reglamentos, la junta directiva deberá ser elegida y deberá ser tratado todo otro asunto relevante.

Antes de desarrollar su organización no lucrativa se debe hacer las siguientes preguntas. ¿Tengo las habilidades y experiencia necesaria para operar una organización no lucrativa? ¿A qué recursos financieros y administrativos tengo acceso? ¿Quiénes formarán parte de mi junta directiva? ¿Dónde ubicaré mi organización? ¿Qué cargo tendré en la organización y cómo estaré compensado? Las respuestas a estas preguntas le ayudarán a crear un plan operacional que servirá como un anteproyecto para dirigir exitosamente una organización no lucrativa.

Consejo tecnológico

Ejemplos de empresarios sociales

A continuación hay ejemplos de empresarios sociales exitosos:

1. Margarita Quihuis, Hispanic-Net
   http://www.hispanic-net.org

2. Muhammad Yunus, Grameen Bank
   http://www.grameen-info.org

3. Margaret Sanger, Planned Parenthood Federation of America
   http://www.plannedparenthood.org

4. Vikram Akula, SKS Microfinance
   http://www.sksindia.com

5. John Muir, The Sierra Club
   http://www.sierraclub.org

CAPÍTULO

3

Empiece a crear la marca de su negocio:

Nombre, logotipo, tarjeta de presentación, membrete

La marca define y le da enfoque a la imagen de una compañía. La marca de su negocio es uno de los conceptos más importantes en el mundo empresarial de hoy.

Las marcas que son fuertes hoy en día están apoyadas por una mezcla de publicidad en línea y fuera de la Internet, estrategias de relaciones públicas, incentivos de venta y estrategias de servicio al cliente. La reacción del consumidor define la marca a largo plazo.

¿Dónde comenzar?

Cuando su compañía está en la fase inicial usted puede empezar el proceso de promoción de su marca, empaquetando correctamente la imagen de su compañía para que sea reconocida visualmente.

En este capítulo le guiaremos por los siguientes procesos:

- ✓ ***Nombrar su compañía para que obtenga la mayor ventaja***
- ✓ ***Desarrollar un logotipo efectivo para su compañía***
- ✓ ***Diseñar sus primeras tarjetas de presentación***
- ✓ ***Crear membrete y sobres***

¡Póngale nombre a su compañía!

El escoger el nombre de su negocio será una de las decisiones más importantes que usted hará cuando esté iniciando su empresa. Es la primera oportunidad que tiene para empaquetar su empresa o colocarle una marca ante todo aquel con quien tenga relaciones de negocios.

Cuando se escuche o se vea en forma escrita el nombre de su empresa, ese será el factor que defina cómo es percibida su compañía desde el principio (marcada) en la mente de la audiencia a la que usted desea llegar. Si su compañía logra funcionar por los próximos 20 años, el nombre que escoja se quedará con usted a menos que lo cambie en algún momento.

Muchas veces un potencial propietario de un negocio tiene prisa y escoge un nombre de empresa que parece apropiado en ese momento, sólo para darse cuenta que se ha convertido en un justo castigo. En realidad, eso pasó en mi propio caso.

> El nombre de mi compañía, establecida en 1986, es **OUT OF YOUR MIND...AND INTO THE MARKETPLACE™** ("Fuera de su mente...y dentro del mercado"). Impartí clases empresariales a inventores y le puse el mismo nombre a la clase. Muy pronto estaba vendiendo un libro de autoayuda con el mismo nombre. Luego, yo necesitaba un nombre de negocio para obtener mi licencia comercial, repagar impuestos de venta al SBE y presentar las declaraciones de impuestos. ¿Por qué no usar el mismo nombre? Y eso es justo lo que hice. En el momento estaba bien, pero eventualmente me hice editora de libros de negocios y de software para la planeación de negocios. Empecé a trabajar con compañías grandes, universidades y otros clientes y vendedores mayoritarios. Ya han pasado 21 años desde que nombré y empecé mi compañía. La gente me dice que el nombre es ingenioso.
>
> En cuanto a mí, me he arrepentido por muchas razones, excepto una, es memorable. El nombre no refleja lo que yo hago (publico libros de negocios y software de planeación de negocios), no es un nombre que suena muy serio y algunas veces me da vergüenza decirlo frente a ciertas audiencias con quien no he tenido una relación de negocios anterior. Sin embargo, después de 21 años sería difícil para mí cambiar el nombre y llevar la información a mi creciente mercado. He aprendido a sonreír y aceptar que es mi nombre de negocio y que lo será hasta que el negocio se muera. Sin embargo, he debido combatirlo con un logotipo digno, credibilidad e increíble servicio al cliente.

¿Cómo escoger un nombre para su negocio?

Hay varias preguntas que puede hacerse cuando está considerando el nombre para su negocio. Algunas de ellas pueden ser las siguientes:

- **¿Está comprando una franquicia?** Si lo está haciendo es muy probable que el negocio ya tenga un nombre. En ese caso, su problema está solucionado. En caso contrario, el propietario de la franquicia le guiará en la selección de nombres que serían aceptables para él.

- **¿Está comprando un negocio existente?** Necesitará decidir si quiere usar el nombre actual de la compañía o ponerle otro nombre. Pregúntese si el nombre actual le conviene a su visión de negocio y si es importante usar el nombre actual para servir de la mejor forma a los clientes anteriores. Si la respuesta es "no," necesitará decidir un nuevo nombre, que refleje su visión. En este caso, hágase las siguientes preguntas al buscar un nuevo nombre para el negocio.

- **¿El nombre describe el negocio?** Es importante que el nombre de su negocio transmita una imagen de sus productos y/o servicios. El nombre no debe ser largo ni engorroso. El mercado al que usted quiere llegar necesita percibir que su compañía les puede ayudar a resolver sus problemas y satisfacer sus necesidades.

- **Si expande su negocio, ¿el nombre será el apropiado todavía?** El nombre que escoja no debe ser muy restrictivo. Debe ser suficientemente general como para que sostenga la esencia de la compañía después de muchos años de crecimiento y expansión.

- **¿Qué tan bien combina su nombre con su logotipo?** ¿Se puede abreviar el nombre y utilizarse como una sigla? ¿Puede incorporarlo en su logotipo para una mejor promoción de la compañía? En mi caso (la autora) he usado **OM..IM** con mi logotipo (que es la imagen de un libro abierto). Parece bueno, pero cuando lo pronuncian en voz alta no suena muy bien.

- **¿Debe considerar usar su nombre de dominio propio como su nombre de negocio?** Muchas compañías que operan sólo en la Internet escogen usar sus nombres en la Web como sus nombres de negocio. Ejemplos son "buy.com" y "Amazon.com." Si la compañía tiene identidad de marca, usar su nombre de dominio propio provoca que los clientes recuerden ambos instantáneamente, el nombre y la ubicación en la red electrónica.

- **¿Dónde se encontrará su nombre en los listados alfabéticos?** Por mucho tiempo ha sido un hábito en la mayoría de ocasiones poner listas de nombres en orden alfabético. Esto es lo que las guías telefónicas hacen así como los listados de Internet, directorios de organizaciones, etc. Las personas también tienden a escoger el primer nombre que creen es apropiado para lo que buscan. Si es posible y funciona para usted, tal vez será mejor escoger un nombre que empiece con la letra "A" en lugar de uno que empiece con "Z".

- **¿Su nombre funcionará internacionalmente?** Algunas veces el nombre de una compañía no se traduce bien en otros idiomas. Por ejemplo "Osco" es el nombre de una farmacia bien conocida en los EUA. El nombre no tenía un significado muy placentero en español. El nombre le fue cambiado para mantener la gran base de clientes latinos.

- **¿Cuál es la estructura legal de su negocio?** Dependiendo de la estructura legal que haya escogido (y la forma que tenga esa estructura legal), su nombre tal vez necesitará reflejar esa elección. Por ejemplo, nombres de corporaciones generalmente terminan con "Inc." Sociedades de firmas de abogados muchas veces tienen la designación "LLP" (Limited Liability Partnership o Asociación de Responsabilidad Limitada). Es muy importante que usted consulte con un abogado experto en negocios que le explique las opciones que usted tiene y lo que significan.

- **¿Estaría mejor servido su negocio si usara su propio nombre?** Muchos proveedores de servicios (y/o vendedores de productos) ya tienen identidad de nombre y credibilidad. En ese caso, tal vez sería mejor usar su propio nombre solo o en combinación con palabras que describan su negocio. Algunos ejemplos podrían ser:
    - Nombrar una firma de abogados, "Ortega y Chávez, LLP"
    - Incorporar una firma de impuestos bajo el nombre, "López y Ochoa, Inc."
    - Nombrar una compañía, "Mario Ortega Professional Diving School"

Desarrolle una lista de nombres de negocio

Después de tomar en consideración todas las preguntas anteriores, es mejor formular una lista de posibles nombres para su negocio y luego tomar su decisión.

- **Reclute otras personas que le ayuden a proponer nombres.** El compartir sus ideas con otras personas quienes entienden la naturaleza de su negocio y el mercado al que quiere llegar puede ser muy interesante. Muchas veces ellos pueden proponer nombres que usted no ha pensado.

- **Después de hacer su lista organice los nombres en orden de importancia.** Luego regrese y mire las preguntas en la página anterior para ver si los nombres seleccionados cumplen con la mayoría los requisitos que lo llevará a ser un nombre de negocio efectivo.

- **Organice su lista de nombres otra vez y restablezca el orden de importancia.** Ahora tendrá los nombres más deseables entre los cuales podrá escoger el de su negocio.

Si el nombre está disponible, regístrelo

Los últimos pasos en el proceso de poner nombre a su negocio son: 1. determinar si el nombre/los nombres en su lista están disponibles para su uso, y 2. presentar su DBA o su Certificado de Incorporación.

- **Si Usted es el único propietario o es una sociedad,** debe revisar con el condado en el cual su negocio estará ubicado. Todos los negocios que operan bajo un nombre ficticio se requiere que presenten una Declaración de Nombre Ficticio y registren su nombre de negocio al DBA (Doing Business As – Negociando Como). El condado tendrá un listado de todos los DBAs que han sido presentados y que están al día.

Si otro negocio ya ha registrado el nombre que usted estaba planeando usar, no puede usar el mismo nombre. Entonces vaya a su lista, revise y escoja el segundo nombre en la lista para ver si está disponible y así sucesivamente hasta que llegue al nombre apropiado que esté disponible.

El siguiente paso es presentar su DBA para asegurarse que usted es dueño del nombre de su negocio. Durante este proceso usted debe tomar en cuenta que necesitará declarar un lugar especifico donde se ubicará su negocio. (Para más información, vea el Capítulo 9 – Registrando un nombre ficticio)

- **Si su negocio es una corporación,** usted necesitará revisar la disponibilidad del nombre de su corporación a nivel estatal. Generalmente, hay una oficina bajo la jurisdicción del Secretario del Estado responsable de la inscripción de negocios incorporados dentro del estado, la inscripción de corporaciones de fuera del estado calificadas para hacer negocios dentro del estado y nombres registrados o reservados por otras corporaciones.

Si el nombre que ha seleccionado está disponible, usted puede usarlo cuando presente su certificado de incorporación. Los estatutos de su corporación no serán aprobados y/o ejecutados hasta que el estado determine que el nombre está disponible, que el certificado haya sido realizado y que no exista ninguna violación de las leyes estatales.

Desarrolle el logotipo de su compañía

Después de decidir el nombre de su compañía y haber establecido que usted es el dueño del nombre, mediante la inscripción del mismo en el condado y/o su estado, el próximo paso es el diseño de su logotipo o la imagen gráfica que usará para identificar su negocio y distinguirlo de la competencia.

Usted debe escoger su logotipo antes de lanzar su negocio al mercado. El mismo será cada vez más importante a medida que su negocio madure. El logotipo correcto le ayudará a promocionar su negocio en el mercado y le ayudará a atraer posibles clientes. Dos ejemplos de logotipos que son bien conocidos con el pasar de los años son los arcos de oro de McDonalds y el signo de chequear usado por Nike.

Su logotipo debe crear una impresión que dure mucho tiempo en la mente de sus clientes y evoque sentimientos de confianza y certeza. Una mañana, una camioneta de una compañía de plomería me pasó en la autopista. La primera cosa que noté fue el logotipo de la compañía. Era una gráfica de un plomero trabajando alegremente mientras arreglaba los problemas de su cliente. No fue el nombre que me atrajo. ¡Fue el logotipo!

Diseñando su logotipo

Un diseño de logotipo debe ser sencillo y llamar la atención. Las características más importantes de un logotipo son la forma del diseño y el balance de los colores usados.

Simplicidad es la clave para tener un logotipo efectivo. No debe tener colores y detalles abrumadores. Si usa palabras o el nombre de su negocio como logotipo, éstas deben estar en un tipo de letra simple y fácil de leer. Recuerde que su logotipo debe atraer y hacer un impacto positivo en sus clientes.

Existen varias alternativas en cuanto a quién diseñará el logotipo de su empresa:

- **Puede contratar un diseñador gráfico.** Si decide usar un profesional para diseñar su logotipo, sería una buena idea pedirle que le muestre ejemplos de otros logotipos que ha desarrollado para otros clientes. Al principio, será necesario trabajar en conjunto para decidir los componentes (forma, color, letra) del logotipo. El diseñador necesita saber qué clase de negocio es y qué mensaje desea comunicar a sus clientes. Probablemente recibirá cuatro o cinco ideas de diseños entre los que puede escoger uno. Durante el desarrollo del diseño usted deberá continuar verificando los cambios hasta que el logotipo sea refinado a su satisfacción.

- **Usted podría decidir diseñar su propio logotipo.** Esto podría funcionar muy bien, especialmente si usted o uno de sus amigos tiene talento artístico y buen conocimiento de software de diseño gráfico tales como CorelDraw o Adobe Illustrator. Esto le daría libertad creativa ilimitada.

- **Puede optar por usar un software de diseño de logotipos.** Los mejores programas de logotipos son fáciles de usar para el usuario común y le ayudará a generar logotipos usando diseños predefinidos combinados con color y otras elecciones. La desventaja de usar un software de logotipos es que su logotipo tal vez sea muy semejante a los de otros negocios.

Consejo tecnológico

Diseños de logotipos gratuitos

Si tiene un presupuesto muy limitado, los diseños de logotipos gratuitos podrían ser una buena opción. Hay muchas compañías de diseños de logotipos en la Internet que ofrecen diseños de logotipos gratuitos. Están absolutamente libres de costo y vienen sin cargos adicionales escondidos.

Los diseños de logotipos gratuitos son fáciles de obtener, diseños simples que pueden comunicar el mensaje de su negocio en los términos más simples. Vienen en casi cada color y todo lo que usted tiene que hacer es agregar el nombre de su compañía. Con prácticamente cientos de diseños de logotipos para escoger, obtener un diseño de logotipo gratuito es ideal para aquellos que no tienen mucho dinero para gastar cuando están montando un negocio.

Nota. Porque son gratuitos no se puede hacer ninguna modificación al logotipo excepto para incluir el nombre de su compañía. Cualquier modificación que quiera hacer al diseño de logotipos gratuitos implica cargos adicionales.

Diseñe sus tarjetas de presentación

Las tarjetas de presentación son una herramienta del mercadeo usada por todo negocio, grande o pequeño. Le dan credibilidad a su negocio y proporcionan a sus clientes y socios un recordatorio de lo que es su negocio y que usted es su punto de contacto.

Su tarjeta de presentación incorporará el nombre de su compañía y su logotipo, utilizando el diseño básico y los colores que ha escogido. Además, sus tarjeta de presentación deben tener la siguiente información:

- Información clave sobre sus productos y servicios
- Su nombre y cargo en la compañía
- Dirección de la compañía
- Número telefónico
- Número de fax
- Dirección del sitio Web
- Dirección de correo electrónico

Al principio, le sugeriría que no imprima demasiadas tarjetas de presentación a menos que esté seguro que toda la información va a ser la misma por mucho tiempo. Si tiene computadora puede comprar material de tarjetas de negocio de su tienda local de artículos de oficina y usar su impresora personal para imprimir sus primeras tarjetas. Cuando esté listo para tener tarjetas de mayor calidad, puede usar los servicios de una imprenta y seleccionar la calidad de papel, tipo de impresión, colores, tamaño, etc.

Cree el membrete y los sobres

Lo último que necesita de los materiales básicos para promover su compañía en un inicio, es diseñar e imprimir su membrete y sobres. Es importante que cuando se comunique por correo en nombre de su compañía se proyecte profesionalismo. Aun el negocio más pequeño estará bien preparado con papel y sobres sencillos y bien diseñados.

Esto generalmente es una tarea bastante simple. Usualmente, utiliza su logotipo y el nombre de su compañía. Además, tanto el membrete como el sobre tendrán la información de contacto incluyendo:

- Dirección de la compañía
- Número telefónico
- Número de fax
- Dirección del sitio Web
- Dirección de correo electrónico

Nota. *Si su compañía es una corporación el membrete tal vez contendrá información adicional, como funcionarios corporativos, miembros de la junta, etc. Generalmente, éstos están en letras pequeñas al lado izquierdo del membrete.*

Al igual que con su tarjetas de presentación, le sugeriría que no imprima papel y sobres membretados en grandes cantidades a menos que esté seguro que toda la información no va a cambiar por mucho tiempo. Usted puede comprar papel de buena calidad y sobres de negocio (en cualquier color o textura que escoja) en su tienda local de artículos de oficina. Despliegue su papel membretado y sobres en su computadora en el procesador de textos conocido en inglés como Word o en un programa de diseño. Su impresora le ayudará con sus necesidades iniciales sin tener que hacer una gran inversión.

Posteriormente, si decide que quiere papel membretado de mayor calidad así como mayor cantidad de sobres, usted puede acudir a una imprenta. Lo importante es decidir cuál de estos procesos le será mas útil y efectivo a su compañía, en términos de presupuesto, tiempo y calidad.

Resumen

El propósito de este capítulo ha sido el de dirigirle a través de algunas de las tareas claves que comenzarán el proceso de promoción de su compañía: su nombre, su logotipo, sus tarjetas de presentación, su papel membretado y sobres.

En el capítulo de mercadeo (Capítulo 17) usted desarrollará su estrategia de mercadeo y verá como todo que lo que haga en este capítulo contribuirá a definir y a enfocar la imagen de su compañía y a vender con éxito sus productos y/o servicios en el mercado.

CAPÍTULO

4

Aprenda sobre derechos de propiedad:

Derechos de autor, marcas registradas y patentes

Derechos de autor, marca registrada y patentes son tres de los términos que con frecuencia resultan muy confusos en el gobierno estadounidense. Todos ellos protegen sus derechos para poseer, usar y potencialmente ganar dinero de cosas que usted ha creado.

Este capítulo fue escrito para darle información básica, no asesoría legal, e informarle sobre algunos recursos de los que usted puede aprender más, sobre los derechos de marcas registradas, que talvez necesitará obtener para asegurar su negocio.

En las siguientes páginas aprenderá lo básico sobre derechos de autor, marcas registradas y patentes.

✓ ***¿Qué son?***

✓ ***¿Cuál(es) necesita?***

✓ ***¿Cómo los consigue?***

Derechos de autor

¿Qué son los derechos de autor?

Los derechos de autor son una forma de protección provista por las leyes de los Estados Unidos a los autores de "obras originales de su propia autoría", incluyendo obras literarias, dramáticas, musicales, artísticas y algún otro tipo de obras intelectuales.

La protección de derechos de autor está disponible para obras publicadas y no publicadas. La sección 106 del acta de Derechos de Autor de 1976 generalmente otorga al propietario de los derechos de autor el derecho exclusivo para hacer y autorizar que otros puedan hacer lo siguiente:

- Reproducir la obra en copias o grabaciones sonoras;
- Preparar obras derivadas basadas en el trabajo (original);
- Distribuir al público copias o grabaciones sonoras de la obra para la venta u otra transferencia de propiedad, o para alquiler, arrendamiento, o préstamo;
- Representar la obra públicamente, en el caso de obras literarias, musicales, dramáticas y coreográficas, pantomima, películas y otras obras audiovisuales;
- Presentar la obra públicamente, en el caso de obras literarias, musicales, dramáticas, coreográficas, pantomimas y obras pictográficas, gráficas o esculturales, incluyendo las imágenes individuales de una película u otra obra audiovisual; y
- En el caso de grabaciones de sonido, representar la obra públicamente mediante una transmisión de audio digital.

¿Quién necesita los derechos de autor?

Personas u organizaciones que crean "obras originales de su autoría propia" incluyendo obra literaria, dramática, musical, arquitectónica, coreográfica, pantomima, ilustraciones, diseño gráfico, escultural y exposiciones audiovisuales normalmente registran los derechos de autor. Autores, artistas, autores de canciones y creadores de programas de computadora por lo regular registran derechos de autor. Los negocios usualmente registran su logotipo en derechos de autor así como otros trabajos de artes gráficas que representen su compañía.

Nota importante. No hay necesidad de "solicitar" los derechos de autor. Se considera que los derechos de autor son dados automáticamente al autor o creador de la obra tan pronto como esté terminada y considerada "fija" en una copia o grabación. Aunque no hay necesidad de "solicitar" los derechos de autor hay ventajas definitivas de registrarlos en la Oficina de Derechos de Autor. Ante todo, registrar los derechos de autor establece un archivo legal público ejecutable para el reclamo de derechos de autor por parte del creador.

Para qué sirven los derechos de autor

El concepto "derechos de autor" literalmente significa el derecho para copiar. Según la Oficina de Derechos de Autor de los EUA, "El propietario de los derechos de autor tiene el derecho exclusivo para reproducir, distribuir y, en el caso de ciertas obras, representar públicamente o exponer el trabajo; preparar obras derivadas; o para autorizar a otros a que efectúen los mismos actos comerciales bajo términos y condiciones específicos". Por ejemplo, el autor de un libro típicamente venderá todos o parte de sus derechos de autor al editor, quien imprime y comercializa el libro al público.

¿Qué puede declararse o no en derechos de autor?

La Oficina de Derechos de Autor de EUA define las siguientes categorías generales que pueden registrarse en derechos de autor:

- Obras literarias
- Obras musicales, incluyendo palabras de acompañamiento
- Obras dramáticas, incluyendo música de acompañamiento
- Pantomimas y trabajo coreográfico
- Obras ilustradas, gráficas y esculturales
- Películas y otras obras audiovisuales
- Grabaciones de sonido
- Obras arquitectónicas

Los derechos de autor de programas de computadora típicamente están registrados como "obras literarias". Planes arquitectónicos y mapas están registrados como "obras ilustradas, gráficas y esculturales".

Cosas que no pueden tener derechos de autor incluyen cualquier invento, idea, procedimiento, proceso, eslogan, principio o descubrimiento.

Notificación de derechos de autor

El uso requerido de una notificación de derechos de autor (Acta de Derechos de Autor de 1976) fue eliminado cuando Estados Unidos se adhirió a la Convención Berne, que entró en vigencia el 1 de marzo de 1989. La ley anterior contenía tal requisito, sin embargo, el uso de notificación todavía es relevante al estatus de los derechos de autor de obras antiguas.

El uso de la notificación puede ser importante porque informa al público que la obra referida está protegida por los derechos de autor, identifica al propietario de los derechos de autor y muestra el año de la primera publicación. El uso de la notificación de derechos de autor es responsabilidad del propietario de los derechos de autor y no requiere permiso por adelantado o inscripción en la Oficina de Derechos de Autor.

Formulario de notificación para copias visualmente perceptibles: La notificación para copias visualmente perceptibles debe contener todos los tres elementos siguientes:

1. El símbolo © (la letra C en un círculo) o la palabra "Copyright" o la abreviación "Copr."
2. El año de la primera publicación de la obra.
3. El nombre del propietario de los derechos de autor en la obra o una abreviación por la cual el nombre puede ser reconocido o una designación alternativa, generalmente conocida, del propietario.

Ejemplo: © ***2008 Juan Pérez***

La "C en un círculo ©" es usada solamente en notificaciones de "copias visualmente perceptibles". Ciertos tipos de obras, por ejemplo, obras musicales, dramáticas y literarias, no están impresas en las "copias" sino por medio de sonido en una grabación de audio. Ya que las grabaciones de audio como las cintas de audio y los discos fonográficos son "grabaciones sonoras" y no "copias", la "C en un círculo" no se usa para indicar protección de la obra musical, dramática o literaria que ha sido grabada.

Consejo tecnológico

Cómo registrar los derechos de autor

El proceso para registrar los derechos de autor difiere considerablemente dependiendo del tipo de obra creada. Para encontrar los siguientes enlaces en Internet relacionados a la Oficina de Derechos de Autor de los EUA. *Copyright Basics* Circular 1, vea:

http://usgovinfo.about.com/gi/dynamic/offsite.htm?site=http://www.loc.gov/copyright/circs/circ1.html

- ***Copyright Información Circulars and Factsheets*** *(Información de derechos de autor. Circulares y hojas de trabajo)* Disponible como archivos en texto o .pdf, estas publicaciones explican todas las fases y procedimientos para asegurar los derechos de autor.
- ***Copyright Office Fees*** *(Tarifas de la oficina de derechos de autor)* Tarifas efectivas desde el 1 de Julio de 1999.
- ***Copyright Office Forms*** *(Formularios de la oficina de derechos de autor)* Una forma diferente es requerida para cada categoría de obra creativa. **Asegúrese de** leer las instrucciones antes de llenar y someter los formularios.
- ***How to "Secure" a Copyright*** *(Como "asegurar" un derecho de autor)* Una explicación acerca de como los derechos de autor se aseguran automáticamente a la hora que una obra es creada y exactamente cuando ocurre.
- ***U.S. Copyright Laws*** *(Leyes de derechos de autor de EUA)* Disponibles individualmente o como una colección completa en formatos de texto o .pdf.
- ***Frequently Asked Questions*** *(Preguntas más frecuentes)* Respuestas a preguntas comúnmente recibidas por la Oficina de Derechos de Autor.

Para más información

Puede llamar a la Oficina de Información Pública de Derechos de Autor al (202) 707-3000 de 8:30 a.m. a 5:00 p.m. hora del Este, de lunes a viernes, excepto en feriados federales. Puede escribir a:

Library of Congress
Copyright Office
101 Independence Avenue, S.E.
Washington, D.C. 20559-6000

Marcas registradas

¿Qué es una marca registrada o marca de servicio?

Según la oficina de Marcas Registradas y Patentes de Estados Unidos:

- **Una marca registrada** es una palabra, frase, símbolo o diseño o una combinación de palabras, frases, símbolos o diseños, que identifica y distingue la fuente de los bienes de una persona de los de otra.
- **Una marca de servicio** es igual a una marca registrada, excepto que identifica y distingue la fuente de un servicio más que un producto.

Registrar una marca no es requerido por ley. Sin embargo, la mayoría de los negocios escogen hacerlo. Al registrar una marca con el gobierno federal se establece una notificación pública legal del derecho de quien lo registra como propietario de la marca. Además, el registro establece el derecho exclusivo del autor para usar la marca en todo Estados Unidos.

¿Es un requisito registrar la marca?

Registrar una marca registrada no es requerido por ley. Sin embargo, la mayoría de los negocios escoge hacerlo. Puede establecer los derechos en una marca con base en el uso legítimo de la marca. Sin embargo, poseer un registro federal de una marca registrada en el Registro Principal le ofrece muchas ventajas, por ejemplo:

- Notificación constructiva al público de la propiedad de la marca;
- Una suposición legal de la propiedad de quien registra la marca y el derecho exclusivo de quien registra para usar la marca a escala nacional o en conexión con los bienes y/o servicios listados en el registro;
- La habilidad de tomar acción sobre la marca en la corte federal;
- El uso de la oficina de registros en los EUA como base para obtener la inscripción en países extranjeros; y
- La habilidad de archivar la inscripción de los EUA en el Servicio de Aduanas de los EUA para prevenir la importación de bienes extranjeros que infrinjan el uso de la marca.

Cómo usar los símbolos de marcas registradas: TM, SM y ®

Cada vez que usted reclame los derechos de una marca, usted puede usar la designación "TM" (marca registrada) o "SM" (marca de servicio) para alertar al público sobre su posesión, aunque haya presentado una solicitud con el USPTO. Sin embargo, usted puede usar el símbolo federal de "®" **sólo** después que el USPTO la **haya registrado** y **no** mientras la solicitud está pendiente. Además, usted puede usar el símbolo de inscripción con la marca sólo sobre o en conexión con los bienes y/o servicios listados en la inscripción federal de marcas registradas.

Investigar y registrar su marca registrada o marca de servicio

La primera cosa que debe hacer es asegurarse que nadie ha registrado una marca registrada o de servicio similar. Una forma de hacerlo es usando TESS (El sistema electrónico de marca registrada). Actualizado diariamente, TESS ahora contiene más de 3 millones de marcas registradas federales pendientes, registradas y canceladas.

> ## *Consejo tecnológico*
> ### *Aprenda más y regístrese en línea*
> Para aprender más detalles sobre marcas registradas o marcas de servicio y cómo archivar una solicitud en línea, puede acceder al sitio Web de la Oficina de Marcas Registradas y Patentes de EUA. Vea la página Web de USPTO *"Basic Facts about Trademarks" (Información básica sobre marcas registradas)*:
> http://www.uspto.gov/web/offices/tac/doc/basic/

Entrega personal de una solicitud o envío por correo

Aunque la Oficina de Marcas Registradas y Patentes prefiere archivar en línea, usted puede someter una solicitud personalmente o por correo regular. La única manera que puede obtener una copia en papel de la solicitud de una marca registrada es llamando a la línea telefónica automatizada del USPTO, (703) 308-9000 u (800) 786-9199. Las solicitudes en papel para marcas registradas deben enviarse a:

Commissioner for Trademarks
Box-New App-Fee
2900 Crystal Drive
Arlington, VA 22202-3513

Para más información

Aunque generalmente se prefiere que archive la solicitud electrónicamente usando el TEAS, usted puede enviarla por correo o llevarla personalmente al USPTO. Puede llamar a la línea telefónica automatizada al (800) 786-9199 para obtener un formulario impreso. *NO puede someter una solicitud por fax.*

La dirección de correo para presentar una solicitud nueva es:

Commissioner for Trademarks
P.O. Box 1451
Alexandria, VA 22313-1451

Las solicitudes que se entreguen en persona o por mensajero deben llevarse a:

Trademark Assistance Center
James Madison Building - East Wing
Concourse Level, 600 Dulany Street
Alexandria, VA

Patentes

¿Qué es una patente?

Una patente para un invento es la adjudicación de un derecho de propiedad al inventor, otorgado por la Oficina de Marcas Registradas y Patentes de los EUA. Generalmente, el término de vida de una patente nueva es 20 años desde la fecha en que la solicitud por la patente es archivada en los EUA o, en casos especiales, desde la fecha en que una solicitud relacionada fue archivada con anterioridad. Ello está sujeto al pago de tarifas de mantenimiento. Las adjudicaciones de patentes en EUA son válidas sólo dentro de EUA o en territorio y posesiones estadounidenses. Bajo ciertas circunstancias, pueden estar disponibles extensiones o modificaciones en el plazo de las patentes.

El derecho otorgado con la adjudicación de la patente es "el derecho para excluir a otros de hacer, usar, ofrecer para la venta o vender" el invento en los EUA o "importar" el invento a los EUA. Lo que se otorga no es el derecho para hacer, usar, ofrecer en venta, vender o importar, sino el derecho de excluir a otros de hacer, usar, ofrecer en venta, vender o importar el invento. Cuando una patente es otorgada el dueño de la patente necesita hacer cumplir la patente sin la ayuda del USPTO.

Patentes de servicios, diseño y plantas

Hay tres tipos de patentes:

- **Patentes de servicios** pueden ser otorgadas a alguien que inventa o descubre cualquier proceso nuevo y útil, máquina, artículo de fabricación, composición de materia o cualquier mejora útil o nueva que se haga a los mismos.

- **Patentes de diseño** pueden ser otorgadas a alguien que inventa un diseño nuevo, original y ornamental para un artículo de fabricación. Por ejemplo, si diseña un teléfono decorativo que de ninguna manera mejora o cambia la función básica del teléfono, podría solicitar una patente de diseño.

- **Patentes de planta** pueden ser otorgadas a alguien que inventa o descubre y reproduce artificialmente cualquier variedad distinta y nueva de una planta.

¿Necesita una patente?

Por varios años dicté seminarios sobre la planeación de negocios a la Convención de Inventos en Pasadena, California. La primera cosa por la que un inventor se preocupa es el cómo mantener en secreto su invento hasta que obtenga la patente. Como este proceso toma hasta dos años (o más) para lograrse, existía un problema: cómo sacar el invento al mercado. Mike Rounds, quien enseñaba sobre mercadeo para inventores, sostenía que la decisión en términos de pedir una patente o no debería estar determinada de acuerdo a si el producto es "perdurable" o "momentáneo". En otras palabras, si es un producto popular que necesita ser comercializado rápidamente, "omita la patente, produzca el producto y sáquelo al mercado antes que otra persona lo haga". Si es un invento perdurable (como el sujeta-papeles o clip) que tiene un poder de duración, tome el tiempo para solicitar una patente y proteger sus derechos.

Solicitando una patente

Entender sobre y solicitar una patente puede ser una experiencia muy desalentadora. Con toda seguridad, requiere ayuda de un Agente de Patentes o Abogado de Patentes para guiarle en el proceso.

> ## Consejo tecnológico
>
> ### Aprenda más sobre patentes en línea
>
> La mejor forma de aprender más sobre el proceso de obtener una patente es visitando la página Web "Información general acerca de patentes" de la Oficina de Marcas Registradas y Patentes de los EUA. Puede acceder yendo a:
>
> http://www.uspto.gov/web/offices/pac/doc/general/index.html#patent
>
> En este sitio encontrará enlaces a las leyes de patentes, búsquedas de patentes, listados de abogados y agentes de patentes PTO, recursos independientes de inventores, solicitudes, especificaciones de dibujos, tarifas, etc.

Para más información

Todos los trámites que se hagan con la Oficina de Marcas Registradas y Patentes de los EUA. (USPTO u Oficina) deben ser presentados por escrito. Asegúrese de incluir su domicilio para que le respondan, incluyendo código postal. Toda correspondencia relacionada a cuestiones de patentes debe ser dirigida a:

Commissioner for Patents
P.O. Box 1450
Alexandria, VA 22313-1450

La oficina sede del USPTO es:

U.S. Patent and Trademark Office
600 Dulany Street
Alexandria, Virginia

Preguntas generales pueden ser contestadas por el servicio telefónico del Centro de Ayuda de Patentes. Sus números telefónicos son: Toll free o línea gratuita, 800-PTO-9199 (800-786-9199) o 703-308-HELP (703-308-4357). ***Nota.*** *Este servicio no está disponible en español.*

CAPÍTULO

5

Decida la ubicación de su negocio

¿Dónde ubicará su negocio? Hace 50 años casi cada empresa funcionaba en una zona comercial. Avance unos años hacia el mundo tecnológico actual y el escenario es muy distinto.

En el primer capítulo de este libro le alentamos a pensar sobre sus propias habilidades e intereses para tomar una decisión en cuanto a qué tipo de negocio le gustaría iniciar.

Además, usted tenía que decidir si empezaría un negocio nuevo, compraría un negocio existente o compraría una franquicia. Una vez tomada esa decisión es la hora de escoger un local (o base de operación) para su negocio.

¿Cómo escoge una ubicación?

Establecer su ubicación no sólo se limita a buscar propiedades comerciales disponibles y a alquilar (o comprar) en el sitio más conveniente. Se trata de un proceso para pensar con detenimiento sobre su negocio y sobre las necesidades particulares que le servirán para atender eficazmente a sus clientes.

Una buena forma de comenzar este proceso es tomar las decisiones viendo el tipo de negocio que usted planea operar y cómo la ubicación respaldará las necesidades del mercado al que quiere llegar. En otras palabras, ¿Cómo su ubicación afectará sus esfuerzos para alcanzar a sus clientes?

Tiendas de ventas al por menor

Si usted planea abrir una tienda de ventas al por menor en un local este necesita ser accesible a sus clientes. La pregunta que debe hacerse es, "¿Qué lugares están disponibles que son frecuentados por la clase de clientes que probablemente comprarían mis productos?" El tipo de negocio de venta al por menor en el que usted está definitivamente determinará su decisión.

Si usted abre una tienda de comestibles que se especializa en comidas latinas, debe considerar ubicarse en un área con una población predominantemente latina. Si vende discos compactos de música, probablemente necesitará ubicarse en un centro comercial o un lugar con muchas tiendas que tenga un estacionamiento adecuado y mucho tráfico peatonal.

Por otra parte, si abre una tienda de emparedados para servir a estudiantes que toman clases nocturnas, obviamente sería mejor ver si puede ubicarse en un área adentro de la institución educativa con cercanía a las aulas

- **Si usted está comprando un negocio existente de ventas al por menor.** El negocio ya tendrá una ubicación. Antes de comprarlo, debe determinar si el local actual es una ventaja o desventaja para el negocio.

  Si no está comprando el inmueble/edificio, usted necesitará negociar un acuerdo de arrendamiento/alquiler con el dueño. Asegúrese que entienda los términos del acuerdo antes de aceptarlo.

  Haga las siguientes preguntas ¿Cuánto cuesta la renta? ¿Por cuánto tiempo tendrá efecto? ¿Es renovable? ¿Quién paga los gastos (mejoras del arrendamiento, mantenimiento, reparaciones, servicios públicos, seguro, etc.)? Generalmente, es mejor que un abogado vea su acuerdo de arrendamiento para que cualquier desacuerdo se pueda resolver de antemano.

- **Si usted va a montar un negocio al por menor nuevo.** Ubicar su negocio en el lugar correcto puede ser la cosa más importante que deba hacer. No importa cuán buenos sean sus productos, usted no los venderá a menos que pueda atraer clientes que atraviesen su puerta.

  Evalúe su situación. Haga una lista de sus requisitos de ubicación: densidad de población, tendencias del tráfico, acceso, zonificación y permisos, precio, etc. Luego puede empezar a buscar propiedades disponibles que cumplan esas necesidades. Es probable que pueda hacer una investigación de las propiedades en la Internet.

  Como una alternativa, hay agentes comerciales que se especializan en encontrar propiedades y le ayudan a negociar un acuerdo de arrendamiento. También puede indagar con la cámara de comercio del área donde desea ubicarse.

- **Si está comprando una franquicia de venta al por menor.** Usted ha debido evaluar la franquicia en cuanto al concepto y producto. Ahora es el momento de buscar un local. Este debe ser visible al flujo de tráfico y tener acceso fácil para la conveniencia de sus clientes.

  El propietario de la franquicia controlará el área donde opera y probablemente le ayudará a decidir y negociar el local.

Mayoristas y fabricantes

Los mayoristas y fabricantes venden sus productos por mayor (con un descuento) a vendedores minoritarios que a su vez venden esos productos a sus clientes. Por lo tanto, la ubicación no está determinada por el mercado del consumidor. Las siguientes son algunas de las preguntas que usted debería hacerse antes de tomar su decisión.

- ¿Cuántos pies cuadrados requerirá mi negocio?
- ¿Cuáles son las opciones disponibles que funcionarían mejor para mi negocio?
- ¿Cuáles son los precios por pie cuadrado de otros locales disponibles?
- ¿Podrán mis productos ser fácilmente distribuidos en este lugar?
- ¿Si fabrico mis productos aquí está permitida esta actividad en la zona?
- ¿Podré obtener todos los permisos que necesito para operar mi negocio legalmente?

Empresas de servicio

Debido a la naturaleza de las empresas de servicio hay muchas alternativas respeto a la ubicación de las mismas. La ubicación puede ser el lugar donde el servicio ocurre o puede ser usada sólo para propósitos administrativos o puede ser una combinación de ambos.

- **El local es usado para servir al cliente.** Hay muchos negocios de servicio que dependen completamente de poder servir a sus clientes en sus locales. Ejemplos de estos negocios serían los consultorios médicos, salones de belleza, tiendas de reparación de zapatos y joyería, tintorerías, guarderías infantiles y consultores profesionales (legales y de contabilidad). Aunque algunos de estos negocios de servicio podrían legalmente operar desde casa, tal vez los dueños escogen una ubicación comercial para ser percibidos con más credibilidad y de alta calidad por sus clientes.

  En esos casos sus consideraciones estarán casi iguales a las de un negocio al menudeo. Su local debe ser de fácil acceso al cliente, especialmente si sus clientes sólo usan su servicio cuando la ocasión se presenta y su negocio depende de atraer consistentemente nuevos clientes.

- **El local es usado sólo para propósitos administrativos.** Estos negocios de servicio no se reúnen con sus clientes en sus locales. La oficina es usada sólo para efectuar el trabajo administrativo como la contabilidad y para establecer citas con los clientes.

  Este puede ser el caso típico si se tiene un servicio de jardinería, limpieza de casas, plomería, pintura u otro tipo de servicios de mantenimiento o reparación. También se aplicaría si tuviera un negocio de servicios ambulantes, como reparación de malla metálica, limpieza de piscinas o abastecimiento de comida por encargo.

  Si su local no es usado para reunirse con sus clientes, sería mejor considerar un local barato que le servirá adecuadamente a su negocio y que no requerirá mucho tiempo de viaje de su casa a su trabajo y viceversa.

  Los negocios pequeños de servicio muchas veces pueden beneficiarse de tener sus oficinas administrativas en casa. Sin embargo, algunas municipalidades y condados tienen ciertas restricciones respecto a la autorización de negocios que funcionan desde el hogar. Además, si usted quiere tomar ventaja de la deducciones tributarias por el uso de una oficina en casa necesitará seguir las reglas de la oficina de Recaudación de Impuestos (IRS, en inglés).

Nota. Ver Capítulo 6, Empresa en el hogar.

La ubicación virtual

La llegada y avances de la tecnología ha dado lugar a otro tipo de ubicaciones: la ubicación virtual. Millones de negocios de productos y servicios ahora existen sólo en la Internet. Con este formato innovador no existen límites en cuanto a las maneras que puedan operar.

- Vendedores al por menor que escogen no usar establecimientos de ladrillo y cemento (físicos), colocan sus productos en sus propios sitios de la red electrónica y usan estrategias de mercadeo en línea para alcanzar y vender a sus mercados deseados por medio de los carritos de compra virtuales.

- Filiales establecen sitios en la Web y venden los productos de otras personas sin tocar las mercancías. Sólo hacen publicidad del producto, toman la orden y usan al fabricante para surtirse de productos.

- Los profesionales del servicio virtual utilizan las páginas electrónicas de la compañía y bases de datos de correo electrónico para comercializar sus servicios e informar a sus clientes sobre todo lo último de la industria. Luego, sirven a sus clientes vía comunicaciones electrónicas, muchas veces sin conocerse cara a cara.

Una característica interesante de los negocios virtuales es que el consumidor raramente sabe (o le importa) qué hay detrás de la operación comercial. Lo único que le importa al consumidor es que el producto o servicio llene sus necesidades en términos de calidad y puntualidad.

Las oportunidades son tan ilimitadas como la imaginación en la mente de los empresarios de hoy. He visto miles de empleados de medio tiempo contratados para trabajos de construcción, transportación de equipo pesado a través de estados, subastas gigantes son efectuadas, automóviles son vendidos, apuestas son realizadas y cuanto tipo de transacción comercial imaginable; todo organizado y tomando lugar desde oficinas virtuales en casas particulares.

Ahora, con teléfonos inteligentes y otros mecanismos portátiles de comunicación, los negocios pueden comunicarse con los clientes y vendedores desde cualquier lugar que esté dentro de los límites de conectividad inalámbrica.

Tomar la decisión final

Creo que ahora usted puede darse cuenta que escoger la ubicación de su local requiere que considere la naturaleza de su negocio, quiénes son sus clientes, cómo los alcanzará y cómo su elección afectará su resultado final (ganancias).

Algunos negocios requieren un local comercial y otros son apropiadamente operados desde locales fuera del medio o como negocios en el hogar. Unos determinarán que su mejor opción será un local físico realzado por una presencia en línea. Otros operarán en línea 100 por ciento.

Si su negocio crece o cambia usted puede reevaluar las necesidades de ubicación. Lo más importante es hacer la mejor elección que pueda para sus necesidades iniciales de ubicación. Eso le ayudará a despegar y progresar en la dirección correcta.

Nota. En el apéndice II, Formularios Vacíos y Hojas de trabajo, página 201, encontrará una página para uso propio donde puede hacer un análisis de la ubicación de su local.

CAPÍTULO

6

Negocio desde el hogar
¿Es el adecuado para usted?

Uno de los mercados que crecen más rápido en Estados Unidos es el negocio desde el hogar. Es interesante notar que uno de cuatro negocios situados en una oficina o área industrial empezó en el hogar, incluyendo compañías conocidas como Mary Kay, Hershey, Hewlett Packard, Lillian Vernon, Ford y Apple. Se ha estimado que más que 32 millones de americanos son autoempleados y trabajan desde su casa. Esto no incluye a los que estaban trabajando a medio tiempo mientras tenían un trabajo "regular". Éstos sumaron más de 11 millones.

Los negocios desde el hogar cubren una vasta gama de ocupaciones e industrias. Un estudio multiestatal conducido por un equipo de investigadores universitarios encontró que las cinco ocupaciones predominantes son en las áreas de mercadeo/ventas (24%), contratos (15%), mecánico/transporte (13%), servicios (12%) y profesional/técnico (12%). Otros estudios produjeron distintos resultados, pero todos indican que los negocios en el hogar representan una vasta gama de ocupaciones e industrias.

La tendencia hacia el establecimiento de negocios en el hogar ha ocurrido por varias razones. La llegada de la edad electrónica con sus computadoras, máquinas fax, fotocopiadoras y otra tecnología para la oficina ha hecho posible que casi cada familia pueda iniciar un negocio desde el hogar. Las inseguridades del trabajo y los despidos han forzado a los empleados profesionales a salir de las corporaciones. Muchas de estas personas desplazadas de cargos administrativos de nivel medio han llevado sus habilidades al hogar para convertirlas en negocios viables dirigidos desde oficinas en sus casas. El incremento de negocios en el hogar también ha sido influenciado por consideraciones económicas como eliminación de la renta (de un local) y deducciones tributarias derivadas de tener una oficina en el hogar. Como una ventaja adicional, tener un negocio desde el hogar permite a los padres quedarse en casa con sus familias, permite el cuidado de los ancianos y se evitan costos adicionales que ocurren con permisos por ausencia del trabajo.

Los negocios desde el hogar pueden ser muy exitosos, aunque también se pueden convertir en desastres o en intentos improductivos para iniciar un negocio. Para ayudarle a tener un buen comienzo hemos dedicado este capítulo a unas de las consideraciones más importantes que contribuirán al éxito de su negocio desde el hogar.

¿Cuál es la diferencia entre un negocio desde el hogar con otros negocios?

Con la excepción del local, un negocio desde el hogar es igual a otros negocios. Todos los otros asuntos se aplican, incluyendo la necesidad de un fuerte plan de mercadeo y fondos suficientes. El factor determinante que favorece el operar desde el hogar será que el mercadeo de su negocio no será afectado gravemente por la ubicación física del mismo.

Ventajas	**Desventajas**
Menos gastos generales	Sentirse aislado
Flexibilidad de trabajo	Necesidad de autodisciplina

¿Califica para una deducción de impuestos por tener una oficina en el hogar?

Para calificar para una deducción por el uso de su casa como oficina, usted necesita usar esa porción de su casa *exclusiva* y *regularmente* para comerciar o hacer negocio y el mismo debe ser su *local principal para el negocio*.

1. **Uso exclusivo.** Para pasar la prueba del uso exclusivo, necesita usar un área específica de su casa ***sólo*** para relaciones comerciales o de negocio. El área usada para el negocio puede ser un cuarto u otro espacio separado identificable. El espacio no necesita estar marcado por una división permanente. Usted no reúne los requisitos de la prueba de uso exclusivo si usa el área en cuestión tanto para propósitos personales como para el negocio. Excepciones aplican si usa parte de su casa para el almacenamiento de inventario o muestras de productos o si usa parte de su casa para una guardería infantil.

2. **Uso regular.** Para pasar la prueba del uso regular necesita usar en forma permanente un área específica de su casa para su empresa. No reúne los requisitos de la prueba si el uso del área es ocasional o incidental, aun si no usa esa área para cualquier otro propósito.

3. **Uso comercial o empresarial.** Para pasar la prueba del uso comercial o empresarial necesita usar parte de su casa para relaciones comerciales o empresariales. Si usa su casa para una actividad lucrativa que no es un comercio o una empresa no puede obtener una deducción por su uso comercial.

4. **Centro principal de negocios.** Usted puede tener más de un local desde donde conduzca su negocio, incluyendo su casa, para una sola relación comercial o empresarial. Para calificar para una deducción de gastos por el uso de su hogar para su negocio su casa debe ser su principal centro de relaciones comerciales o empresariales.

La oficina en su casa calificará como su centro principal de negocios para deducciones tributarias por gastos comerciales si:

- Lo usa exclusiva y regularmente para actividades administrativas o de gestión de su comercio o negocio, y
- No tiene otro lugar fijo donde conduce considerables actividades administrativas o de gestión de su comercio o negocio. Algunas de estas actividades son:
    - Facturar a clientes o pacientes.
    - Llevar la contabilidad y documentos.
    - Ordenar provisiones.
    - Establecer citas.
    - Remitir órdenes o reportes escritos.

Las siguientes actividades administrativas o de gestión efectuadas en otros lugares *no descalificarán* la oficina en su casa como su centro principal de negocios.

- Otros conducen actividades administrativas o de gestión de su negocio desde lugares distintos a su casa. (Por ejemplo, otra compañía hace las facturas para su empresa desde su propio centro de negocios)
- Conduce actividades administrativas o de gestión desde lugares que no son lugares fijos y que están fuera de su casa, como en un automóvil o la habitación de un hotel.
- Ocasionalmente conduce mínimas actividades administrativas o de gestión en un lugar fijo fuera de su casa.
- Conduce considerables actividades de negocio no administrativas o de gestión en un lugar fijo fuera de su casa. (Por ejemplo, se reúne con o provee servicios a clientes o pacientes en un lugar fijo de la empresa, fuera de su casa.)
- Tiene espacio apropiado para conducir actividades administrativas o de gestión fuera de su casa, pero en su lugar escoge usar la oficina en su casa para esas actividades.

Otras pruebas. Las reglas para el ***"centro principal de negocio"*** no afectarán las otras normas que usted necesita cumplir para reclamar los gastos por el uso de su negocio desde el hogar. Aún así necesitará usar la parte empresarial de su casa ***exclusiva*** y ***regularmente*** para comercio o negocio. Si usted es un empleado, el uso empresarial de su casa deberá ser usado para ***la conveniencia de su empleador***. Adicionalmente, su deducción tal vez será limitada si su ingreso bruto por el uso de la oficina en su hogar es menor que los gastos totales de su negocio.

5. **Lugar para atender pacientes o clientes.** Si atiende o se reúne con pacientes o clientes en su casa en el proceso normal de su negocio, aunque también haga negocio en otro lugar, puede descontar sus gastos por usar su casa exclusiva y regularmente para el negocio si cumple con las siguientes normas:

- Si se reúne físicamente con pacientes o clientes en su local. La parte de su casa que usa exclusiva y regularmente para estas citas no necesita ser su lugar principal de negocio.
- El uso de su casa es sustancial e integral para operar su negocio.

Nota. *Usar su casa para citas ocasionales y llamadas telefónicas no lo calificará para una deducción tributaria del negocio desde el hogar.*

6. **Espacio separado.** Usted puede descontar los gastos (según el límite de deducción) por un espacio separado e independiente, como un estudio, garaje o granero, si lo usa exclusiva y regularmente para su negocio. El espacio no necesita ser su centro principal de negocio ni un lugar donde se reúne con pacientes o clientes.

Para ayudarle

"¿Puede descontar el uso del negocio de sus gastos de casa?"
En *la página 47 usted encontrará un organigrama que le ayudará a determinar si calificará por una deducción por tener su oficina en casa.*

Formulario 8829 del IRS: Gastos para el uso del hogar para negocio.
Para su conveniencia, usted puede ver en la página 48 un ejemplo del formulario del IRS ya lleno usado para presentar deducciones por el uso del hogar para hacer negocio.

Calculando su deducción

Después de determinar que cumple con las pruebas que lo califican para una deducción por usar su casa como oficina, puede calcular cuánto puede descontar. Necesitará determinar el porcentaje del espacio de su casa usado para el negocio y el límite en la deducción.

Porcentaje del negocio

Para determinar la deducción por el uso de su casa para negocio, usted necesita comparar el tamaño de la parte de la casa que usa para el negocio y restarla del total de la casa para obtener el porcentaje que usa para el negocio. Los siguientes son dos métodos usados comúnmente para obtener el porcentaje.

- Dividir el área (longitud multiplicada por el ancho) usada para el negocio por el área total de su casa.
- Si los cuartos en su casa son del mismo tamaño más o menos, puede dividir la cantidad de habitaciones usadas para el negocio por la cantidad total de las habitaciones en su casa.

Por ejemplo, *si su casa mide 2 mil pies cuadrados y usa 500 pies cuadrados para su oficina, se puede descontar el 25 por ciento de los gastos como renta, hipoteca, interés, depreciación, impuestos, seguro, servicios, reparación, etc. También hay otras cuestiones para considerar refiriéndose a las legalidades de las deducciones. Necesitará usar tiempo para familiarizarse con ellas.*

Uso parcial del año

No se pueden descontar los gastos incurridos por el uso del negocio en casa durante las épocas del año que usted no usó su casa para propósitos empresariales. Considere sólo sus gastos por la porción del año en la que se usó la casa para el negocio.

Límite de deducción

Si el ingreso total del uso del negocio en su hogar es igual o excede los gastos totales del negocio (incluyendo depreciación), usted puede deducir todos los gastos del negocio relacionados al uso de su casa. Si su ingreso total del uso del negocio es menor que sus gastos totales del negocio, su deducción de otros gastos no deducibles, como el seguro, servicios y depreciación, destinados al negocio, son limitados. (Ver Publicación 587 del IRS para una explicación minuciosa.)

Deducción de gastos

Si usted califica para descontar los gastos por el uso de su casa para negocio, también deberá dividir los gastos de operación de su casa entre el uso personal y empresarial.

Tipos de gastos

La parte de sus gastos por operación de la casa que usted puede usar para obtener su deducción depende lo siguiente:

- Si el gasto es directo, indirecto o no relacionado.
- El porcentaje de su casa usada para el negocio.

Descripciones y ejemplos de gastos directos, indirectos y no relacionados son:

Directos (gastos sólo para la parte de su casa que usa para negocio): pintura o reparaciones sólo en el área usada para el negocio. Estos gastos son completamente deducibles (sujeto al límite de deducción). La excepción es que pueden ser sólo parcialmente deducibles en el caso de las guarderías.

Indirectos (gastos para mantener y manejar su casa entera): seguro, servicios y reparaciones generales. Estas deducciones se basan en el porcentaje de su casa que usa para el negocio.

No relacionados (gastos sólo por las partes de su casa no usadas para el negocio): cuidado del césped o pintar un cuarto que no se usa para el negocio. Estos gastos no son deducibles.

Ejemplos de gastos

Ciertos gastos son deducibles si usa o no su casa para su negocio. Si declara que los gastos de la casa fueron usados para el negocio, use el porcentaje de los gastos usados para hacer negocio para calcular el uso empresarial de las deducciones tributarias de la casa. Estos gastos incluyen lo siguiente:

- Impuestos de bienes inmuebles
- Interés deducible de la hipoteca
- Pérdida por accidente

Otros gastos son deducibles sólo si usa su casa para su negocio. Puede usar el porcentaje del negocio de estos gastos para calcular el uso empresarial de las deducciones tributarias de la casa. Estos gastos generalmente incluyen (pero no se limitan a) lo siguiente:

- Depreciación (ver regulaciones)
- Seguro
- Renta
- Reparaciones
- Sistema de seguridad
- Utilidades y servicios

Consejo tecnológico

Transferir e imprimir
IRS Pub. 587: Uso del hogar para hacer negocio

El IRS tiene una publicación de 31 páginas que le ofrece extensa información sobre cuestiones relacionadas al uso de su casa para hacer negocio. Trata asuntos como: calificar para una deducción, calcular deducciones, descontar los gastos, depreciación de su casa, instalaciones para guardería, venta o intercambio de su casa, muebles y equipo para la empresa, guardar archivos, etc. Además contiene hojas de trabajo que le ayudarán a determinar su propia deducción.

Publicación 587, ***Uso del hogar para hacer negocio (incluido el uso por proveedores de guardería).*** Puede ser bajado de la Internet: www.irs.gov Seleccionar "Forms and Publications" (Formas y Publicaciones) del menú a la izquierda. Luego escoger "Download forms and publications" (Bajar formas y publicacones) de: → número de publicación.

Nota. *Para leer y/o imprimir la publicación necesitará* ***Acrobat Reader,*** *un programa de software que está disponible gratis en el sitio Web de Adobe (www.adobe.com). Baje la publicación, abra Acrobat Reader, y luego abra el archivo transferido.*

Aumente sus posibilidades de éxito

Si va a operar desde su casa, hay varias cosas que puede hacer para asegurarse que será más exitoso. Por mucho tiempo las oficinas en la casa han estado bajo escrutinio por quienes desean cuestionar su credibilidad. En las siguientes páginas discutiremos algunas cuestiones que probablemente hagan la diferencia entre éxito y fracaso.

Organice su espacio de trabajo

Separar su espacio de trabajo no sólo es un requisito del IRS sino un elemento necesario para cualquier negocio. Es importante entender que un negocio en el hogar es igual a un negocio en un lugar comercial, con la excepción de algunas consideraciones tributarias especiales. Esa es exactamente la manera en que debe tratarlo.

Organice su espacio de trabajo en una forma eficiente y elimine objetos que no son del trabajo para que no esté tentado a mezclar los dos durante las horas de trabajo. Si usa su garaje para manejar una tienda de reparación de máquinas para cortar césped o pasto, no la use para guardar automóviles, bicicletas, un congelador y ropa vieja. Si tiene una oficina en su cuarto de entretenimiento, deshágase del televisor, mesa de billar, máquina de hacer ejercicios y tabla de planchar. Cuando un cliente cruce la puerta de su oficina debe sentirse como en la oficina de una empresa.

Cuide las responsabilidades legales

Un negocio que funciona desde el hogar tiene los mismos requisitos legales que cualquier otro negocio. Necesitará una licencia de negocio, DBA (declaración del nombre del negocio), permiso para vender, etc. Nunca debe mezclar sus finanzas del negocio con sus finanzas personales. Necesitará montar un sistema efectivo de archivado de libros de contabilidad y necesitará encontrar un contador profesional que le puede ayudar a maximizar sus beneficios tributarios y a preparar su declaración tributaria final. Necesitará una cuenta separada de banco y una línea telefónica del negocio. Necesitará seguro de negocio adaptado a sus productos y servicios.

En otras palabras, suponga que acaba de abrir un negocio en un local comercial y haga las mismas cosas que tendría que hacer para echar a andar su negocio.

Establezca el horario de oficina

Es de suma importancia que usted establezca el horario regular de oficina. Es difícil obtener credibilidad, pero especialmente si trabaja en su casa. Sus clientes lo tomarán más en serio si ven que lo maneja con un horario establecido. Si usted no está disponible cuando llaman, usted verá que pronto sus clientes estarán buscando otros lugares para el mismo servicio o producto.

Si usted debe estar fuera de su negocio durante horas regulares de oficina, asegúrese de proporcionar formas para dejar mensajes y devuelva las llamadas de sus clientes. Invierta en un buen sistema de contestador automático y deje un mensaje claro que indique cuando regresará a su oficina, asegurándole al cliente que le devolverá la llamada.

Conocía a un dueño de negocio que continuamente dejaba el mensaje, "Estoy fuera de mi oficina en este momento y regresaré en dos horas". El problema era que el cliente no sabía cuando se dejó el mensaje o cuando terminarían las dos horas. Un mensaje mejor habría sido, "Tengo una cita con un cliente y estaré en mi oficina de nuevo a las 2 de la tarde". También asegúrese de pedir un nombre y número telefónico y ofrezca devolver la llamada.

Proteja sus horas de trabajo

Infórmele a su familia y amigos que usted es serio sobre su negocio y que necesitará trabajar sin interrupciones. Por alguna razón, un negocio en el hogar usualmente es percibido como el lugar donde los visitantes pueden entrar y quedarse para visitas amistosas. Nunca pensarían ir a una oficina corporativa por una taza de café, pero ¡sin duda usted aceptaría un descanso en sus horas de trabajo! Cómo desearíamos recibir una moneda de cinco centavos por todas las veces que hemos debido trabajar hasta tarde en la noche porque amigos bien intencionados decidieron que necesitábamos su compañía durante el día.

Desgraciadamente, este es uno de los problemas más serios con los que uno se tropieza en los negocios que funcionan desde el hogar y un problema difícil de resolver. Esto no sólo aplica a familia y amigos, sino a aquellos clientes que están ansiosos por establecer una relación amistosa. Hemos usado cada truco que sabemos para deshacernos de visitantes indeseados sin ofenderlos. Hemos recurrido a inventar citas inexistentes, llamar el uno al otro desde un teléfono en otro cuarto, encaminar al cliente lentamente hacia la puerta y cualquier otro método imaginable. Cuando todo esto fracasa diga la verdad y tal vez funcione.

Proteja sus horas libres

Además de proteger sus horas de oficina, también necesitará decidir qué días y horas desea cerrar el negocio y prométase a sí mismo que los usará para actividades que no sean de trabajo. De hecho, proteja ese tiempo libre con su propia vida.

Asegúrese de informarle a sus clientes cual es su horario de oficina. Si ellos quieren llegar durante sus horas libres, dígales con amabilidad y firmeza que el negocio está cerrado. La mayoría lo respetarán y regresarán durante las horas regulares de oficina.

Al fin de su día de trabajo, active su contestador automático y cierre la puerta de su negocio. Planee actividades con su familia o amigos y trate de no abrumarlos con sus problemas de trabajo. La idea es divertirse y darse a sí mismo un descanso. Si nunca tiene la oportunidad escaparse de su negocio es probable que muy pronto se sienta abrumado y cansado de él.

Sería ingenuo suponer que un propietario de negocio nunca necesita trabajar horas extras para procurar que el negocio prospere. Haga lo que tenga que hacer para manejar su negocio, pero no permita que el negocio lo maneje a usted y tampoco permita que su negocio lo canse tanto que le cause problemas con las personas que le importan. Recuerde, ¡Poseer su propio negocio debe ser algo positivo en su vida!

Sea auto-disciplinado

El poseer su propio negocio requiere mucho tiempo y esfuerzo. Hemos escuchado a potenciales propietarios de negocios decir que van a dejar de trabajar ocho horas diarias para tener su negocio propio y tener la libertad de establecer su propio horario. Es verdad que usted puede determinar sus horas, sin embargo, trabajar por sí mismo probablemente será equivalente a tener dos trabajos, por lo menos durante los primeros tres o cuatro años hasta que el negocio funcione bien. Por esa razón, es necesario desarrollar un alto grado de autodisciplina.

Esté dispuesto a trabajar largas horas cuando sea necesario. Si es necesario un esfuerzo extra para terminar un trabajo, tendrá que hacerlo. Decida qué horario está dispuesto a trabajar y cúmplalo. No caiga en la trampa de pensar que está libre. Usted es su propio jefe y deberá tratarse a sí mismo de la misma forma como trataría a un empleado.

Vístase para el éxito

Sólo porque trabaja en casa no deberá ser una excusa para vestirse mal. Cada tipo de empleo tiene un modo aceptable de vestirse que debe ser adoptado. Una empresa en el hogar es el blanco perfecto para una avalancha de clientes 24 horas al día. Llamarán por teléfono y tocarán el timbre de la puerta siete días a la semana de sol a sol, incluidos los días feriado. Nadie puede ver su apariencia cuando está al otro lado del teléfono, pero si va a abrir la puerta luzca como una persona de negocios. Si su cliente va a tener confianza en sus productos o servicios, él o ella primero deben tener confianza en usted. Usted es su mejor propaganda.

Sea confiable

Los negocios que funcionan desde el hogar representan un gran segmento de la mano de obra de hoy y es también una fuerza poderosa en la economía. Debido a la tecnología moderna casi cada tipo de negocio imaginable se maneja desde una oficina en casa en algún sitio. Desgraciadamente, esos mismos negocios en casa son frecuentemente considerados como "pequeños pasatiempos". Nosotros dos tuvimos empresas en el hogar por mucho tiempo antes de empezar a impartir clases de negocio y escribir y publicar libros de negocio. Probablemente, sería imposible contar las muchas veces que nos dijeron que teníamos un pasatiempo maravilloso. Nos gustaban nuestros negocios, pero podemos asegurarles que nuestras razones para estar en el negocio las pesábamos en dólares así como en diversión.

La verdad es que un propietario de un negocio desde el hogar necesitará invertir mucho esfuerzo extra para ganar credibilidad y atraer clientes. Muchas organizaciones profesionales de negocio, incluyendo las cámaras de comercio, están formando grupos de apoyo para ayudar a superar este estigma. En tanto, el profesionalismo es la única arma que puede ser usada efectivamente para superar las ideas equivocadas sobre la seriedad de este importante esfuerzo económico.

Un último recordatorio

- Verificar las leyes de zonificación para asegurarse que puede operar su negocio en su casa en forma legal.
- Sea auto-disciplinado y no permita distracciones.
- Establezca horas fijas y un ambiente profesional.
- Tenga un espacio dedicado a su negocio.
- Vístase bien para el trabajo.
- Asegúrese que tiene el apoyo tecnológico y accesorios, sin excederse (máquina fax, línea telefónica separada, fotocopiadora, computadora, contestador automático profesional, etc.)
- Asegúrese que su negocio es compatible con la póliza de propietario de vivienda; fíjese si incluye cobertura comercial como una opción.
- Mantenga archivos eficientes
- NUNCA mezcle las cuentas de su casa y las del negocio.
- Establezca una red social para evitar el aislamiento.
- Tenga una buena relación con sus vecinos y sea sensible a entregas, estacionamiento de clientes, etc.
- Mantenga una red familiar de apoyo.

¡Advertencia del IRS!

Estratagemas para evitar pagar impuestos de negocios que funcionan desde el hogar

El IRS ha alertado a los clientes respeto a planes de negocios que funcionan desde el hogar que aparentan ofrecer "alivio" tributario. En realidad, ellos proporcionan mal consejo a contribuyentes incautos que, si los siguen, resultan en evasión impropia de impuestos.

Promotores de estas estratagemas alegan que los contribuyentes pueden descontar mucho, o todos sus gastos personales como gastos del negocio al establecer un negocio falso en el hogar. Pero el código de impuestos establece firmemente que debe existir un negocio con propósito claro de ganancias para generar y reclamar gastos permitidos al negocio.

Algunos ejemplos de gastos personales que no son deducibles, pero que comúnmente son reclamados como gastos de negocio con el propósito de evadir impuestos de negocios desde el hogar incluyen:

- Deducir todo o gran parte del costo y operación de una residencia personal. Por ejemplo, colocar un calendario, escritorio, archivero, teléfono u otras cosas relacionadas a un negocio en cada habitación no aumenta la cantidad que puede ser deducida.
- Deducir una porción del pago total de la casa no se permite si el negocio no es real.
- Pagar a sus niños un salario por servicios, como contestar teléfonos, lavar carros u otras tareas y luego descontar estos costos como un gasto de negocio no es real.
- No se permite la deducción de gastos de educación del salario erróneamente pagado a niños como empleados.
- No se permite deducir gastos excesivos de carro y camioneta cuando el vehículo sirve para uso personal y de negocio.
- No se permite deducir muebles personales, equipo de entretenimiento de la casa, juguetes de los niños, etc.
- No se permite deducir viajes personales, comidas y la diversión bajo la apariencia que "todo el mundo es un cliente posible".

Cualquier plan de impuesto que alegue que una persona puede deducir lo que normalmente serían gastos personales debe ser considerado como muy sospechoso. Contribuyentes que tienen preguntas sobre este tema o deseen denunciar posibles fraudes pueden llamar al 1-866-775-7474. Además, pueden contactar al IRS enviando un email a: irs.tax.shelter.hotline@irs.gov.

Organigrama del Impuesto Sobre Ventas

¿Puede descontar los gastos del uso del negocio desde el hogar?

Fuente: Publicación del IRS 587, uso del hogar para hacer negocio

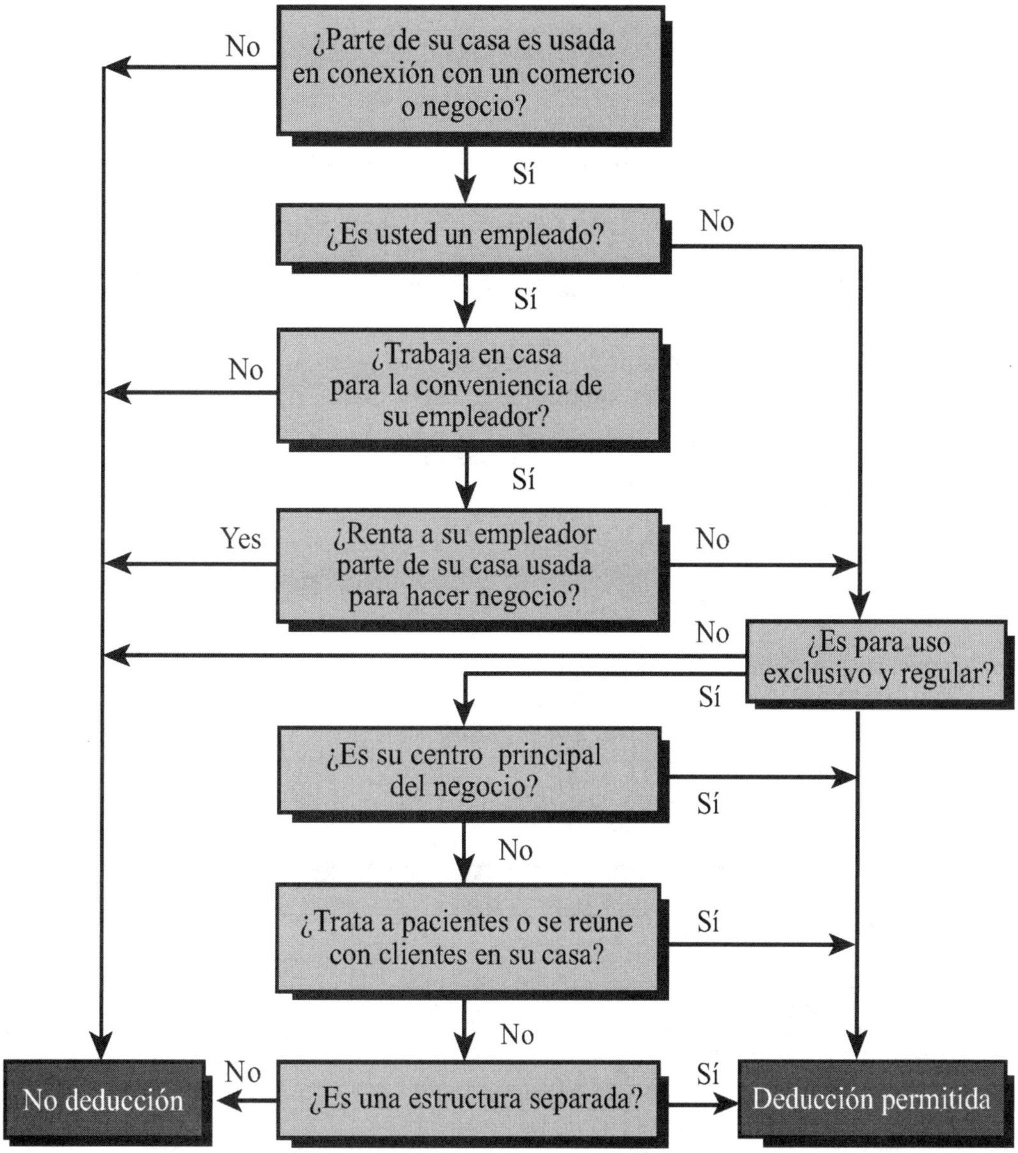

Nota: *Guarderías e inventario de almacenamiento son excepciones al uso exclusivo de la prueba.*

IRS Form 8829
Expenses for Business Use of Your Home

Form **8829**

Department of the Treasury
Internal Revenue Service (99)

Expenses for Business Use of Your Home

▶ File only with Schedule C (Form 1040). Use a separate Form 8829 for each home you used for business during the year.

▶ See separate instructions.

OMB No. 1545-0074

2007

Attachment Sequence No. **66**

Name(s) of proprietor(s) | Your social security number

Part I — Part of Your Home Used for Business

1 Area used regularly and exclusively for business, regularly for daycare, or for storage of inventory or product samples (see instructions) . . . 1

2 Total area of home . . . 2

3 Divide line 1 by line 2. Enter the result as a percentage . . . 3 %

For daycare facilities not used exclusively for business, go to line 4. All others go to line 7.

4 Multiply days used for daycare during year by hours used per day — 4 hr.

5 Total hours available for use during the year (365 days × 24 hours) (see instructions) — 5 8,760 hr.

6 Divide line 4 by line 5. Enter the result as a decimal amount . . . 6 .

7 Business percentage. For daycare facilities not used exclusively for business, multiply line 6 by line 3 (enter the result as a percentage). All others, enter the amount from line 3 . . . ▶ 7 %

Part II — Figure Your Allowable Deduction

8 Enter the amount fro[...] home and shown on [...] **See instructions fo[...] completing lines 9–2[...]**

9 Casualty losses (se[...]

10 Deductible mortga[...]

11 Real estate taxes ([...]

12 Add lines 9, 10, an[...]

13 Multiply line 12, co[...]

14 Add line 12, colum[...]

15 Subtract line 14 from[...]

16 Excess mortgage i[...]

17 Insurance . . .

18 Rent . . . . .

19 Repairs and mainte[...]

20 Utilities . . . .

21 Other expenses (se[...]

22 Add lines 16 throu[...]

23 Multiply line 22, co[...]

24 Carryover of opera[...]

25 Add line 22 in colu[...]

26 Allowable operatin[...]

27 Limit on excess ca[...]

28 Excess casualty los[...]

29 Depreciation of you[...]

30 Carryover of excess ca[...]

31 Add lines 28 throu[...]

32 Allowable excess c[...]

33 Add lines 14, 26, a[...]

34 Casualty loss porti[...]

35 Allowable expenses fo[...] on Schedule C, line 30. If your home was used for more than one business, see instructions ▶ 35

> Este formulario (en inglés) es sólo con el propósitos de ilustración. Este formulario no está disponible en español.
>
> Este formulario en particular, le pide información específica sobre lo siguiente:
>
> - Área de su casa usada como negocio versus área total de la casa
> - Gastos de la casa (como seguro, préstamos, utilidades, pérdidas, etc.)
> - Depreciación de la casa
> - Transferencias de gastos no permitidos el próximo año
>
> Este formulario se puede encontrar en el sitio Web del IRS.

Part III — Depreciation of Your Home

36 Enter the **smaller** of your home's adjusted basis or its fair market value (see instructions) . . 36

37 Value of land included on line 36 . . . 37

38 Basis of building. Subtract line 37 from line 36 . . . 38

39 Business basis of building. Multiply line 38 by line 7 . . . 39

40 Depreciation percentage (see instructions) . . . 40 %

41 Depreciation allowable (see instructions). Multiply line 39 by line 40. Enter here and on line 29 above 41

Part IV — Carryover of Unallowed Expenses to 2008

42 Operating expenses. Subtract line 26 from line 25. If less than zero, enter -0- . . . 42

43 Excess casualty losses and depreciation. Subtract line 32 from line 31. If less than zero, enter -0- 43

For Paperwork Reduction Act Notice, see page 4 of separate instructions. Cat. No. 13232M Form **8829** (2007)

Printed on recycled paper

CAPÍTULO

7

Escoja su estructura legal

Cuando inicie su negocio deberá seleccionar su estructura legal. Este capítulo le ayudará a entender y tomar las decisiones necesarias, lo introducirá a la definición, beneficios y riesgos de las siguientes entidades legales:

- ✓ ***Propietario único***
- ✓ ***Sociedad***
- ✓ ***Corporación S***
- ✓ ***Corporación***
- ✓ ***Sociedad de Responsabilidad Limitada (SRL o LLC en inglés)***

¿Su negocio tendrá la estructura legal de propietario único, sociedad, corporación S o sociedad de responsabilidad limitada? Antes de tomar esa decisión usted debe formularse algunas preguntas básicas respeto al negocio y a su propia situación personal. Responder a las preguntas en la siguiente página le ayudará a tomar una decisión inteligente.

- ¿Qué tipo de negocio iniciará?
- ¿Qué tan pequeño (o grande) será el negocio?
- ¿Cuántos propietarios habrán?
- ¿Quién tomará las decisiones por la compañía?
- ¿Dónde (geográficamente) hará negocios?
- ¿Necesitará capital de un prestamista o inversionista?
- ¿Cuáles son los riesgos de responsabilidad del negocio?
- ¿Qué tipo de activos personales tiene usted?
- ¿Necesitará proteger del negocio esos activos personales?

¿Necesita ayuda profesional?

Si su compañía adoptara una estructura legal distinta a la de un propietario único, le sugeriría que por lo menos consulte con un profesional (abogado de negocios o contador de negocios) para ayudarle a escoger y a formar legalmente su entidad de negocio. Esto puede ayudarle a evitar muchos problemas en el futuro.

Por ejemplo, en el mundo actual muchos empresarios nuevos forman sociedades con sus amigos y compañeros, pero fracasan en definir claramente los términos de la sociedad. Es un hecho bien conocido que la mayoría de las sociedades no funcionan por varias razones: falta de responsabilidades definidas, fracaso de los socios para contribuir con un esfuerzo equilibrado, desacuerdo sobre gastos, socios que desean salirse del negocio, etc. Un acuerdo de sociedad bien formalizado explicará las contribuciones y responsabilidades de los socios y anticipa una disolución equitativa en caso de que ocurra.

Otro ejemplo es usar los servicios de un profesional para que le ayude a escoger entre las estructuras corporativas. Muchas compañías nuevas deciden por sí mismas que adoptarán la estructura legal de sociedad de responsabilidad limitada (limited liability company o LLC), que es una entidad estatal. Las leyes que gobiernan esta estructura legal tienen muchas variaciones de un estado a otro. Si su compañía intenta operar en todos los Estados Unidos o internacionalmente, quizá sería aconsejable incorporarla bajo la ley nacional. Un profesional puede ayudarle a tomar la decisión correcta.

Nota. Aunque usted puede cambiar posteriormente la estructura legal de su compañía, es menos caro y consume menos tiempo tomar esta decisión desde el principio. Además, recuerde que cambiar la estructura legal de propietario único (o sociedad) a una corporación es más fácil que cambiar de una corporación a una estructura legal más simple.

Sobre las estructuras legales

La decisión que usted tome requiere que entienda la definición de cada tipo de estructura legal, sus beneficios y riesgos y cómo afectarían su negocio y su situación personal.

1. Propietario único

Usted es el propietario único si usted trabaja para sí mismo y es el único propietario de un negocio no incorporado. Declare sus ingresos, gastos, y ganancias netas de su negocio o profesión en un Formulario C (Schedule C) y preséntelo con su Formulario regular 1040 de su declaración de impuestos. No hay un efecto tributario si usted transfiere dinero a o de su negocio. Los propietarios únicos pagan cada trimestre al Servicio de Recaudación de Impuestos (IRS) impuestos de ingresos estimados y de autoempleo, con base en ingresos netos del negocio.

Beneficios

- **Es la forma más fácil de estructura legal.** Convertirse en propietario único no requiere un acuerdo legal. Si presenta un DBA (declaración del nombre del negocio) y obtiene una licencia de negocio del gobierno de su ciudad o condado, se le considerará como propietario único.

- **Usted es el único propietario del negocio.** Como el único propietario, usted obtiene el 100% de las ganancias del negocio (o pérdidas). También tiene el poder de tomar todas las decisiones y aceptar todas las responsabilidades respeto al negocio.

- **Usted paga impuestos como un individuo.** El negocio mismo no paga impuestos. Las ganancias (y pérdidas) de un propietario único son presentadas como ingresos de un negocio en su declaración personal de impuestos y son calculadas con otros ingresos y deducciones de acuerdo a la tasa tributaria apropiada.

- **Hay menos regulaciones del gobierno.** Algunas estructuras legales deben seguir extensas regulaciones gubernamentales durante su operación. Si un propietario único está autorizado y presenta declaraciones de impuestos, generalmente no hay otras regulaciones relacionadas a la estructura legal.

Riesgos

- **Toda la responsabilidad es suya.** Sobre usted recae toda la responsabilidad de todo lo que ocurra con su negocio. Usted es la persona que toma las últimas decisiones y también asume toda la responsabilidad por el resultado de esas decisiones. Esta desventaja puede ser mitigada a medida que el negocio crece, utilizando asesores y designando ciertas tareas a empleados que tengan las capacidades adecuadas. Si usted fracasa en el crecimiento de su negocio y no puede tener más que un empleado, usted necesitará cubrir todas las áreas como contabilidad, mercadotecnia, atención al cliente y todo lo relacionado con el ofrecimiento de sus productos y/o servicios.

- **Usted es el único responsable de la deuda de su negocio.** Usted es el único responsable de todas las deudas del negocio. Esto significa que sus activos personales (capital variable de su casa o "equity", ahorros, vehículo, etc.)

se arriesgan si su negocio adquiere una deuda que esté fuera de su capacidad de pago.

- **Financiamiento puede ser difícil de obtener.** Porque su negocio depende de una sola persona, un banquero o inversionista podría estar menos dispuesto a darle un préstamo o invertir fondos en su compañía. Si Usted recibe financiamiento, usted personalmente será responsable del pago.

- **El negocio depende de su habilidad para operarlo.** Si no tiene otras personas que estén capacitadas para operar el negocio en su ausencia, esto puede ser desastroso. Es más, si usted falleciera el negocio deja de existir como una entidad legal.

2. Sociedad

Una sociedad es la relación entre dos o más personas que se juntan para operar un comercio o negocio, con cada persona contribuyendo dinero, propiedad, trabajo o habilidades y cada uno espera compartir las ganancias y pérdidas del negocio.

Las ganancias de una sociedad no se incluyen en los impuestos de la misma. Cada socio necesita tomar en cuenta su parte individual de ganancias (o pérdidas) de la sociedad y hacer su propia declaración de impuestos sobre la renta (si es distribuida o no). El negocio presenta el Formulario 1065 para sus impuestos anuales, aunque este documento es simplemente una declaración tributaria informativa. La parte de ganancias distribuida a cada socio normalmente se incluye en los cálculos de ingresos de autoempleo.

Las sociedades pueden tener socios generales y limitados.

- **Los socios generales** están activos en el control del negocio. Comparten el financiamiento, la toma de decisiones y responsabilidades de gestión según los términos explicados en el acuerdo de la sociedad. Además, comparten la responsabilidad.

- **Los socios limitados** generalmente son contratados por una compañía para ayudar a incrementar el capital del negocio. Si los socios limitados no participan en la gestión ni el control del negocio, no comparten la responsabilidad. Los socios limitados son gobernados por el acuerdo contractual que explica los términos para la infusión de capital, retorno en inversión y términos de la salida.

No forme una sociedad sin un acuerdo de sociedad. *Este es un buen momento para indicar que cada sociedad debe tener un acuerdo de sociedad formal, por escrito. La ley de sociedades uniformes (Uniform Partnership Act o UPA) es una ley (adoptada en todos los estados excepto Louisiana) que establece las reglas legales básicas aplicables a sociedades. Para explicar los detalles que aplican a la relación del negocio,es imperativo que los socios escriban y firmen un acuerdo de sociedad. Una forma general puede ser obtenida en la Internet o en cualquier tienda de artículos de oficina. Si no quiere consultar a un abogado, Nolo Press tiene un libro de autoayuda sobre las legalidades de una sociedad que lo guiará en el proceso y le ayudará a entender los* *términos y condiciones. Algunas de las cosas que necesitan estar cubiertas son: acciones de capital variable, contribuciones financieras, distribución de ganancias y pérdidas, capital contribuido y activos, responsabilidades de gestión y trabajo de los socios, provisiones para la salida de un socio debido a muerte, incapacidad o deseo, métodos para resolver disputas, la duración del acuerdo y términos para la disolución del negocio.*

Beneficios

- **Es fácil formar una sociedad.** Si presenta un DBA (declaración de un nombre ficticio) y obtiene una licencia de negocio del gobierno de su ciudad o condado, su sociedad generalmente es considerada como establecida. Como sucede con un propietario único, si una sociedad presenta la información requerida y otras declaraciones de impuestos, generalmente no hay otras regulaciones relacionadas a la estructura legal.
- **Socios comparten la responsabilidad del negocio.** A diferencia de los propietarios únicos, los socios tienen la ventaja de poder dividir la carga de trabajo, combinar habilidades, compartir ideas y tomar decisiones que ayuden al negocio a obtener más ganancias.
- **Sociedades tienen más acceso a fondos.** Tener dos o más individuos contribuyendo dinero para operar el negocio siempre ayuda. Además, si el valor de posesiones personales de los socios es significativo, la sociedad probablemente tendrá más éxito en atraer fondos de prestamistas o inversionistas.
- **Los socios, no la sociedad, pagan impuestos.** El negocio mismo no paga impuestos. Porciones distributivas de las ganancias (pérdidas) de una sociedad son presentadas como ingresos de un negocio en las declaraciones personales de impuestos de los socios y son calculadas con sus otros ingresos y deducciones bajo la tasa apropiada.

Riesgos

- **La disolución de una sociedad puede ser difícil.** Aunque no es requerido por la ley, es sabio tener un acuerdo de sociedad formal por escrito que explique las contribuciones y responsabilidades de cada uno de los socios y que estipule que un socio pueda salirse de la sociedad, comprar parte de la sociedad o vender parte de la misma a los otros socios.
- **Socios con más capital variable o activos tienen más que perder.** Si el negocio fracasa, los socios con mayor capital variable o activos personales tienen más que perder.
- **Las ganancias le pertenecen a todos los socios según la porción de capital variable.** El negocio deberá obtener suficientes ingresos para apoyar cada uno de los socios. Los socios necesitan estar de acuerdo sobre cuándo y qué porción de sus ingresos debe ser conservada para operar la compañía

y cuándo y qué porción debe ser distribuida como ingresos de los propietarios.

- **Socios están limitados por las decisiones de otros socios.** La naturaleza de una sociedad es que todos los socios generales* tienen el derecho de actuar a nombre de la compañía. A menos que se acuerde de otra manera, los socios pueden hacer contratos individuales, gastar dinero, prestar dinero, etc., y los otros socios estarán obligados por esas decisiones.

3. Corporación

Una corporación es una entidad legal distinta, separada de los individuos que la poseen. Es formada por la autoridad del gobierno estatal, con la aprobación del secretario de estado. Si se hace negocio en más de un estado, usted deberá cumplir con las leyes federales que se refieren al comercio interestatal. Las leyes federales y estatales pueden variar sustancialmente.

Formar una corporación involucra una trasferencia de dinero, propiedad o ambos, por los accionistas potenciales a cambio de acciones de capital en la corporación.

Toda corporación, a menos que sea exenta o disuelta, necesita presentar una declaración de impuestos, aunque no se le impongan impuestos por ingresos durante el año y a pesar de la cantidad de su ingreso bruto. Usualmente, se le carga impuestos a las ganancias de la corporación. Cuando las ganancias son distribuidas como dividendos, el cargo tributario se hace a los accionistas.

Nota. *El costo y complejidad de la estructura legal corporativa por lo regular es una opción irreal para muchos negocios pequeños. Las corporaciones S o* las sociedades de responsabilidad limitada *(SRL o LLC) tal vez proveen alternativas menos complejas con algunas de las mismas ventajas.*

Artículos de incorporación. Debido a la complejidad de la corporación, usted debe consultar a un abogado y/o contador profesional para escribir los artículos de incorporación de la compañía y para manejar la entrega de su Certificado de Incorporación.

El siguiente es un resumen de los tipos de información que se necesita para completar el Certificado de Incorporación. Su consejero legal puede dar más detalles y trabajar con usted para completar adecuadamente todos los requisitos.

- Nombre corporativo de la compañía
- Propósitos de la corporación
- Tiempo durante el cual existirá la corporación
- Nombres y direcciones de quienes registren la corporación
- Lugar de la oficina de la corporación registrada en el estado de incorporación

- Propuesta de la estructura de capitalización
- Equipo gerencial
- Director (persona que servirá hasta la primera reunión de accionistas)

Si el funcionario estatal designado determina que el nombre de la corporación está disponible, el certificado ha sido completa y correctamente llenado y no ha habido ninguna violación, el estatuto será aprobado. Sin embargo, el proceso de incorporación no estará completo hasta que se reúnan los accionistas, elijan una junta directiva y adopten los reglamentos. La junta directiva a su vez elegirá a los funcionarios (por lo regular se incluye un presidente, secretario y tesorero), quienes son los que manejarán las operaciones del corporativo. En corporaciones pequeñas los funcionarios pueden ser seleccionados de la junta directiva.

Estatutos. Los estatutos son las reglas para gobernar la corporación. Por lo regular incluyen lo siguiente: El local de la oficina principal y otras oficinas; tiempo, lugar e información sobre las reuniones de los accionistas, cantidad de directores, su compensación, plazo de las funciones de los directivos, método de elección y cómo se reemplazan los puestos vacantes; tiempo y lugar de las reuniones de la junta directiva; quórum y métodos de votación; seguro y formulario de certificados para acciones; métodos para seleccionar funcionarios y designación de sus títulos, deberes, plazos de su cargo y salarios; método para pagar dividendos; decisiones con respeto al año fiscal; y procedimiento para enmendar reglamentos.

Beneficios

- **Las obligaciones descansan en la corporación.** La corporación es una entidad legal separada y responsable de sus deudas. Su existencia es separada a la de los propietarios. Sus accionistas son sólo responsables de la cantidad que han invertido en la corporación.
- **Propiedad del negocio es fácilmente transferible.** Las acciones pueden comprarse, venderse o transferirse. La corporación no deja de existir con la muerte de uno de los propietarios.
- **Hay más acceso a expertos en negocios.** La corporación puede usar la experiencia y conocimientos de su junta directiva, funcionarios, consejeros y gerentes.
- **Hay más oportunidad de atraer capital de inversión.** La corporación puede aumentar sustancialmente su capital con la venta de acciones.

Riesgos

- **Le cobrarán más impuestos.** Se pagan impuestos sobre los ingresos netos (ganancias) de la corporación. También se pagan impuestos por los salarios a individuos y por los dividendos.

- **Formar y mantener una corporación es difícil y caro.** Algunos de los costos exclusivos de las corporaciones son las tarifas por establecer una estructura corporativa, costos por las reuniones de accionistas y de la junta directiva, costos crecientes de los requisitos de documentación, tarifas legales y de contabilidad.

- **Deben responder a extensas regulaciones gubernamentales.** Es muy complicado dirigir corporaciones y éstas son reguladas muy estrictamente. Deben presentar reportes locales, estatales y federales muy engorrosos y deben sostener reuniones regulares de accionistas.

4. Corporación S

Algunas corporaciones pueden escoger evitar cargos tributarios. Si una corporación califica y escoge ser una corporación S, normalmente los impuestos se cobrarán sobre los ingresos de los accionistas.

La formación de una corporación S sólo se permite bajo ciertas circunstancias.

- Debe ser una corporación doméstica organizada en los EUA o bajo la ley federal o estatal.
- Debe tener una sola clase de acciones.
- No debe tener más de 75 accionistas.
- Debe tener como accionistas sólo a individuos, compañías urbanizadoras y ciertos fideicomisos. Sociedades y corporaciones no pueden ser accionistas en una corporación S.
- Los accionistas deben ser ciudadanos estadounidenses o residentes de los EUA. Los extranjeros que no son residentes no pueden ser accionistas.

La formación de una corporación S puede ser una forma de estructura legal ventajosa. Sin embargo, si usted entra a una sin una planeación cuidadosa, puede resultarle en más impuestos, en lugar de menos, como anticipaba.

Beneficios

- **Las corporaciones S tienen la responsabilidad limitada de una corporación.** La corporación S es una entidad legal separada y tiene una existencia independiente de los dueños. La corporación es responsable de sus deudas. Los accionistas sólo son responsables de la cantidad que han invertido.

- **Generalmente se cobra impuestos sobre los ingresos de los accionistas.** Como ocurre con una sociedad, al negocio no se le hacen cargos tributarios. La corporación llena el Formulario 1120S para declarar sus impuestos. Cada accionista debe tener un formulario Schedule K, en el cual se resumen los ingresos de la corporación, deducciones y créditos, que podrían ser declarados por los accionistas. El formulario Schedule K-1 muestra la porción separada de cada accionista y los ingresos individuales de cada accionista son presentados en sus declaraciones personales de impuestos y en el cálculo de sus impuestos se incluyen otros ingresos y deducciones a una tasa apropiada.

- **Corporaciones S probablemente tendrán más acceso a fondos.** Si el capital variable de la corporación S es significativa, probablemente tendrá más éxito en atraer fondos de prestamistas e inversionistas.

Riesgos

- **Deberán cumplir con reglas y condiciones específicas.** Como sucede con cualquier corporación, las reglas y regulaciones son más estrictas. La corporación S debe operar bajo reglas y condiciones específicas para mantener su estatus como corporación S.

- **Existen límites sobre el origen del ingreso bruto.** No más del 25% del ingreso bruto de la corporación puede ser derivado de actividades pasivas de inversión.

- **Deducciones son limitadas.** La corporación no puede deducir el costo de compensaciones adicionales a empleados que son accionistas y poseen más del 2% de las corporaciones. Los accionistas no pueden deducir pérdidas corporativas que excedan la cantidad invertida en la compañía menos unas pocas modificaciones.

5. Sociedad de Responsabilidad Limitada

Una Sociedad de Responsabilidad Limitada (SRL o LLC - Limited Liability Company en inglés) es una estructura de negocios relativamente nueva aceptada por los estatutos estatales. Las SRLs son populares porque, al igual que una corporación, los propietarios tienen responsabilidad personal limitada por las deudas y acciones de la SRL. Otras características de las SRLs es que son parecidas a una sociedad, proveyendo flexibilidad administrativa y el beneficio de impuestos conocido como "pass-through taxation" o exención del cargo tributario doble, tanto a la sociedad como a los socios.

Los propietarios de una SRL se llaman miembros. Ya que la mayoría de estados no restringen la propiedad, los miembros pueden ser individuos, corporaciones, otras SRLs y entidades extranjeras. No hay una cantidad máxima de miembros. La mayoría de estados también permiten SRLs de "miembros únicos", con un solo propietario.

Ciertos tipos de negocios no pueden ser SRLs, como bancos, compañías de seguro y organizaciones no lucrativas. Revise los requisitos de su estado y las regulaciones federales de impuestos para más información sobre el tema. También existen reglas especiales para SRLs extranjeras.

Para establecer una SRL se debe seguir un proceso similar a la formación de una corporación. Debe presentar un artículo de organización y las tarifas apropiadas ante el secretario estatal del estado donde su negocio está organizado. Debido a que los estados difieren sobre la información requerida, se aconseja consultar con su abogado o su contador sobre si la forma de estructura legal SRL es la apropiada para su negocio.

Beneficios

- **SRLs ofrecen más flexibilidad que las corporaciones S.** Puede lograr los objetivos de responsabilidad limitada y exención de doble carga tributaria. Ofrece a sus propietarios más flexibilidad en destinar ganancias y pérdidas y no está sujeto a las muchas restricciones de una corporación S.
- **Deducciones de pérdidas son más flexibles para las SRLs.** Los propietarios de una SRL no asumen responsabilidad por las deudas del negocio y cualquier pérdida puede usarse como deducciones de impuestos contra ingresos activos. Las deducciones de pérdidas son más limitadas bajo una corporación S.
- **Hay menos restricción de participación.** En todos los estados una SRL puede ser formada con una sola persona, excepto en Massachussets, donde se requiere por lo menos dos propietarios. No hay una cantidad máxima de propietarios permitidos.
- **SRLs pueden ofrecer más opciones de acciones.** A diferencia de una corporación S, una SRL puede ofrecer una variedad de tipos de acciones con distintos derechos.

Riesgos

- **Las reglas varían de estado a estado.** Una SRL es una entidad estatal y el negocio está gobernado por el código estatal. En algunos estados el negocio se disuelve a la muerte, jubilación, renuncia o expulsión del propietario. Verifique el código de su estado para saber si una SRL es la mejor estructura legal para su negocio.
- **Podría ser difícil operar en otros estados.** La expansión del negocio fuera del estado podría ser impedida. Si una compañía que hace negocios como una SRL desea hacer negocio en otro estado que tenga una legislación diferente, no habrá regulación que permita el registro legal de la compañía para hacer negocios en ese estado.

  Convertir un negocio existente a una SRL puede tener implicaciones tributarias. Reglas especiales pueden ser aplicadas cuando su SRL tiene pérdidas operativas. La cantidad de pérdida que puede descontar puede estar limitada por la responsabilidad limitada de deudas del SRL. La limitación de la pérdida por actividad pasiva puede restringir la cantidad de pérdida que puede deducir. Además, si convierte un negocio existente como una corporación en una SRL, la conversión puede resultar en más impuestos. También pueden verse afectados los cargos tributarios a la base salarial.

Cambio de estructura legal

La mayoría de negocios pequeños inicialmente operarán como propietarios únicos. Cuando el negocio crece y empiezan las complicaciones, tal vez deseará cambiar su estructura legal. Posiblemente escoja agregar socios para ayudarle con la carga. Si necesita ampliar sus oportunidades financieras y reducir sus responsabilidades financieras, es posible que escoja formar una corporación.

Si cambia la estructura legal de su negocio existente, deberá notificar al IRS y a su agencia de impuestos estatal.

- **Los propietarios únicos y sociedades** deben cambiar su estructura legal mediante la oficina de licencias de negocios.
- **Las corporaciones** deben registrarse con la oficina del secretario de estado.

Si no está seguro cómo se logra un cambio legal de su estructura legal, sería adecuado consultar con un abogado o profesional de la contabilidad. Es mejor estar seguro que arrepentirse más adelante.

Consejo tecnológico

Información de impuestos sobre estructuras legales

El IRS proporciona información específica de impuestos de negocios para cada forma de estructura legal. Vea el sitio Web del IRS: www.irs.gov

Haga clic en "businesses" (negocios) abajo de "contents" (contenidos). Allí podrá acceder a información sobre consideraciones de impuestos para cada estructura legal. Puede transferir a su computadora publicaciones generales, hojas de trabajo de impuestos y formularios para cada estructura legal. También tendrá acceso a talleres en línea.

Sitios adicionales de investigación

En cualquiera de los grandes motores de búsqueda usted puede escribir los distintos tipos de estructura legal. Allí encontrará enlaces a un sinnúmero de sitios electrónicos de información donde puede obtener educación instantánea sobre este tema.

En resumen

Escoger la estructura legal para su negocio requiere de una consideración cuidadosa de las opciones disponibles. Su elección debe encajar con los objetivos personales y del negocio a corto y largo plazo.

¿Qué activos tiene usted y cuánto está dispuesto a arriesgar? ¿Cuánto dinero necesitará para operar su negocio y de dónde vendrá ese dinero? ¿Cuáles son sus propias capacidades en esa industria y habilidades administrativas? ¿Puede dirigir su negocio por sí mismo o necesitará tener otras personas en el negocio como propietarios o accionistas? ¿Qué le pasaría a su negocio si usted no pudiera operarlo? ¿Por qué montó su negocio y cual es su visión para el futuro del mismo?

CAPÍTULO

8

Obtenga su licencia de negocio

¿Por qué necesita una licencia de negocio? La respuesta es simple. Si su compañía va a operar dentro la ley, la ciudad o condado en el cual estará operando requerirá que obtenga una licencia o permiso para hacer negocios.

Si ese negocio ofrece un servicio y hace cualquier porción de su trabajo en otras ciudades fuera de su centro de operaciones, es posible que se le pida comprar licencias en esas ciudades. Por ejemplo, si tiene un servicio de reparaciones y hace varias llamadas a casas fuera de la ciudad donde está su tienda, usted podría ser obligado a comprar licencias de negocio en las ciudades donde provee sus servicios. Para trabajo esporádico en otra ciudad, es posible que sólo se le pida obtener un permiso temporal por los días en que haga el trabajo.

Las licencias de negocio es un asunto muy en serio en la mayoría de las ciudades. Estas proveen una fuente de ingreso para la ciudad o condado. Dar licencias es también una forma de controlar los tipos de negocios que operan dentro de sus jurisdicciones.

Es verdad que muchos negocios actualmente están operando sin licencias. Al tomarse medidas drásticas respecto a este requisito en una ciudad grande se mostró que casi 50% de sus negocios no tenían licencias de negocio. A los propietarios se les multó y dio un ultimátum para que obtuvieran sus licencias, de lo contrario cerrarían los negocios. Una licencia de negocio es barata y le da credibilidad a su operación. Sin una usted también corre el riesgo de ser descubierto y multado y/o de que se le prohíba hacer cualquier tipo de negocio.

Consideraciones en cuanto a ubicación

En el Capítulo 5, "Decida la ubicación de su negocio " usted aprendió lo básico sobre la selección del local para su negocio. La elección del local y la obtención de su licencia de negocio es un proceso interactivo. Una licencia de negocio se da para operar en un lugar específico y la selección del lugar debe tomar en cuenta las restricciones de la licencia.

Contacte a la oficina del secretario de la ciudad o del condado en la ciudad o condado donde desea situar su base de operación. Estas son una excelente fuente de información respeto a permisos de la policía, bomberos y de salud necesarios para su negocio. Como cualquier lugar comercial, necesita estar dentro de las regulaciones de zonificación. Puede obtener verificación de la comisión de zonificación para determinar si su tipo de negocio está aprobado para la ubicación que usted ha escogido. La oficina local de licencias de negocio también le pueden ayudar con su decisión, así como a darle información sobre cualquier restricción especial en cuanto a los tipos de negocios permitidos o prohibidos en cualquier lugar.

Si ha decidido situarse en un centro comercial, área industrial u otro lugar comercial, llame a la cámara de comercio o municipalidad y pregunte por cualquier publicación con listados de locales disponibles que muestren cantidad de pies cuadrados, precio por pie cuadrado y otra información pertinente.

Usted también puede contactar a la administración del complejo comercial o industrial que está considerando y pedirles información escrita sobre ese lugar y la disponibilidad actual del espacio de alquiler. Debe poder obtener información detallada sobre los términos del contrato de arrendamiento, restricciones, tendencias de tráfico vehicular y otros datos demográficos. Asegúrese de leer cuidadosamente y entender todos los términos contenidos en un contrato de arrendamiento. Estos términos varían y podrían ser la diferencia entre ganancias o pérdidas para su negocio.

Licencia para un negocio desde el hogar

Si ha elegido tener un negocio desde el hogar, es posible que ciertas restricciones no le permitirán obtener una licencia de negocio para operar en su ciudad. Si esto sucede, tal vez tenga que sacar su negocio de su casa u operar ilegalmente. Si su familia está pensando en mudarse y si usted es un empresario experimentado, sería bueno que seleccione su próxima casa basándose en parte en si las regulaciones de esa ciudad le permiten operar su negocio, o cualquier negocio, desde su casa.

Si está pensando en vivir en un complejo habitacional, no se olvide revisar cualquier restricción que la asociación podría tener en relación con el uso de su casa para un negocio. Aun si la ciudad le permitiera operar su negocio, es posible que la asociación no le dé esa opción.

La aprobación de la Ordenanza de la Zona Modelo (Model Zoning Ordinance) sirvió mucho para ayudar a proteger las legalidades de trabajar en casa. Sin embargo, distintos tipos de negocios podrían estar sujetos a restricciones especiales de la ciudad o condado. Por ejemplo, un negocio de pedidos por correo podría ser permitido en su casa, pero una operación de ventas directas posiblemente se prohíba. Servicios de reparación tal vez son permitidos, pero sólo si no involucran el uso de químicos tóxicos. Servicios de comida probablemente sean rechazados, pero la ciudad posiblemente le permita usar su casa como una oficina administrativa de su negocio.

En la mayoría de las ciudades y complejos habitacionales, a los negocios desde el hogar no se les permite cambiar la apariencia del barrio y por eso, tal vez se le prohibirá usar publicidad o equipo que pueda ser visto desde la calle. Muchas veces su negocio será sometido a inspecciones de la policía o bomberos para ver que su negocio no viole ninguna de las restricciones. Hacer un trabajo diligente al principio y por anticipado podría eliminar la posibilidad de que su negocio termine en un lugar que no sea una elección apropiada o legal.

Solicite una licencia de negocio

Una vez que haya determinado que su negocio cumple con todos los requisitos especificados para su operación dentro de la ciudad o condado que ha escogido, está listo para ir a la oficina de licencias de negocios o a la oficina del secretario de la ciudad o condado para legalizar su negocio.

En esta oficían le pedirán que llene una solicitud. Llame antes de ir para averiguar qué información necesitará tener para completar la solicitud. Esto le ahorrará tiempo y le asegurará tener toda la información a mano cuando la necesite.

La solicitud es usualmente bastante simple y requerirá sólo información general. Probablemente le pedirán que proporcione información como:

- Nombre y dirección del negocio
- Nombres de los propietarios e información de contacto
- Información sobre la organización (fabricación, venta al por mayor, venta al por menor, servicio)
- Tipo de estructura legal
- Clase de negocio
- Posible cantidad de empleados
- Identificación del empleador federal (FEIN) y número del impuesto sobre ventas del estado (Reventa)
- Ganancia bruta proyectada
- Otra información relevante

Una tarifa típica para un negocio puede ser tan pequeña como 10 centavos por $1000 de ingresos proyectados. Además, hemos visto tarifas de licencia específicas aplicadas a cierto tipo de negocios. Por ejemplo, en una ciudad del este la tarifa para una licencia de negocio desde el hogar es de $350.

Es probable que le pidan presentar una solicitud completa junto con la tarifa de un año (frecuentemente basada en ingresos brutos proyectados). Su solicitud será examinada por los agentes adecuados y le otorgarán o rechazarán una licencia en unos cuantos días.

Las licencias de negocio tienen que ser renovadas anualmente, sujeto a los códigos y regulaciones de la ciudad o condado. Le enviarán una carta recordándole que tiene que renovar su licencia, pero de todos modos es su responsabilidad renovar su licencia aunque la agencia de licencias no le comunique nada.

Consejo tecnológico

Las solicitudes para licencias de negocio e información en muchas municipalidades están disponibles por Internet. El ejemplo de este capítulo fue transferido como un documento pdf por Adobe Acrobat Reader al registrar las palabras "Irvine, CA" y seguir los enlaces al sitio oficial de cada municipalidad y a su información sobre licencias de negocio.

También puede revisar la mayoría de los sitios Web de las alcaldías para otras licencias y permisos necesarios para su tipo específico de negocio.

Coloque su licencia de negocio en un lugar visible

Tener una licencia de negocio es una manera de asegurarle a los clientes que el suyo es un negocio legal. La licencia de su negocio debe estar expuesta en un lugar visible en su negocio. Si está exponiendo o vendiendo en una exposición comercial, debe (de hecho, posiblemente se le pedirá) tener una copia de su licencia en exhibición. Probablemente, le pedirán una copia de su licencia para establecer cuentas con vendedores o para tener entrada a exposiciones comerciales e industriales.

Ejemplo de solicitud

Para darle una idea de la clase de información que posiblemente le pedirán, en las siguientes dos páginas se presenta una muestra de una solicitud. Las solicitudes variarán según su ciudad o condado.

Ciudad de Irvine
Aplicación de una licencia de negocio

IRVINE POLICE DEPARTMENT

REGULATORY AFFAIRS UNIT

IRVINE POLICE DEPARTMENT • ONE CIVIC CENTER PLAZA
P.O. BOX 19575, IRVINE, CALIFORNIA 92623 - 9575 • (949) 724-6310
Internet: http://www.irvinepd.org ● E-Mail: ipd@irvinepd.org

BUSINESS LICENSE APPLICATION

David L. Maggard, Jr.
Chief of Police

OFFICE USE ONLY

BUSINESS LICENSE NUMBER

Important!
- Asterisk (*) Indicates Required Information If Applicable To This Business.
- Please Print Clearly.
- Be sure to complete and submit both sides of the application.

*1. Business Name:

*2. Add'tl Business Names (DBA's):

*3. Business Address:

Street **(P.O. Box NOT acceptable)** Suite

City State Zip

*4. Mailing Address:

Suite

City Zip

*5. Business Phone:

*7. Web Address:

*9. Please describe the exact
(i.e., Consultant, Physician,

*10. List residence, address, pho
(Note: The name of the pers

Last Name, First Name State Zip

Title ber and State

*11. Please indicate whom the C

Last Name, First Name

IS YOUR OCCUPATION LICEN

*12. State License Type:

Month/Day/Year

*15. Specify job location in Irvine

*16. Does your business create,
ignitable, toxic, and/or ozon ☐ No ☐ Yes

*17. Is this business conducted f pancy Form)

*18. Indicate the type of busine
the Irvine location: Please c ne #23) ☐ Service

*19. Type of Ownership: (check

☐ Sole Proprietorship (Ov lete Line #21)

☐ Corporation (Complete Line ne #21)

> Este formulario (en inglés) es sólo para propósitos de ilustración. No está disponible en español. Los formularios varían de un lugar geográfico a otro. Sin embargo, la mayoría de agencias le pedirán información similar.
>
> Este formulario en particular le pide información específica sobre los siguientes temas:
>
> - Datos básicos sobre el negocio
> - Datos básicos sobre el propietario
> - Qué tipo de negocio es
> - Información de impuestos
> - Información sobre seguros
>
> Usted puede encontrar este formulario en:
> http://www.irvinepd.org.

*20. Is your organization Tax Exempt? ☐ No ☐ Yes — If Yes, specify below & submit documentation with application † ☐ Non-Profit Organization or ☐ Organization paying in-lieu-of taxes to the state

*21. Federal Employer ID (FEIN):

*22. State Employer ID (SEIN/EDD number):

*23. State Sales Tax Number (RESALE):

*24. Date Business Started in Irvine: (mm/dd/yy)

*25. Did you purchase this business? ☐ No ☐ Yes (If yes, enter date of purchase)

*26. How many people (including owners, contract workers, full & part-time employees) are working at this specific location, *in Irvine*, for your business?

Form 22-05, Rev 09/05 Fax Library Document 200 Rev. 9/21/2005 3

Ciudad de Irvine
Aplicación de una licencia de negocio – *página 2*

FOR BUSINESSES LOCATED IN THE CITY OF IRVINE ONLY

*27. Do you manufacture/wholesale/sell taxable products or provide a taxable service such as renting products/equipment or fabrication labor from your location in Irvine? (Complete Line 23) ☐ No ☐ Yes If yes, what types of products are sold?

*28. Is this application made to move an existing business from another location? ☐ No ☐ Yes If yes, please list the former address

*29. If your business is located in Irvine, does it have a security alarm? ☐ No ☐ Yes If yes, does your location have an Irvine Police Department alarm permit? ☐ No ☐ Yes

EMPLOYERS MUST HAVE WORKERS' COMPENSATION INSURANCE

I understand that under California law, I am required to carry workers' compensation insurance for my employees at all times.

I further understand that my failure to have the appropriate coverage will subject me to civil penalties of $10,000 per employee who is not covered by workers' compensation AND criminal penalties of up to one year in jail and/or a fine of up to $10,000.

I know that even if I don't have employees right now, I will be required to get workers' compensation coverage as soon as I have one or more employees.

I currently have employees:	Yes ☐	No ☐

‡ If your organization has multiple branch locations under the same Social Security Number or Federal Employer Identification Number, please indicate the business license certificate number(s) on the line provided below and omit payment.

APPLICATION CANNOT BE ACCEPTED OR PROCESSED WITHOUT SIGNATURE AND PAYMENT

It is the responsibility of the applicant/ licensee to ensure THEIR business complies with all applicable City of Irvine Codes and the City Zoning Ordinance. In the event it is determined the business does not comply, the City may revoke the business license. I hereby certify, under penalty of perjury, the information provided on this application is true and correct. **For administrative, executive or similar functions that do not generate income, the annual fee is fixed at $50.00.**

Please make checks payable to: City of Irvine Business License

*Projected Annual Gross Receipts (or Income)

*Print Applicant's Name and Title

X

*Applicant Signature

*Date Signed

29 COMPUTATION OF FEES ‡§

A. Annual Fee	$ 50.00
(If Projected Annual Gross Receipts (or Income) is less than $4,000 please call us to compute your fee)	
B. Prior Year Adjustment:	$
Choose the amount that applies from below:	
If the start date is:	
- Less than 60 days	0.00
- Greater than 60 days but less than 1 year	$ 50.00
- Greater than 1 year but less than 2 years	$ 150.00
- Greater than 2 years but less than 3 years	$ 250.00
- 3 years or greater	$ 300.00
Add Lines A and B. This is your Total Fee	$

Form 22-05, Rev 09/05 Fax Library Document 200 Rev. 9/21/2005 4

CAPÍTULO

9

Registre un nombre ficticio

(Registre un DBA)

¿Qué es un nombre ficticio (DBA)?

Un nombre ficticio es el que comúnmente se conoce como DBA, que significa "*Doing Business As*" (*"Haciendo negocio como*"). Un nombre ficticio es cualquier nombre de negocio que no contiene su nombre propio. En algunos estados, significa no usar ninguna porción de su nombre legal (frecuentemente nombre y apellido.)

Si usted no es una corporación y planea hacer negocio bajo un nombre ficticio, necesita registrar un DBA. Si usted es una corporación, la propiedad de su nombre está asegurada cuando tramita la incorporación. Si su nombre legal es muy común, es posible que tenga que registrarse con DBA.

Los siguientes son ejemplos para ilustrar este punto:

- ✓ ***Peak Rescue – Requiere DBA***
- ✓ ***Glenn's Peak Rescue - Requiere DBA***
- ✓ ***Pinson's Peak Rescue - Probablemente requiera DBA***
- ✓ ***Glenn Pinson's Peak Rescue - No requiere DBA***
- ✓ ***Juan Pérez's Peak Rescue - Tal vez requiera DBA***
- ✓ ***(porque el nombre es común)***
- ✓ ***Peak Rescue, Inc. - No requiere DBA (corporación)***

Registrar su DBA es una de las primeras cosas que debe hacer porque cada porción de los demás trámites requiere el nombre de su negocio. Su banco también requerirá una copia de su DBA antes de abrir una cuenta de negocio bajo ese nombre. Esta es la única autorización que tienen para depositar o cobrar cheques escritos a nombre del negocio o escrito a su cuenta.

El nombre de su negocio debe estar libre de conflicto con otros nombres ya registrados en su área. Usted puede saber si una corporación ha tomado su nombre llamando a la oficina de nombres disponibles de su estado. También debería revisar los libros del DBA de la oficina del secretario del condado. Darse cuenta después de haberlo registrado que otro negocio ya ha registrado su nombre legalmente resultará en tener que rehacer todo el papeleo.

Nota. Se sugiere que regrese al Capítulo 3, "¿Cómo escoger un nombre para su negocio?" que habla sobre cómo investigar el nombre de su negocio.

Si usted no registra

Es muy importante registrar el nombre de su negocio, ya que es para su propia protección, además de obedecer la ley. La inscripción de ese nombre le da derechos exclusivos sobre el mismo. También previene que otros puedan registrar el mismo, o un nombre similar, y capitalicen en el trabajo duro e inversiones que usted haya hecho en su negocio.

Desgraciadamente, hay individuos que andan merodeando entre las sombras esperando por esa oportunidad. Hace casi ocho años conocimos a un propietario de negocio en una de nuestras clases, quien había creado una firma muy exitosa de artefactos electrónicos. Sin embargo, no registró un DBA. Otra persona descubrió su error, registró el nombre de su negocio y le ofreció la opción de venderle el nombre o dejar de hacer negocio bajo ese nombre. El propietario del negocio no quiso pagar el chantaje y escogió reestablecerse bajo un nuevo nombre. Sin embargo, la continuidad de su negocio se retrasó y perdió una gran cantidad de negocio intentando reestablecerse bajo un nuevo nombre.

El tiempo y dinero requeridos para registrar un DBA son muy pequeños comparado a los beneficios que obtendrá al hacerse propietario legal del nombre de su negocio.

Cómo registrar un DBA

Suponiendo que usted haya escogido un nombre ficticio, ahora es el momento para registrarlo (o archivarlo) con la ciudad o condado en el cual va a hacer negocio. Este es un proceso de dos partes: primero debe publicar su nombre ficticio en un periódico de circulación general y; segundo necesita registrar ese nombre con el secretario del condado.

1. **Publicación de su nombre ficticio.** Su nombre ficticio debe ser publicado en un periódico de circulación general en su área. Debe aparecer en cuatro ediciones consecutivas. Cuando su nombre ficticio es publicado, el periódico le enviará una copia de la publicación y le entregará un Certificado de Publicación. La tarifa por este servicio es normalmente de $20 a $75.

2. **Registro con el secretario del condado:** El Certificado de Publicación debe ser registrado con la oficina del secretario de la ciudad o del condado. Ellos le enviarán la prueba que ha sido archivada. Las tarifas por registrar su DBA variarán, pero generalmente cobran entre $15 y $50.

Algunos periódicos le cobrarán ambas tarifas **y** lo registrarán ellos directamente después de la publicación del DBA. Esto le ahorrará un viaje a la oficina del secretario del condado. Otros periódicos sólo publican y requieren que usted haga su propio registro. Como ve, también hay mucha variación en las tarifas que cobran por este servicio. Los periódicos locales frecuentemente cobran menos y son de fácil acceso. Sería bueno llamar a varios periódicos y hacer las siguientes preguntas:

- ¿Publica DBAs nuevos?
- ¿Cuál es su tarifa por la publicación de un DBA?
- ¿También (el periódico) registra con el secretario de la ciudad o del condado? Si lo hace, ¿cuales son las tarifas por registrar?
- ¿Qué información necesito traer conmigo para completar la Declaración de Nombre Ficticio?

Consejo tecnológico

Transfiera los Formularios desde la Internet

Los formularios de Declaración de Nombres Ficticios de negocio pueden ser transferidos desde la Internet en formato pdf desde muchos sitios Web oficiales del condado. El ejemplo al final del capítulo fue transferido usando el nombre, "Orange County, CA" y siguiendo los enlaces al sitio Web del condado y luego escogiendo "forms to download" (formularios para transferir)

Renovación de su DBA

Usted deberá renovar su DBA cada cierto tiempo, como cada cinco años. Usted será notificado por la agencia del registro cuando sea hora de renovar. Una vez más, es su responsabilidad saber cuando necesita hacerlo y protegerse a sí mismo preguntando en caso de no recibir su notificación de renovación. La renovación no requiere ser republicada, pero requerirá el pago de una tarifa a la oficina del secretario de la ciudad o del condado.

¡Advertencia!

Existen muchas compañías que llevan la cuenta de los DBAs que están por vencer y le envían avisos que parecen oficiales para renovar el registro. También incluyen una tarifa escondida para sí mismos. Registrar de nuevo es muy sencillo. Esté seguro que su aviso sea del secretario oficial del condado. Si, por cualquier razón, usted no recibe notificación del secretario del condado antes que su DBA venza, es su responsabilidad contactar esa oficina y pedir un formulario de renovación.

Ejemplos de formularios

Las siguientes dos páginas contienen ejemplos de una Declaración de Nombre Ficticio de negocio y una prueba de publicación que fueron registrados en la oficina del secretario del condado.

Declaración de Nombres Ficticio de negocio

Condado de Orange, California

TOM DALY
ORANGE COUNTY CLERK-RECORDER
12 CIVIC CENTER PLAZA, ROOM 106
POST OFFICE BOX 238
SANTA ANA, CA 92702-0238

HOME PAGE

FICTITIOUS BUSINESS NAME STATEMENT FILING INSTRUCTIONS

To ensure a prompt and accurate record of your filing, type or print in black ink only.

DO NOT ABBREVIATE.

THE FOLLOWING PERSON(S) IS (ARE) DOING BUSINESS AS:

1.	Fictitious Business Name(s) Additional Names	(optional) Business Phone No. (_____) ______________
1A.	☐ New Statement ☐ Refile—List Previous No.______________ ☐ Change	
2.	Street Address, City & State of Principal place of Business City State Zip Code (Do **NOT** use a P.O. Box or P.M.B.)	
3.	Full name of Registrant (If Corporation, enter corporation name) Additional Registrants	If Corporation/L.L.C. State of Incorporation or organization
	Res./Corp. Addre	Code
	Full name of Reg	If Corporation/L.L.C. State of Incorporation or organization
	Res./Corp. Addre	Code
	Full name of Reg	If Corporation/L.L.C. State of Incorporation or organization
	Res./Corp. Addre	Code
4.	(CHECK ONE O ( ) an unincorp ( ) husband and	( ) a limited partnership ( ) co-partners
5.	Have you started Yes___ Insert t No ___	YEARS FROM THE DATE IT RDER. A NEW FICTITIOUS DATE. THE FILING OF THIS HIS STATE OF A FICTITIOUS R UNDER FEDERAL, STATE, AND PROFESSIONS CODE).
6.	If Registrant is NO (See instructions Signature______ I declare that all information in this statement is true and correct. (A registrant who declares as true information which he or she knows to be false is guilty of a crime.)	he corporation signs below: manager or an officer rporation Name r Manager I declare that all information in this statement is true and correct. (A registrant who declares as true information which he or she knows to be false is guilty of a crime.) Print or Type Officer's/Manager's Name and Title

(THIS FEE APPLIES AT THE TIME OF FILING)
FILING FEE $23.00 FOR ONE BUSINESS NAME.
$7.00 FOR EACH ADDITIONAL BUSINESS NAME.
$7.00 FOR EACH ADDITIONAL PARTNER AFTER FIRST TWO.
PROVIDE A SELF-ADDRESSED, STAMPED, RETURN ENVELOPE IF MAILED.

F059-FictitiousBus.Stmt. (R12/02)

Este formulario (en inglés) es sólo para propósitos de ilustración. No está disponible en español. Los formularios varían de un lugar geográfico a otro. Sin embargo, la mayoría de agencias le pedirán información similar.

Este formulario en particular le pide información específica sobre los siguientes temas:

- Nombre ficticio del negocio
- Información sobre quien lo registra (y/o la corporación)
- Estructura legal del negocio
- Si ya conduce negocios

Se puede encontrar este formulario en: http://www.irvinepd.org

Ejemplo de Prueba de Publicación

This space is for the County Clerk's Filing Stamp

FILED
SEP 28 2006
PETER M. JONES, County Clerk
By________________DEPUTY

PROOF OF PUBLICATION
(2015.5c.c.p.)

STATE OF CALIFORNIA

COUNTY OF ORANGE

I am a citizen of the United States and a resident of the County aforesaid; I am over the age of eighteen years, and not a party to or interested in the above-entitled matter. I am the principal clerk of the printer of the the Orange Big News, a newspaper of general circulation printed and published weekly in the City of Orangetown, County of Orange, and which newspaper has been adjudged a newspaper of general circulation by the Superior Court of the County of Orange, State of California, under the date of April 14, 1987, Case Number A-62222, that the notice of which the annexed is a printed copy (set in type not smaller than nonpareil), has been published in each regular and entire issue of said newspaper and not in any supplement thereof on the following dates, to wit:

........9/07 9/14 9/21 9/28........

all in the year 20 07

I certify ...
foregoin...

Dated at ...

of..........

....

Proof of Publication of

FICTITIOUS BUSINESS NAME STATEMENT
F5987003

The following person(s) are doing business as:
Ace Sporting Goods
12345 Edwards St.
Anytown, CA 93456

1. JOHN R. RODRIGUEZ
2345 Newstreet Drive
Anytown, CA 93456
This business is conducted by an individual.
The registrant commenced to transact business under the fictitious business name or names listed above on June 7, 2007.
Published: Orange Big News September 7, 14, 21, 28, 2007

Este formulario (en inglés) es sólo para propósitos de ilustración. No está disponible en español. Los formularios varían de un lugar geográfico a otro. Sin embargo, la mayoría de agencias le pedirán información similar.

Este formulario en particular le pide información específica sobre siguientes temas:

- Fechas de publicación
- Prueba de Publicación (sello de registro del Secretario del Condado)

OCH FORM NO. 0023-6/78-621-2M

PROOF OF PUBLICATION

F-________

CAPÍTULO

10

Obtenga un permiso de venta

Quien compra cosas para la reventa u ofrezca un servicio sujeto a cargas tributarias debe obtener un número de permiso para vender. Este número es requerido en todos los estados donde se cobra un impuesto sobre ventas.

Solicite un permiso para vender

Información respecto al impuesto sobre ventas y la obtención de un permiso para vender puede ser obtenida mediante el Departamento de Ingresos estatal. Las solicitudes pueden llenarse en las oficinas locales de su estado. Después de llenar la solicitud usted será citado para una entrevista. Después de esa entrevista y de la revisión de su solicitud se determinará si usted califica o no para un permiso de vendedor. Por esta razón, es importante que entienda exactamente lo que desea pedir y el propósito por el que lo pide. Una respuesta equivocada a una pregunta del formulario podría resultar en la negación de su certificado.

Ejemplo del formulario. Una muestra de la solicitud de la Junta de Ecualización del estado de California está incluida en la última parte de este capítulo (página 79)

Propósito del permiso de vendedor

El impuesto sobre ventas se cobra a detallistas por el privilegio de vender artículos de propiedad personal al detalle dentro de un estado. El detallista, no el consumidor, es el responsable de pagar el impuesto sobre ventas. Por consiguiente, a cada vendedor dedicado al negocio de vender un producto o proveer un servicio en un estado donde el impuesto sobre ventas es recaudado se le pide tener un permiso para vender con el propósito de informar y pagar su responsabilidad del impuesto de ventas y uso. El permiso de vendedor es más conocido como ***número del impuesto de reventa.***

Debido a las complicaciones involucradas en el proceso del impuesto sobre ventas, es posible que sea difícil determinar a cuál de sus productos y/o servicios se impondrá un impuesto. Puede pedir esta información al Departamento de Ingresos estatal o a su Junta Local de Ecualización que le explicará las regulaciones tributarias sobre las ventas de su tipo particular de negocio. También puede solicitar un fallo para determinar si su producto o servicio está sujeto o no a cargas tributarias bajo una circunstancia particular. Después, necesita estar informado sobre cualquier cambio que se haga respeto al impuesto de ventas en su industria en particular.

Su petición deberá basarse en que su negocio estará vendiendo objetos a sus clientes u ofrecerá servicios sujetos a impuestos. Cualquier otra razón para su petición será motivo de rechazo. Por ejemplo, muchos servicios de comida no pagan impuestos a menos que provean sus servicios en un evento donde se cobre la entrada. Por tanto, un número de impuesto de reventa no se justificaría.

¡Advertencia! *No use la palabra "comprar" cuando solicite un permiso de vendedor. Aunque tal vez tenga alguna ventaja como comprador al tener un permiso de vendedor, esta no es una razón válida para obtener estos permisos. De hecho, mencionar su idea de usarlo para la compra de productos podría poner a su entrevistado en su contra.*

Las leyes estatales varían

Las leyes que gobiernan el cobro del impuesto sobre ventas en cualquier estado pueden ser complicadas. También varían de estado a estado. Han habido muchos intentos para tener un sistema uniforme del impuesto sobre ventas que sea justo para el cliente y que a la vez garantice el cobro de impuestos de todas las ventas aplicables. Individualmente, algunos estados están trabajando para asegurar que las compañías de otro estado que proveen servicio a las compañías dentro del estado y venden sus productos a través de los mercados locales, estén cobrando y reportando los impuestos sobre ventas.

Algunos estados (incluyendo California) tienen leyes que requieren a los compradores de productos de otro estado pagar un impuesto por el uso, una ley que aumentaría significativamente los ingresos estatales, pero que es difícil controlar o imponer.

Finalmente, existe el debate interminable respecto a la legalidad de vender a través de la Internet sin recaudar o reportar impuestos sobre ventas. Los negocios con tiendas o locales físicos sienten que vender por la Internet sin pagar impuestos le da a los vendedores de la

Internet una ventaja injusta. Los vendedores de la Internet piensan que no deben de pagar el impuesto sobre ventas. Está por verse cómo se resolverá este asunto.

Mal uso de su permiso de vendedor

Cuando le asignen un número del impuesto de reventa, es importante que lo use sólo para el propósito para el cual fue asignado. Muchos números de impuesto han sido usados para evadir el pago del impuesto sobre ventas en compras relacionadas al negocio o para evadir impuestos de objetos personales.

El abuso de los permisos de vendedor ha sido el hazmerreír por mucho tiempo. Pero, si lo sorprenden no será nada de lo que se podrá sentir orgulloso. Muchos estados están ampliando sus esfuerzos para sorprender a los delincuentes. Los castigos por el abuso son serios y tal vez incluyan una fuerte multa y/o una sentencia en la cárcel.

La regla a seguir: Si usted no intenta revender un producto mediante su negocio, no use su número de reventa para comprarlo evadiendo el pago del impuesto sobre ventas.

En cuanto a esto, es justo mencionar que hay usos válidos de su número de reventa para comprar al por mayor. Muchos mayoristas le piden que presente una tarjeta de reventa antes que venderle los productos a precios de mayorista. Sin embargo, esto no significa que usted no está obligado a pagar el impuesto sobre ventas si no está comprando para la reventa. Tal vez sea una manera de aumentar su credibilidad como propietario de negocio. Si el vendedor no le cobra al momento de la venta, a usted se le pedirá incluir la compra en sus declaraciones periódicas del impuesto de ventas y pagar el impuesto sobre ventas en ese momento.

Certificado de reventa

Si está comprando productos para la reventa, el proveedor o fabricante le pedirá que llene un certificado de reventa que tal vez mantenga en archivos para validar las ventas exentas de impuestos. De igual manera, cuando usted vende a otro proveedor, también necesita asegurarse que él llene una tarjeta de reventa para guardar en sus archivos. Si más tarde el estado le cuestiona sus ventas exentas de impuestos usted tendrá documentación para mostrar por qué no cobro impuestos en la venta. Los certificados de reventa pueden comprarse en casi todas las papelerías o librerías.

Ejemplo de formulario. Un ejemplo de un formulario de un certificado de reventa puede verse al final de este capítulo (página 83)

Reporte del impuesto sobre ventas

Como dijimos anteriormente, el propósito de un permiso de vendedor es el de proveer al estado un medio para recaudar el impuesto sobre ventas. Para lograr esto, el impuesto sobre ventas debe ser declarado por el último vendedor y enviado al estado junto con un reporte de las fuentes de esos impuestos. Por esa razón, el vendedor necesita mantener archivos exactos sobre los tipos de ventas efectuadas y la cantidad de ventas que caigan dentro de una las siguientes categorías:

- Ventas brutas
- Precio de compra de propiedad que usted compró sin pagar impuesto de ventas y que usó para propósitos que no fueron de reventa
- Ventas a otros detallistas con propósitos de reventa
- Venta de productos comestibles exentos de impuestos
- Trabajo exento de impuestos (reparación e instalación)
- Ventas al gobierno estadounidense
- Ventas en comercio interestatal o extranjero a clientes fuera del estado
- Préstamos perdidos en ventas con cargas tributarias
- Otras transacciones exentas de impuestos

Nota. Las tasas del impuesto sobre ventas podrían variar de un condado a otro. Cuando venda fuera de su área local usted recaudará el impuesto sobre ventas basándose en la tasa establecida en esa área. También deberá llevar un registro exacto de esas ventas. En muchos casos, una porción del impuesto sobre ventas de su estado tal vez sea designada a un distrito de tránsito, evaluación especial, etc. Por ejemplo, el estado de California tiene muchos distritos de tránsito que destinan la mitad de un porcentaje para apoyar sus sistemas de transportación masiva. Por eso, un detallista de Los Ángeles que vende a una exposición comercial en San Francisco por ejemplo, tendrá que reportar la cantidad de esas ventas para que el fondo pueda ser dividido correctamente por la agencia estatal.

El estado le requerirá que haga una declaración trimestral en el cual haga un resumen de sus ventas por el periodo. Si sus ventas con carga tributaria son normalmente pequeñas, tal vez sólo deba hacer una declaración anual. Si son excesivas, es posible que se le pida enviar un bono y declarar mensualmente. Los formularios para declarar le son enviados por el Departamento de Ingresos o la Junta de Ecualización Estatal. Debe completar la declaración y enviarla por correo a la oficina estatal, junto con el cheque por las ventas que debe pagar en determinada fecha (por lo regular, es a fin de mes después del periodo de declaraciones).

Nota de alerta sobre la responsabilidad de declarar

Si no recibe un formulario por correo es su responsabilidad llamar el Departamento de Ingresos y pedir que le envíen una dentro las fechas establecidas.

Cuando reciba este formulario, usted también recibirá una hoja de información de impuestos con artículos sobre regulaciones de impuestos sobre ventas y medidas enérgicas contra el abuso de las mismas. Tome su tiempo para leer cuidadosamente, especialmente la información que se refiera a su industria en particular. El no enviar la declaración correctamente podría resultar en la pérdida de su privilegio de reventa y le darían los castigos más serios mencionados arriba.

Ejemplo del formulario para reportar. Una copia del formulario del Reporte de la Junta de Ecualización del Estado de California se encuentra en la página 81. El formulario de su estado probablemente sea similar.

Consejo tecnológico

Lleve cuenta de las ventas para una fácil declaración del impuesto sobre ventas

Reportar el impuesto sobre ventas puede ser un proceso largo y tedioso o ¡Usted puede hacerlo oprimiendo una tecla! El secreto es utilizar un software de contabilidad para generar la información que usted necesita reportar a la autoridad local del impuesto sobre ventas.

Para generar la información correcta usted deberá pensar en términos de la declaración del impuesto sobre ventas cuando organice su tabla de cuentas. Esto significa que las cuentas de ingreso deberán estar divididas no sólo por los tipos de productos y servicios que vende, sino también según como se apliquen a las responsabilidades que le atañen en su declaración del impuesto sobre ventas.

Ejemplo. Si usted está en el negocio de vender dos productos tributables y su estado requiere información de ventas tributables, ventas fuera del estado, ventas a revendedores y ventas que pagan impuestos, su tabla de cuentas de ingreso podría estar organizada así:

Ventas tributables	Ventas fuera del estado	Ventas a revendedores
Producto #1	Producto #1	Producto #1
Producto #2	Producto #2	Producto #2

Cuando se hagan los depósitos de los ingresos de ventas, éstos se deben "dividir" y los ingresos deben destinarse a las cuentas apropiadas. Automáticamente se calcularán la cantidad de los impuestos sobre las ventas tributables.

El beneficio. En cualquier momento, usted podrá generar una declaración que le dará los números que necesita para el reporte del impuesto sobre ventas de su estado.

Organigrama del Impuesto Sobre Ventas

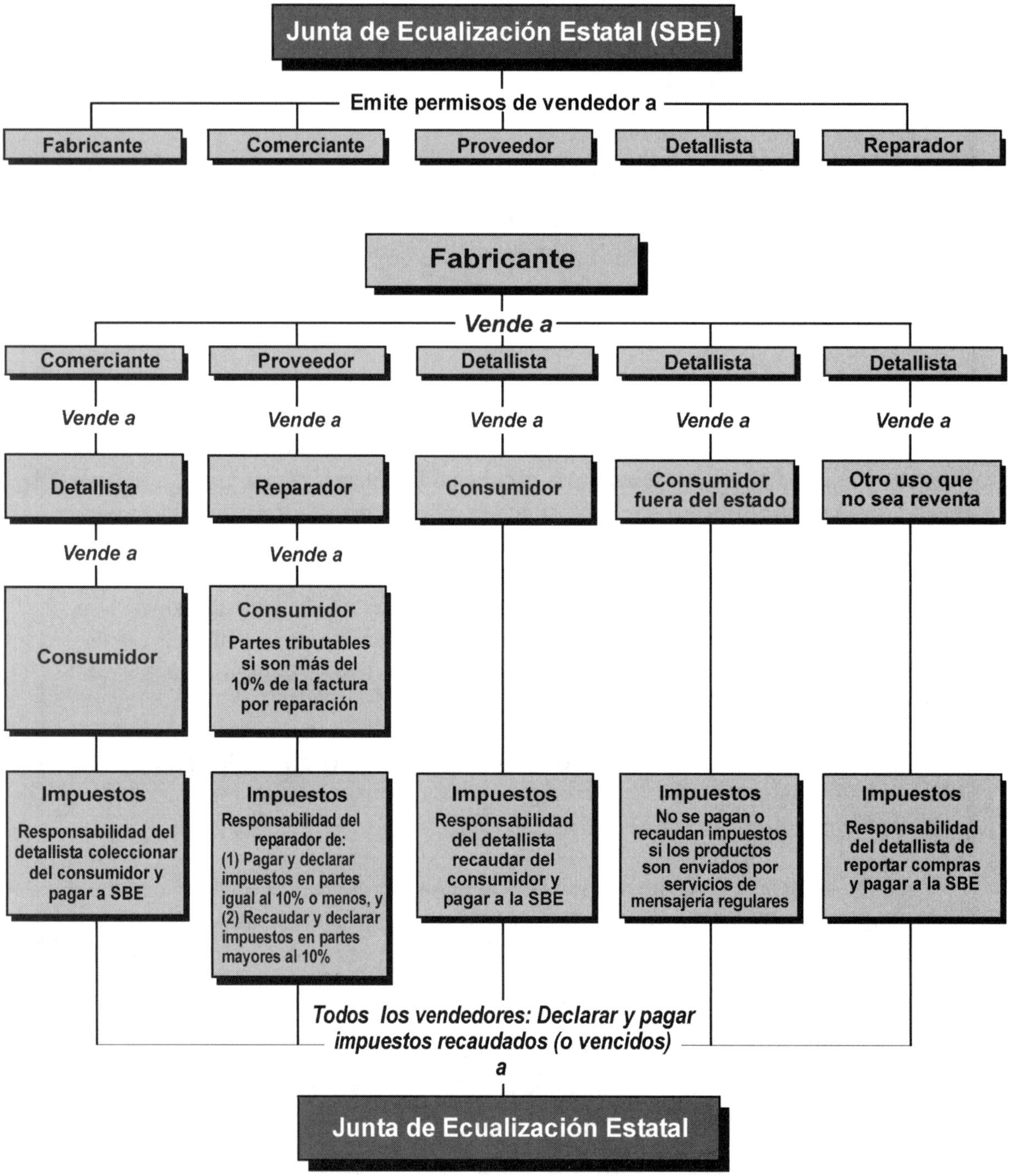

Nota. *Cuando un fabricante vende a un detallista de otro estado, quien a su vez vende a un consumidor en ese estado, el detallista recauda y paga a ese estado el impuesto sobre ventas. Si se envía directamente al consumidor del otro estado (vía servicio de mensajería regular), no se recaudan o pagan impuestos sobre ese producto.*

Aplicación para un Permiso de Venta

Estado de California - página 1

BOE-400-MIP (FRONT) REV. 18 (1-03)
STATE OF CALIFORNIA
APPLICATION FOR SELLER'S PERMIT AND REGISTRATION AS A RETAILER (INDIVIDUALS/PARTNERSHIPS)
BOARD OF EQUALIZATION

Use additional sheet(s) to include information for more than two partners

SECTION I: OWNERSHIP INFORMATION

1. PLEASE CHECK TYPE OF OWNERSHIP

☐ Sole Owner ☐ Husband/Wife Co-ownership
☐ General Partnership ☐ Limited Partnership *Provide documents if filed with Secretary of State.*
☐ Limited Liability Partnership *(registered to practice law, accounting or architecture) Provide documents filed with Secretary of State.*

Enter Federal Employer Identification Number (FEIN), if any

FOR BOARD USE ONLY

TAX	IND	OFFICE	NUMBER
SR			

BUSINESS CODE | AREA CODE
APPLICATION PROCESSED BY | VERIFICATION: ☐ DL ☐ Other

OWNER OR PARTNER

2. PARTNERSHIP NAME *(if applicable)*
3. Did you include a copy of your partnership agreement? ☐ Yes ☐ No
4. FULL NAME *(first, middle, last)*
5. SOCIAL SECURITY NUMBER
6. DRIVER LICENSE NUMBER *(attach verification)*
7. RESIDENCE ADDRESS *(street, city, state, zip code)*
8. RESIDENCE TELEPHONE NUMBER ( )
9. NAME, ADDRESS & TELEPHONE NUMBER OF A PERSONAL REFERENCE WHO DOES NOT LIVE WITH YOU

CO-OWNER OR PAR

10. FULL NAME *(first, middl*
11. SOCIAL SECURITY NUM
13. RESIDENCE ADDRESS (... ONE NUMBER
15. NAME, ADDRESS & TEL

SECTION II: BUSI

16. BUSINESS NAME [DBA]
17. BUSINESS ADDRESS *(st* ... NE NUMBER
19. MAILING ADDRESS *(stre* ... BER
21. DATE YOU WILL BEGIN B ... LOCATIONS *st of all locations)*
24. TYPE OF BUSINESS *(che*
☐ Retail ☐ Whol ... Part Time
25. OWNERSHIP CHANGES
Are you buying an exi
Are you changing from ... general partnership to a limited
Other:
26. PURCHASE PRICE
$ ... $
28. FORMER OWNER'S NAME
29. SELLER'S PERMIT ACCOUNT NUMBER
30. IF AN ESCROW COMPANY IS REQUESTING A TAX CLEARANCE ON YOUR BEHALF, PLEASE LIST THEIR NAME, ADDRESS, TELEPHONE NUMBER AND THE ESCROW NUMBER
31. DO YOU MAKE INTERNET SALES?
☐ Yes ☐ No If yes, answer 32.
32. WEBSITE ADDRESS

Continued on Reverse

Este formulario (en inglés) es sólo para propósitos de ilustración. No está disponible en español. Los formularios varían de un lugar geográfico a otro. Sin embargo, la mayoría de agencias le pedirán información semejante.

Este formulario en particular le pide información específica sobre siguientes temas:

- Estructura legal del negocio
- Información básica sobre el negocio
- Información básica sobre el propietario del negocio
- Información sobre las finanzas del negocio
- Ubicaciones
- Cambios organizacionales o de propiedad

Aplicación para un Permiso de Venta

Estado de California - página 2

BOE-400-MIP (FRONT) REV. 18 (1-03) STATE OF CALIFORNIA
APPLICATION FOR SELLER'S PERMIT AND REGISTRATION AS A RETAILER (INDIVIDUALS/PARTNERSHIPS) BOARD OF EQUALIZATION

Use additional sheet(s) to include information for more than two partners

SECTION I: OWNERSHIP INFORMATION

1. PLEASE CHECK TYPE OF OWNERSHIP
☐ Sole Owner ☐ Husband/Wife Co-ownership
☐ General Partnership ☐ Limited Partnership *Provide documents if filed with Secretary of State.*
☐ Limited Liability Partnership *(registered to practice law, accounting or architecture) Provide documents filed with Secretary of State.*
Enter Federal Employer Identification Number (FEIN), if any

FOR BOARD USE ONLY

TAX	IND	OFFICE	NUMBER
SR			
BUSINESS CODE			AREA CODE
APPLICATION PROCESSED BY			VERIFICATION: ☐ DL ☐ Other

OWNER OR PARTNER

2. PARTNERSHIP NAME *(if applicable)*
3. Did you include a copy of your partnership agreement? ☐ Yes ☐ No
4. FULL NAME *(first, middle, last)*
5. SOCIAL SECURITY NUMBER
6. DRIVER LICENSE NUMBER *(attach verification)*
7. RESIDENCE ADDRESS *(street, city, state, zip code)*
8. RESIDENCE TELEPHONE NUMBER ( )
9. NAME, ADDRESS & TELEPHONE NUMBER OF A PERSONAL REFERENCE WHO DOES NOT LIVE WITH YOU

CO-OWNER OR PARTNER

10. FULL NAME *(first, middle, last)*
11. SOCIAL SECURITY NUMBER
12. DRIVER LICENSE NUMBER *(attach verification)*
13. RESIDENCE ADDRESS *(street, city, state, zip code)*
14. RESIDENCE TELEPHONE NUMBER ( )
15. NAME, ADDRESS & TELEPHONE NUMBER OF A PERSONAL REFERENCE WHO DOES NOT LIVE WITH YOU

SECTION II: BUSINESS INFORMATION

16. BUSINESS NAME [DBA] *(complete if different than entity name)*
17. BUSINESS ADDRESS *(street, city, state, zip code) [do not list P.O. Box or mailing service]*
18. BUSINESS TELEPHONE NUMBER ( )
19. MAILING ADDRESS *(street, city, state, zip code) [if different from business address]*
20. BUSINESS FAX NUMBER ( )
21. DATE YOU WILL BEGIN BUSINESS ACTIVITIES *(month, day & year)*
22. TYPE OF ITEMS SOLD
23. NUMBER OF SELLING LOCATIONS *(if 2 or more, attach list of all locations)*
24. TYPE OF BUSINESS *(check one that best describes your business)*
☐ Retail ☐ Wholesale ☐ Mfg. ☐ Repair ☐ Service ☐ Construction Contractor
CHECK ONE ☐ Full Time ☐ Part Time
25. OWNERSHIP CHANGES
Are you buying an existing business? ☐ Yes ☐ No If yes, complete items 26 through 30 below.
Are you changing from one type of business organization to another (for example, from a sole owner to a general partnership or from a general partnership to a limited liability company, etc.)? ☐ Yes ☐ No If yes, complete items 28 and 29 below.
Other: ____________
26. PURCHASE PRICE $
27. VALUE OF FIXTURES & EQUIPMENT $
28. FORMER OWNER'S NAME
29. SELLER'S PERMIT ACCOUNT NUMBER
30. IF AN ESCROW COMPANY IS REQUESTING A TAX CLEARANCE ON YOUR BEHALF, PLEASE LIST THEIR NAME, ADDRESS, TELEPHONE NUMBER AND THE ESCROW NUMBER
31. DO YOU MAKE INTERNET SALES?
☐ Yes ☐ No If yes, answer 32.
32. WEBSITE ADDRESS

Continued on Reverse

Formulario de la Junta de Ecualización Estatal

página 1

BOE-401-A2 (S1) REV. 92 (10-02)

STATE OF CALIFORNIA
BOARD OF EQUALIZATION

STATE, LOCAL and DISTRICT SALES and USE TAX RETURN

BOARD USE ONLY		
RA-TT	LOC	REG
RA-BTR	AACS	REF
EFF		

DUE ON OR BEFORE **FOR** PERIOD YEAR

IMPORTANT: **Your account number and reporting period are required.**

SELLER'S PERMIT ACCOUNT NUMBER

NAME

BUSINESS ADDRESS

CITY STATE ZIP

Mail To:
BOARD OF EQUALIZATION
PO BOX 942879
SACRAMENTO CA 94279-7072

READ SCHEDULE T AND RETURN INSTRUCTIONS 02-2 BEFORE PREPARING THIS RETURN

1. TOTAL *(gross)* SALES 1. $ .00
2. PURCHASES SUBJECT TO USE TAX 2. .00
3. TOTAL *(add lines 1 and 2)* 3. .00

PLEASE COMPLETE LINES 4 THRU 10(f) ON THE **BACK PAGE** OF THIS RETURN.

11. TOTAL NONTAXABLE TRANSACTIONS REPORTED *(Enter total deductions from line 11 on the back page)* 11. .00
12. TRANSACTIONS SUBJECT TO STATE TAX *(subtract line 11 from line 3)* 12. .00

12.(a) ENTER AMOUNT FROM TAX ADJUSTMENT WORKSHEET LINE 12, COLUMN B 12.(a) .00

13. **STATE** TAX 6% *[multiply line 12 by .06* **O**… *from the Tax Adjustment Worksheet]*
14. (a) TRANSACTIONS SUBJECT TO C… *and line 12 above]*
    (b) **COUNTY** TAX 1/4% *[multiply line*…
15. ADJUSTMENTS FOR LOCAL TAX *(see*…
16. TRANSACTIONS SUBJECT TO LOCAL… *to/from line 14(a)]*
17. **LOCAL** TAX 1% *(multiply line 16 by .0*…
18. **DISTRICT** TAX *(from Schedule A, line*… SCHEDULE A IF YOU ARE ENGAGED IN B… TAX DISTRICT
19. **TOTAL STATE, COUNTY, LOCAL AN**…
20. DEDUCT SALES OR USE TAX IMPOSED B… PRICE OF TANGIBLE PERSONAL PROPER… INCLUDED IN LINE 2 ABOVE.
21. **NET TAX** *(subtract line 20 from line 19)*
22. LESS-TAX PREPAYMENTS 1st prepayme… $
23. REMAINING TAX *(subtract line 22 from*…
24. PENALTY of 10% (.10) is due if your tax pay… after the due date shown above. (see line 24 instr…
25. INTEREST: One month's interest is due on tax… that payment is delayed after the due date. The a… (9% divided by 12).
26. **TOTAL AMOUNT DUE AND PAYABLE** *(add lines 23, 24, and 25)* 26. $ .00

REC. NO

PM

RE

Este formulario (en inglés) es sólo para propósitos de ilustración. No está disponible en español. Los formularios varían de un lugar geográfico a otro. Sin embargo, la mayoría de agencias le pedirán información semejante.

Este formulario en particular le pide información específica sobre siguientes temas:

- Totales de ventas brutas
- Impuestos del estado, condado, área local, y distrito
- Cantidad total dispuesta y pagadera
- Deducciones/Exenciones

IF YOU PAID BY CREDIT CARD AS DESCRIBED ON PAGE 1 OF THE INSTRUCTIONS, CHECK HERE [ ].

I hereby certify that this return, including any accompanying schedules and statements, has been examined by me and to the best of my knowledge and belief is a true, correct and complete return.

YOUR SIGNATURE AND TITLE		TELEPHONE NUMBER ( )	DATE
PAID PREPARER'S USE ONLY	PAID PREPARER'S NAME	PREPARER'S TELEPHONE NUMBER ( )	

I/F

Make a copy for your records.

Reporte de la Junta de Ecualización Estatal

página 2

BOE-401-A2 (S2) REV. 92 (10-02)

STATE OF CALIFORNIA
BOARD OF EQUALIZATION

STATE, LOCAL and DISTRICT SALES and USE TAX RETURN

YOUR ACCOUNT NO.	REPORTING PERIOD

Deductions/Exemptions Schedule

4. SALES TO OTHER RETAILERS FOR PURPOSES OF RESALE		50	$ .00
5. NONTAXABLE SALES OF FOOD PRODUCTS		51	.00
6. NONTAXABLE LABOR *(repair and installation)*		52	.00
7. SALES TO THE UNITED STATES GOVERNMENT		53	.00
8. SALES IN INTERSTATE OR FOREIGN COMMERCE		54	.00
9. SALES TAX (if any) INCLUDED ON LINE 1 ON THE FRONT OF THE RETURN		55	.00
10. (a) (1) BAD DEBT LOSSES ON TAXABLE SALES		56	.00
(2) BAD DEBT LENDER LOSSES		62	.00
(b) COST OF TAX-PAID PURCHASES RESOLD PRIOR TO USE		57	.00
(c) RETURNED TAXABLE MERCHANDISE		58	.00
(d) CASH DISCOUNTS ON TAXABLE SALES		59	.00
(e) PARTIAL STATE TAX EXEMPTION - ***YOU MUST COMPLETE THE PARTIAL STATE TAX EXEMPTION WORKSHEET AT THE BOTTOM OF BOE-531-T, SCHEDULE T BEFORE YOU CLAIM ANY OF THESE DEDUCTIONS.***			
TOTAL PARTIAL STATE TAX EXEMPTIONS *(Enter amount from Partial State Tax Exemption Worksheet at the bottom of Schedule T, Column C, box 60)*	60 .00		
(1) AMOUNT SUBJECT TO THE MANUFACTURER'S EQUIPMENT EXEMPTION *[Enter amount from Schedule T, Column C, line 10(e)(1)]*	63 .00		
(2) AMOUNT SUBJECT TO THE TELEPRODUCTION EQUIPMENT EXEMPTION *[Enter amount from Schedule T, Column C, line 10(e)(2)]*	64 .00		
(3) AMOUNT SUBJECT TO FARM EQUIPMENT EXEMPTION *[Enter amount from Schedule T, Column C, line 10(e)(3)]*	65 .00		
(4) AMOUNT SUBJECT TO THE DIESEL FUEL USED IN FARMING AND FOOD PROCESSING EXEMPTION *[Enter amount from Schedule T, Column C, line 10(e)(4)]*	66 .00		
(5) AMOUNT SUBJECT TO THE TIMBER HARVESTING EQUIPMENT AND MACHINERY EXEMPTION *[Enter amount from Schedule T, Column C, line 10(e)(5)]*	67 .00		
(6) AMOUNT SUBJECT TO THE RACEHORSE BREEDING STOCK EXEMPTION *[Enter amount from Schedule T, Column C, line 10(e)(6)]*	68 .00		
TOTAL ADJUSTED PARTIAL EXEMPTIONS - *(Enter the total from Column C, box 61 on your Partial State Tax Exemption Worksheet.)*		61	.00
(f) OTHER *(clearly explain)*		90	.00
11. **TOTAL NONTAXABLE TRANSACTIONS** *[Add lines 4 thru 10(d), box 61 and line 10(f), then enter here **and** on the front page line 11]*		11	$ .00

Ejemplo de Certificado de Reventa

California Resale Certificate

I HEREBY CERTIFY:

1. I hold valid seller's permit number:____.
2. I am engaged in the business of selling the following type of tangible personal property:
____.
3. This certificate is for the purchase from ____________________ of the item(s) I have listed in paragraph 5 below.
[Vendor's name]
4. I will resell the item(s) listed in paragraph 5, which I am purchasing under this resale certificate in the form of tangible personal property in the regular course of my business operations, and I will do so prior to making any use of the item(s) other than demonstration and display while holding the item(s) for sale in the regular course of my business. I understand that if I us the item(s) purchased under this certificate in any manner other than as just described, I will owe use tax based on each item's purchase price or as otherwise provided by law.
5. Description of property to be purchased for resale:
____.
____
____
6. I have read and understa

For Your Information: A pe 094.5 if the purchaser knows at the ti er than retention, demonstration, or o avoid payment to the seller of an in or to evade the payment of tax is l percent of the tax or $500, whichever

Este formulario (en inglés) es sólo para propósitos de ilustración. No está disponible en español. Los formularios varían de un lugar geográfico a otro. Sin embargo, la mayoría de agencias le pedirán información semejante.

Este formulario en particular le pide información específica sobre siguientes temas:

- Número de permiso del vendedor
- Información sobre la propiedad para estar comprada por reventa
- Nombre del vendedor

Name of Purchaser	
Signature of Purchaser, Purc	
Printed Name of Person Sign	
Address of Purchaser	
Telephone Number	Date

CAPÍTULO

11

Abra una cuenta bancaria comercial

La selección del banco con el cual establezca una relación de negocios debe considerarse con detenimiento. Los bancos varían mucho en los servicios que ofrecen, así como en las tarifas por esos servicios. Usted querrá pensar sobre factores como tasa de interés de las cuentas, periodos de espera de los fondos depositados, ubicación, horas de operación, pólizas de préstamos, servicios de crédito para comerciantes, etc.

Información básica a considerar

Lo siguiente le dará una información básica para pensar cuando esté decidiendo qué banco seleccionar:

1. **¿Ha establecido ya una relación personal con su banquero?** Si ya conoce a la gerencia y al personal clave de su banco, tendrá una ventaja cuando necesite ser tratado en forma especial.

2. **¿Qué tipos de programas de préstamo están disponibles a través del banco?** ¿Hace este banco préstamos comerciales o se limita a financiamiento personal? ¿Es el banco un prestamista que colabora con la Administración de Pequeños Negocios de Estados Unidos (SBA)? ¿Participa en otros programas de ayuda a propietarios de pequeños negocios? Ahora o en el futuro usted podría necesitar fondos adicionales para operar o ampliar su negocio. Es más fácil ir a su propio banquero que dirigirse a un prestamista desconocido.

3. **¿El banco tiene servicios de tarjetas de crédito para comerciantes?** Es posible que se dé cuenta que su negocio obtendría más ganancias si ofreciera a sus clientes servicios de VISA y MasterCard o American Express. Vivimos en una época en la cual los compradores de productos y servicios no traen dinero efectivo y esperan pagar con una tarjeta de crédito. El comerciante ahora tiene la ventaja de poder autorizar inmediatamente la compra y tener fondos depositados a la cuenta del negocio en 24-48 horas. El banco generalmente cobra por el servicio al comerciante entre 3 y 4 por ciento de la cantidad de la compra, pero tener esta capacidad seguramente aumentará sus ventas significativamente.

   La autorización instantánea de tarjetas de crédito en línea ha convertido a las ventas por Internet en una fuente importante de los ingresos de un negocio. Si su banco ofrece cuentas comerciales en línea, asegúrese que su sistema de ventas funcione sin interrupciones con el sistema de autorización y depósitos del banco.

¡Advertencia! *Si está considerando servicios de tarjetas de crédito, haga una planeación cuidadosa antes de comprometer su negocio a un programa. Recibirá llamadas de muchas compañías de calidad inferior que quieran venderle servicios comerciales. Sus vendedores están entrenados en "ventas rápidas". Prosperan con la inscripción de nuevos propietarios de pequeños negocios. Sin embargo, los costos para usted pueden ser mayores que las ventajas ganadas por tener ese servicio. Pide (y examina en escritura) todos los costos involucrados en establecer el servicio y las tarifas mensuales por mantener el servicio. Además, determine el costo de descontinuar los servicios después de un periodo de tiempo si desea hacerlo.*

Una compañía alquiló su máquina "Marca-X" por 10 dólares mensuales. Sin embargo, si deja de usar ese servicio en seis meses, deberá pagar $1,750 por la máquina. La ironía es que la máquina "Marca-X" se puede adquirir por sólo $200 a $300 en la mayoría de los bancos serios. Además, la mayoría de los bancos le alquilarán y actualizarán las máquinas por unos pocos dólares mensuales sin costo alguno en caso que quiera descontinuar su cuenta comercial. Tenga cuidado con las tarifas por negación de reembolsos y cargos misceláneos, así como con restricciones en los tipos de compras que pudiera aceptar (órdenes de teléfono, etc.)

---

4. **¿Qué ofrece el banco en cuanto a cuentas comerciales?** ¿Hay un periodo de espera en sus depósitos? ¿Puede ser eliminado? ¿Cuáles son las tarifas de servicio? ¿Cuál es la póliza con respecto a cheques revotados? ¿Tiene protección si su cuenta está en números rojos? ¿Es una cuenta que gana intereses? Si es así, ¿necesita mantener un balance mínimo? ¿Qué otros tipos de cuentas tiene el banco que le permitirán desviar fondos temporales donde puedan ganar más y mantenerse como dinero efectivo?

5. **¿Pertenece el banco al depósito federal?** Si su negocio tiene empleados y usted paga a cualquiera de esos empleados más de cierta cantidad, deberá depositar con regularidad fondos en una cuenta de depósitos separada. Será más conveniente para usted si puede hacer todas sus transacciones bancarias en el mismo lugar.

6. **¿Qué otros servicios tiene el banco?** ¿Tienen sucursales en varios lugares? ¿Cuál es el horario de oficina? ¿Tienen servicio de ATM (cajero automático) funcionando las 24 horas del día? ¿Tienen cajas de seguridad para depósitos? ¿Tienen servicio de notario? ¿Qué otros servicios tiene el banco que pudiera ser requerido por su negocio?

7. **¿Ofrece el banco servicios electrónicos bancarios?** Con los adelantos tecnológicos en computación, muchos bancos ahora ofrecen servicio bancario remoto por medio de servicios en línea. Usted puede acceder rápidamente a la información de su cuenta, transferir dinero, pagar facturas y más, todo esto con la conveniencia de su computadora.

Nota. *Sería bueno invertir un poco de su tiempo llamando por teléfono a los bancos para obtener información. Además, puede también ser útil hablar con otros hombres o mujeres de negocios para saber que bancos usan y si los recomiendan o no para cubrir sus necesidades. Puede también obtener información de los bancos por la Internet.*

Separe sus finanzas personales y comerciales

Muchas veces, un propietario de un nuevo negocio estará tentado a cubrir las finanzas del negocio a través de sus cuentas personales. ***No las mezcle*** utilizando la misma cuenta corriente para gastos de su casa y del negocio. Es importante que mantenga separadas sus finanzas personales y del negocio. El IRS no ve con buenos ojos si un negocio "mezcla" el dinero personal y del negocio. El destino de más de un propietario de negocio pequeño cambió debido a una situación de este tipo descubierta durante una auditoría, que no favoreció al negocio.

Mezclar las finanzas personales y del negocio también le causará muchos problemas con su contabilidad y cálculos de impuestos. El proceso de contabilidad se vuelve muy complicado y crea un confuso papeleo cuando usa fondos del negocio para asuntos personales y viceversa.

Las cuentas comerciales dan credibilidad cuando se tiene relación con otros negocios. Muchos de sus vendedores no aceptarán un cheque a menos que tenga impreso el nombre y dirección de su negocio. Es posible que también se le haga difícil, si no imposible, establecer una cuenta abierta con un proveedor o mayorista si usted no tiene una cuenta bancaria comercial.

Abra una cuenta corriente

La primera cuenta que necesitará es una cuenta corriente. Los siguientes son consejos que pueden ayudarle a tomar las decisiones adecuadas:

1. **Su DBA (nombre del negocio) es un requisito.** Si el nombre de su negocio es un nombre ficticio, no podrá abrir una cuenta corriente bajo ese nombre sin antes presentar un DBA como lo discutimos en el capítulo anterior. El DBA es un medio para darle autoridad al banco para depositar y cobrar cheques bajo su nombre ficticio. Debemos aclarar que las pólizas bancarias en la mayoría de instituciones financieras excluye ofrecer cuentas corrientes con interés, a menos

que su nombre sea parte del nombre de la compañía. Si usted ha presentado un DBA, asegúrese de llevar su recibo con usted cuando abra su cuenta corriente. El banco le pedirá una copia para sus archivos.

2. **Seleccione el estilo de su talonario de cheques.** Cuando abra su cuenta corriente, le preguntarán qué estilo de cheques desea ordenar. Deberá decidir entre el tipo de libro y el tipo de cartera. El más pequeño es más fácil de llevar, pero el estilo libro es la mejor opción. Le permitirá escribir más información sobre sus transacciones corrientes, información que puede ser valiosa durante procedimientos de contabilidad. Hay un tipo de talonario personal de escritorio que es más pequeño que el tamaño comercial y resulta muy adecuado. Pregunte sobre este talonario en particular porque no está incluido bajo las selecciones de talonarios comerciales.

3. **¿Cuántos cheques debe ordenar?** Asegúrese de pensar de antemano sobre sus necesidades al decidir la cantidad de cheques que deberá ordenar. Ordenar cheques podría ser costoso. Empiece con una orden mínima. En la mayoría de los casos deberá hacer cambios a corto plazo. Podría añadir un nuevo número telefónico o agregar o eliminar un nombre.

   Al momento de colocar la orden usted puede pedir que sus cheques estén numerados con un número distinto al 101. Frecuentemente, esta petición es negada a cuentas nuevas. Sin embargo, si tiene éxito el uso de cheques con números más altos puede evitar que los receptores de sus cheques sepan que este es un negocio nuevo. Si fracasa en el intento, puede deshacerse del primer y segundo libro de cheques y empezar su negocio con un número mayor.

   Nota. *Usted no necesita ordenar sus cheques de su banco. Hay muchos programas de computación para hacer cheques, que le permite diseñar, generar e imprimir sus propios cheques. También puede ordenar cheques de compañías de artículos de oficina como NEBS. El banco es la fuente más fácil, pero otras pueden ser más económicas o ajustarse más a sus necesidades.*

Consejo tecnológico

Cheques de computadora le puede ahorrar tiempo y dinero

Muchas pequeñas empresas llevan su contabilidad a través de programas de computación como "*QuickBooks*". Estos programas le dan la opción de imprimir sus cheques directamente a formas de cheques de computadora que se compran de varias tiendas de artículos de oficina. El software de contabilidad además lleva el registro de los cheques y copias de los cheques que usted ha escrito. Si envía con frecuencia cheques al mismo beneficiario, la dirección se imprimirá automáticamente en los cheques en una forma adecuada para usar en sobres con ventanilla, ahorrándole tiempo.

4. **Haga arreglos para cuentas en números rojos.** Es mejor si usted siempre mantiene un balance saludable de su cuenta de cheques. Sin embargo, tal vez existan ocasiones en que deberá hacer una compra inesperada o que cometa un error matemático que dejará su cuenta en números rojos. El estar cubierto contra este tipo de casos le ahorrará tiempo y vergüenza.

5. **Obtenga una tarjeta de cajero automático para su cuenta.** Esto le permitirá depositar o retirar fondos a cualquier hora. También le permitirá tener acceso a sus fondos desde lugares remotos.

Cuentas adicionales que podría considerar

Además de su cuenta corriente, tal vez desee considerar otro tipo de cuentas como las de ahorro, mercado de dinero, certificados de depósito a plazo fijo (CDs), etcétera. Las tasas de interés más bajas son las de cuentas de ahorro regulares. Por lo regular son más altas en el mercado de dinero, CD y otras cuentas especiales. Algunas tienen límites y retiros antes de las fechas especificadas, que pueden resultar en castigos. Algunas son más líquidas y se puede retirar una cantidad limitada de cheques sin penalización siempre que usted mantenga un balance mínimo. Normalmente, los ingresos son proporcionales al tiempo durante el cual se asignaron los fondos.

Conclusión

Recuerde que todas sus cuentas no deben abrirse en la misma institución financiera. Sin embargo, sólo tiene sentido que la cantidad de negocio que haga con cualquier banco sea directamente proporcional a los beneficios que reciba del banco. Asegúrese de estudiar la estabilidad del banco que escoja. Usted querrá sentirse seguro que cada mañana cuando despierte su dinero aún estará disponible.

Un buen historial bancario, junto con el establecimiento de una buena relación con la gerencia y el personal de su banco le podrían dar acceso a concesiones especiales. Por ejemplo, el periodo de espera en sus depósitos podría ser ignorado si la gerencia del banco así lo desea o podrían darle un servicio de notario gratuito, como cortesía. Si ya tiene un banco con el cual está satisfecho, tal vez deseará trabajar con ellos con la ventaja de ser conocido como un cliente valioso.

La banca es un asunto serio. La selección del banco correcto y de los tipos de servicios correctos será una ventaja definitiva para su negocio.

Hoja de trabajo. En la siguiente página usted encontrará un ejemplo de una hoja de trabajo titulada ***"Escogiendo un Banco".*** Le ayudará a ver cómo puede comparar ventajas y desventajas de las instituciones financieras que esté considerando.

Hoja de trabajo para escoger un banco

	Nombre de la institución financiera potencial		
	A. City Bank	**B. Banco Nacional**	**C.**
1. ¿Ya ha establecido una relación de trabajo con a. la gerencia? b. el personal?	Jefe: Juan Pérez Personal: magnífico Cajeros: amables	Jefe: L. Martínez (orientado al servicio)	
2. ¿Qué tipos de cuentas comerciales tienen disponibles?	cuentas de cheques +CDs, etc.	cuentas de cheques +CDs, etc.	
3. ¿Ofrece este banco servicios de tarjetas de crédito comerciales?	no	sí	
4. ¿Participa el banco en programas de préstamos de negocio?	sólo bienes inmuebles	prestamista preferido del SBA	
5. ¿El banco es un banco del depósito federal?	sí	sí	
6. ¿El banco es una institución financiera estable?	27 años de edad	22 años de edad	
7. ¿Cuántas sucursales tiene el banco?	7	103	
8. ¿El lugar del banco es conveniente para su negocio?	sí	sí	
9. ¿Cuál es horario del banco? ¿Están abiertos los sábados?	9-3 lunes-jueves 9-6 viernes; 10-1 sáb	9-3 lunes-jueves 9-6 viernes; 10-3 sáb	
10. ¿Periodo de espera sobre sus depósitos?	3 días	condonada, excepto para 2ª persona	
11. ¿Cuánto cuesta tener una cuenta corriente del negocio?	gratis con $500 min.	gratis con $750 min.	
12. ¿Qué otros servicios tiene el banco? a. ¿banca electrónica? b. ¿depósito seguro? c. ¿notario público? d. ¿transferencia electrónica? e. ¿otros?	a. no b. sí (gratis) c. no d. sí e. ATM	a. sí b. sí c. sí d. sí e. ATM; seminarios	
13. ¿En general cómo se siente sobre el banco?	buen banco, pero no cumple la necesidad	parece estable y cumple la necesidad	

CAPÍTULO

12

Seleccione su seguro

En algún momento durante la formación de un negocio, surgirá la pregunta sobre necesidades de seguro. De hecho, si usted está escribiendo un plan de negocio, el seguro será uno de los temas que debe incluir en el plan organizacional, cuyo costo deberá estar reflejado en sus documentos financieros.

En el mundo de hoy, la tecnología crece rápidamente y este crecimiento va de la mano con una sociedad llena de juicios legales. El propietario de negocio más inexperto podría encontrarse involucrado en acciones legales contra el negocio. Además del seguro de responsabilidad, hay muchas otras clases de seguros como: incendio, inundación, terremoto, robo, de automóvil, compensación al trabajador, seguro de salud, etc. que necesitan tomarse en cuenta al momento de iniciar un negocio.

Las situaciones mencionadas arriba son las que un comerciante debe tomar en cuenta mientras esté con vida. ¿Qué pasa si el propietario se muere? Tal vez sea necesario comprar un seguro de vida y escribir un acuerdo de compra-venta para salvaguardar a sus beneficiarios.

Búsqueda de una compañía de seguros

La búsqueda de una compañía de seguros es similar a la búsqueda de un banco. Una investigación cuidadosa le ayudará a determinar qué compañía puede servir mejor a sus necesidades y proveerle una cobertura que usted pueda pagar.

Llame a su compañía de seguros actual y pregunte qué tienen para ofrecerle en cuanto a seguros para negocios. Verifique y compare con otros agentes independientes que conozca o que le han recomendado otros dueños de negocios. Solicite una reunión para hablar sobre su negocio y para que le recomienden un paquete de seguros que le dé la mejor cobertura al menor costo.

Si sus necesidades de seguro son únicas debido a su tipo de negocio, debería leer publicaciones especializadas en su industria en particular. Muchas veces, las compañías de seguro de negocios se anuncian en esas publicaciones, especialmente si el tipo de seguro que anuncian no está disponible mediante compañías mayores. Por ejemplo, los negocios en la industria de la comida deben hacer sus propias consideraciones. Este tipo de cobertura es muy costosa, por lo que necesitan encontrar una compañía especializada en esa clase de seguros.

¿Cuales son los tipos de seguros básicos?

Como se menciona arriba, hay muchas clases de seguros. De hecho, hay tantos tipos de seguros que la mayoría de los propietarios de pequeños negocios quebrarían si tuvieran que pagar por la mayor protección posible en todas las áreas.

La mayoría de los pequeños negocios compran lo que generalmente se conoce como un Business Owner's Policy (BOP) (Póliza de propietario de negocio). Por lo regular esta póliza incluye la propiedad, cobertura de responsabilidad y cobertura criminal y varias coberturas especializadas necesarias para el negocio. La ventaja de una póliza del propietario de negocio es que normalmente es menos costosa que cada uno de los tipos de cobertura comprados por separado.

En las siguientes páginas hablaremos sobre los tipos más básicos de seguros que deberían ser considerados. Hay dos categorías generales bajo las cuales caen todos los seguros de negocios. Son seguros de propiedad y responsabilidad y seguro de vida y de salud.

Seguro de propiedad y responsabilidad

El seguro de propiedad cubre edificios y su contenido contra pérdidas debido a eventos como incendio, robo, viento, terremoto, inundación, etc. Algunos de esos riesgos posiblemente sean excluidos de su póliza y tal vez requerirán la compra de pólizas adicionales (terremoto, inundación, agua subterránea, etc.).

El seguro de responsabilidad protege a un negocio cuando es demandado por personas heridas o por daños a la propiedad de terceras personas. Este tipo de cobertura paga daños y perjuicios relacionados con heridas al cuerpo humano, daño a la propiedad y heridas personales. Estas pólizas tienen ciertos límites en cuanto al monto máximo que paga un asegurador por circunstancias específicas.

1. **Responsabilidad general.** Un seguro de responsabilidad regular paga por demandas entabladas contra su negocio porque un cliente u otra persona (no están cubiertos el propietario ni los empleados) fueron heridos en el local del negocio.

Cuando se abre un negocio, una buena idea es tener como protección este tipo de seguro de responsabilidad. Es muy común que un cliente se caiga y le presente una demanda que le sea difícil pagar. El seguro de responsabilidad regular también incluye cobertura por daños a propiedades de las que usted no es el dueño, pero que renta para su negocio (como una gotera de agua de su propiedad que daña la propiedad del negocio continuo).

2. **Responsabilidad por daño a la propiedad.** Esta póliza cubre los posibles daños de la propiedad que usted arrienda o alquila y la propiedad de sus clientes.

3. **Seguro contra incendio.** Protege su propiedad, activos fijos e inventario, contra incendios. La responsabilidad de incendio le cubre daños causados por el fuego a la propiedad que arrienda o alquila.

4. **Seguro contra terremoto y seguro contra inundación.** Si usted vive en un área que tiene la probabilidad de ser afectada por un terremoto u otro evento natural, se recomienda obtener un seguro de cobertura especial. Las primas normalmente son altas, pero valen la pena si es golpeado por uno de estos desastres.

5. **Robo.** Le protege contra el robo o atraco al negocio.

6. **Bonos de fidelidad.** Protege a su compañía contra la deshonestidad de sus empleados

7. **Bonos de garantía.** Provee compensación monetaria en caso que un contratista no cumpla con lo acordado o no complete el trabajo dentro del periodo de tiempo acordado.

8. **Cobertura de caldera y maquinaria.** Protege contra el mal funcionamiento del equipo esencial para el negocio (por ejemplo: sistemas de computadora y teléfono, equipo de producción, etc.).

9. **Responsabilidad del producto.** Protege contra reclamos presentados por alguien que usó su producto después de salir de su negocio. En la mayoría de los casos usted será responsable aun si su producto no ha sido usado correctamente. El costo de la responsabilidad de producto generalmente es proporcional al volumen de ventas y al grado de peligro involucrado.

10. **Compensación al trabajador.** La mayoría de los estados requieren que un empleador provea un seguro que cubra a todos los empleados en caso de incapacidad o enfermedad relacionada con el lugar de trabajo.

    Usted puede llamar a su proveedor de seguros para obtener el seguro de compensación al trabajador o contactar al Departamento Estatal del Empleo para más información sobre el seguro operado por el estado. Aunque este es un seguro que cubrirá al empleado, éste será pagado completamente por el empleador. El monto cobrado por compensación al trabajador varía según la cantidad de empleados que usted tiene y según el grado de riesgo involucrado. Si está en una industria de alto riesgo, las primas pueden ser muy altas.

El seguro de compensación al trabajador es una de las cuestiones más controversiales hoy en día. Debido a un alto nivel de fraude y la tendencia hacia las demandas relativas al estrés en el trabajo, muchos empleadores han sido literalmente forzados a cerrar sus negocios debido a su incapacidad para pagar costos crecientes de este seguro. Muchos negocios han establecido programas de seguridad en el centro de trabajo y programas de intervención para reducir las demandas. También se ha puesto énfasis en la detección del fraude. Para aliviar demandas relacionadas al estrés, hay una legislación pendiente que busca asignar un valor porcentual a esas demandas.

11. **Seguro de interrupción del negocio.** Esta cobertura generalmente podría ser añadida a su póliza regular que le pagará una cantidad aproximadamente igual a la que habría ganado si el negocio estuviera operando. Se paga mientras el local permanece cerrado debido a reconstrucción o reparaciones. También puede comprar un ***seguro general*** que pagará por los gastos de operación durante ese tiempo. Además, existen otros tipos de cobertura que pueden adquirirse para cubrir las operaciones del negocio bajo otras circunstancias, como la hospitalización del propietario.

12. **Seguro del auto.** La mayoría de los estados requieren que tenga una cierta cantidad de cobertura de responsabilidad si usted va a usar un vehículo de trabajo. Su proveedor regular de seguros probablemente podrá asegurar el vehículo de su negocio. Si usa el vehículo con propósitos personales y del negocio, debe incluir a un pasajero que demuestre el uso del auto para negocio. Si va a tener empleados que manejarán los vehículos de su negocio, asegúrese de tener cobertura que esté en efecto en caso de accidentes.

13. **Seguro de protección.** Una póliza de responsabilidad que protege al negocio contra pérdidas catastróficas. Este provee protección extra para accidentes donde se involucran una cantidad de personas. También extiende los límites de la responsabilidad a pólizas de auto (normalmente en incrementos de un millón de dólares).

Seguro de vida

Una de las preocupaciones de los cónyuges y beneficiarios de un propietario de negocio es qué le pasaría al negocio si el propietario falleciera. Con la muerte de un propietario viene la responsabilidad de hacerse cargo de la disposición del negocio. Posiblemente necesitará seguro de vida y un tipo de un acuerdo de compra-venta. Si usted fallece sin hacer las previsiones necesarias, sus beneficiarios se verán forzados a vender o desmantelar el negocio para pagar los impuestos de patrimonio que quizá se deban. Si usted ha planeado y tiene una póliza adecuada del seguro de vida, sus beneficiarios pueden usar ese seguro para pagar los impuestos de patrimonio y permitir que el negocio siga operando. Si deciden vender el negocio, todavía tendrán algo para vender.

El seguro de vida puede ser una consideración especialmente importante para una sociedad. En muchos estados donde existe la propiedad comunitaria, si un socio se muere, su cónyuge pasa a poseer esa porción del negocio y tiene la autoridad para tomar las decisiones de ese socio. Esto puede crear una situación que puede ser excesivamente insatisfactoria para el socio que sobrevive o para el cónyuge. Es por ello que es importante tener un acuerdo de sociedad que explique claramente qué pasaría de fallecer uno de los socios. Una póliza del seguro de vida puede estar incluida como parte del acuerdo de la sociedad con una cláusula que señale que la recompensa de la póliza será usada por el socio sobreviviente para comprar la porción del negocio del socio fallecido.

La compra de seguro de vida individual permanente por propietarios de negocios puede crear fondos para un programa de compensación diferido sobre una base que no califique para cargos tributarios, lo cual permitirá a los propietarios ahorrar dinero para pagar por jubilación o prestaciones por defunción al cónyuge que sobrevive. También se pueden comprar seguros de vida clave, que cubren al personal clave cuya muerte afectaría las ventas y ganancias de la compañía. Una póliza a plazos ayudaría para reemplazar la pérdida de una persona. Una póliza de vida clave permanente además acumularía valor en efectivo que ayudaría a crear fondos para el plan de jubilación de esa persona.

Seguro de salud

El seguro de salud por mucho tiempo ha sido el castigo de los autoempleados. Los costos muchas veces son muy altos y la cobertura es mala. Muchas pólizas de grupo están disponibles en organizaciones comerciales y compañías de seguros que se especializan en negocios pequeños, pero la mayoría de las primas son bastante altas.

El mejor consejo que podemos darle es que debe seguir investigando sobre alternativas y continuar obteniendo cuotas sobre nueva cobertura disponible. Si tiene la oportunidad de seguir comprando su seguro de salud de una compañía donde usted trabajaba, esa podría ser su mejor alternativa.

Prestaciones para los empleados

Esta es otra cuestión que requiere decisiones importantes si usted es propietario de un pequeño negocio. Seguramente sus empleos necesitarán seguro de salud y probablemente tienen el derecho de pedirlo. Sin embargo, los altos costos de los planes de salud grupales lo han hecho casi imposible para que el propietario del pequeño negocio pueda proveerlo a sus empleados, aunque quisiera hacerlo. Según las estadísticas, actualmente cuesta un promedio de más de 4 mil dólares por empleado por año y los costos están subiendo debido a una cantidad de factores como la complejidad del tratamiento, cuidado innecesario, demandas de estrés y medicina preventiva.

También hay mucha controversia sobre esta área en el sector gubernamental. Está pendiente una ley regulatoria que probablemente requiera a cada propietario de negocio proveer planes de salud para todos los empleados que trabajan por un cierto número de horas.

Para evitar pago de prestaciones, muchas compañías, incluyendo corporaciones mayores, están contratando personal de agencias contratistas. Hay reglas del estado y del IRS que aplican a servicios que no son para empleados (o trabajadores por contrato). Esté consciente del hecho que estas restricciones existen y asegúrese de clasificar correctamente a sus trabajadores. Clasificar a un empleado como empleado por contrato cuando en realidad él o ella es empleado conlleva a duros castigos tributarios.

Otras consideraciones

La cobertura de seguro es un tema complicado y no puede ser discutido en su totalidad en el espacio que hemos asignado aquí. No estamos en el negocio de los seguros y por eso no deseamos que usted considere esto como consejo respecto al seguro que debe comprar o de quien debe adquirirlo.

El material cubierto en este capítulo es con el propósito de familiarizarle con una información general respecto a los tipos de seguros que debe considerar. Visite a su profesional de seguros para determinar qué está disponible y qué es lo más adecuado para su negocio y para usted. Además, siempre es recomendable consultar con su preparador de impuestos, especialmente en el área del seguro de vida.

Después de obtener la información

Cuando usted haya recibido información de varias compañías de seguros respecto a coberturas y costos, usted tendrá que tomar otras decisiones. Deberá ver sus necesidades de seguros en términos de necesidades inmediatas y protección a largo plazo. Conozca qué es requerido por el gobierno federal y estatal, por el proveedor o poseedor del título de sus vehículos, etc. Además, decida qué tipos de seguro necesitará para proteger su negocio. Divida sus necesidades de seguros en los que son requeridos, necesarios y deseados. Decida qué puede adquirir ahora, qué comprará cuando las finanzas lo permitan y qué dejará para el futuro.

Para ayudarle con su adquisición de seguros

Hemos provisto una hoja de trabajo en la siguiente página que le ayudará cuando esté comparando compañías de seguros según cobertura y costos. Incluido en el formulario en blanco en el Apéndice II en la parte de atrás del libro (página 200) hay un formulario de actualización de seguros para su propio uso.

Hoja de información sobre seguros

I. Tipos de seguros comerciales

A. Propiedad y responsabilidad
Responsabilidad general
Responsabilidad de daño a la propiedad
Seguro de incendio
Seguro de terremoto/inundación
Robo
Bonos de fidelidad
Bonos de fianza
Cobertura de caldera y maquinaría
Responsabilidad de producto
Compensación al trabajador
Seguro de interrupción del negocio
Seguro de automóvil
Seguro de protección

B. Vida y salud
Seguro de vida
Seguro de incapacidad
Prestaciones a empleados
Seguro grupal
Programas de jubilación
Gastos generales

II. Determinar su lista de prioridades para adquirir seguros

A. Protección inmediata que es:
1.Requerida ____________________
2. Necesaria ____________________
3. Deseada ____________________

B. Protección a largo plazo que es:
1. Requerida ____________________
2. Necesaria ____________________
3. Deseada ____________________

III. Puntos clave

A. El seguro es un factor importante a considerar cuando se crea un negocio.

B. Las primas de propiedad y responsabilidad del primer año algunas veces serán más altas que otros años debido a la frecuencia de declaraciones equivocadas por parte de los asegurados y el alto riesgo que implican para la compañía de seguros.

C. El escoger su agente/corredor de seguros (asesor y comprador) es una de las decisiones más importantes que debe hacer.

IV. Cinco pasos para prevenir el fracaso de su negocio debido a una causa que se puede "asegurar"

A. Reconocer los riesgos que podría enfrentar.
B. Siga las pautas que le den para cubrirlas económicamente.
C. Tenga un plan en mente.
D. Obtenga consejos de los expertos.
E. ¡Obtenga ahora seguros para su negocio!

CAPÍTULO

13

Use la Internet

Con una computadora tiene la oportunidad de conectarse a y utilizar la Internet para su negocio. La Internet es una vasta colección de computadoras y redes interconectadas. Cuando accede a la Internet, su computadora usa una conexión telefónica o de cable para viajar sobre vastas redes permitiéndole comunicarse con otros usuarios y acceder a millones de sitios Web que se conoce como "World Wide Web" o red mundial.

La Internet puede ser un gran recurso para su negocio. Usted puede usarla para:

- ✓ ***Comunicarse con clientes actuales y potenciales y con vendedores***
- ✓ ***Buscar información, productos y servicios que necesita***
- ✓ ***Desarrollar un sitio Web para distribuir información y/o vender sus productos y servicios***

Conectándose a la Internet

La primera cosa que deberá hacer antes de usar la Internet es establecer una conexión. Para hacer eso necesitará un módem, una línea telefónica o conexión del cable y un proveedor de los servicios de Internet o PSI. Un módem es un aparato de computadora que transmite las señales hacia y desde su computadora y facilita la comunicación con su proveedor de servicios de Internet. Las computadoras de hoy por lo regular vienen con módems ya instalados.

La selección de un proveedor de servicios de Internet

Un proveedor de los servicios de Internet (PSI) es una compañía que provee acceso a la Internet. Los proveedores de los servicios más populares cobran una tarifa mensual. Ejemplos de los proveedores de los servicios de Internet telefónicos son America Online (AOL), AT&T, SBC, Earthlink y NetZero. Los proveedores de los servicios de Internet por cable son Comcast, Cox Cable y Adelphia.

Para hacer la conexión, el PSI le dará un software para instalar en su computadora. Este permite la conexión entre su computadora, el módem y el servidor del proveedor de los servicios de Internet.

Acceso de alta velocidad vs. acceso discado. La velocidad con la cual se conecta a la Internet y "viaja" a través de la red mundial depende del tipo de servicio que usted adquiera.

- **Acceso discado.** Para el servicio discado se necesita una línea telefónica. La tarifa mensual de acceso es barata (generalmente 20 dólares o menos). Si usa un servicio discado, usted puede entrar a la Internet con un nombre de usuario y contraseña. Luego, el software marca un número de acceso del proveedor en su área local, enviando señales de su computadora a su proveedor de servicios de Internet. Cuando se hace la conexión, su PSI le provee acceso a la red mundial.

  Debe tener en cuenta que acceder a la Web y transferir la información a archivos a través de un acceso discado puede llevar mucho tiempo porque la transferencia de información es mucho más lenta.

- **Acceso a alta velocidad.** Éste es un servicio rápido, pero es más caro (30 dólares o más mensuales, dependiendo de la velocidad de la conexión). Estas conexiones las provee una compañía telefónica (DSL) o una compañía de cable (módem de cable). Ambas requieren los módems de alta velocidad y la tarjeta ethernet de su computadora. El proveedor suministrará el módem y el apoyo técnico.

  Con acceso a alta velocidad su computadora está conectada permanentemente a la Internet. El servicio opera en segundo plano y no interfiere con sus servicios telefónicos o de televisión regulares. El acceso a los sitios de la Web es más rápido y la transferencia de información también ocurre con rapidez.

Establezca su cuenta de correo electrónico (e-mail)

Ahora que tiene un proveedor de servicios de Internet y está conectado a la misma, puede instalar correo electrónico. Usted puede hacerlo usando las herramientas del correo electrónico provistas por su proveedor de servicios de Internet. Como alternativa, puede usar los servicios gratuitos ofrecidos por varios proveedores de correo electrónico como Hotmail, Yahoo y Google. El acceder a su servicio de e-mail le permite escribir y enviar mensajes y recuperar mensajes nuevos y viejos.

Para instalar su e-mail deberá hacer clic en la opción de acceso como nuevo usuario y proveer la información personal necesaria, crear un nombre de usuario y contraseña, proveer una respuesta a una pregunta de seguridad que será usada en el evento que olvide su contraseña y aceptar los "Términos de Servicio" determinados por el proveedor de los servicios de e-mail. Si el nombre de usuario que usted escoja ya es usado por otro usuario, usted. podrá seleccionar otro nombre. El nombre de usuario que escoja, junto con la extensión del proveedor del e-mail será su dirección de e-mail (ej., juanperez123@hotmail.com).

Comunicación con clientes y vendedores

Ahora que está conectado a la Internet y ha establecido su e-mail, podrá enviar y recibir mensajes vía e-mail y usar la World Wide Web.

El uso del e-mail para comunicarse con sus clientes y vendedores tiene una ventaja significativa sobre las cartas tradicionales: avanza aceleradamente sobre la súper autopista de información y no requiere papel, sobres, ni franqueo. El e-mail da acceso a la comunicación al instante que permite una toma de decisión oportuna. Usando su e-mail, también podrá enviar documentos y fotos en la forma de un anexo de información. Además, su e-mail puede ser usado como una herramienta de mercadeo por Internet porque es rápido, fácil de usar y barato. Le permite enviar sus mensajes directamente a sus clientes establecidos o a clientes potenciales.

Esté consciente que también recibirá mucho e-mail no deseado, comúnmente conocido como "spam". Puede minimizar el spam usando filtros provistos por su proveedor de servicios de e-mail.

Otro método de comunicación que puede usar es el servicio de mensaje instantáneo o MI. Un componente de muchos servicios de e-mail, el servicio de mensaje instantáneo corre en segundo plano mientras usted está en línea y le alerta cuando tiene un mensaje o alguien quiere intercambiar mensajes con usted. El mensaje instantáneo también le permite establecer una comunicación temporal para "conversar" con dos o más personas. Además, le permite enviar información y datos rápidamente.

Búsqueda de información en la Internet

La Internet puede usarse para buscar todo tipo de información. Esto incluye información general, contenido específico e información sobre una persona o varias personas.

Motores de búsqueda

Los recursos más usados para buscar información son los motores de búsqueda. Un motor de búsqueda es una compañía con herramientas especializadas que le permitirán buscar información sobre cualquier tema en la red mundial. Cada motor de búsqueda tiene su propia dirección en la Web.

Consejo tecnológico

Encuentre información vía motores de búsqueda

Los motores de búsqueda más populares (en orden alfabético) son:

- **Alta Vista** www.altavista.com
- **Excite** www.excite.com
- **Go** www.go.com
- **Google** www.google.com
- **Lycos** www.lycos.com
- **MSN** www.msn.com
- **Yahoo** www.yahoo.com

Su petición de búsqueda consistirá de palabras claves relacionadas a lo que usted busca. Palabras claves son palabras o frases cortas que escribe en una caja de búsqueda que permitirá que el motor de búsqueda produzca páginas de la Web con la información buscada. Al recibir su petición de búsqueda, el motor de búsqueda sale y busca en la World Wide Web todo lo que combine con las palabras clave. Luego le devuelve los resultados en las páginas de la Web, que ensambla con listas descriptivas y vínculos a direcciones de la Web, donde puede acceder a la información solicitada.

¿Qué es una dirección de la Web? *Tal como la dirección postal de su oficina, cada sitio en la Internet tiene una dirección en la red que se llama Localizador Uniforme de Recursos (URL, en inglés). El URL aparece en la caja de direcciones de su buscador cuando visita un sitio Web. Una dirección de la Web se ve así: http://www.business-plan.com. El nombre de dominio de la compañía es "business-plan.com". Identifica la dirección específica (o lugar) del sitio de la red en la World Wide Web.*

Nota. Se debe ser específico cuando se seleccionen las palabras clave. Quizá deberá intentar varias palabras clave o combinaciones de palabras antes de encontrar lo que busca.

Sitios de la Web específicos para cada industria

Además de usar motores de búsqueda para encontrar la información que busca, puede usar los sitios Web específicos de una industria, o portales. Con pocas excepciones, corporaciones grandes, asociaciones industriales, organizaciones, escuelas, periódicos, revistas, grupos políticos, etc. tienen sus propios sitios Web.

Se puede acceder a muchos de los sitios escribiendo el nombre de la compañía o grupo en la sección de la dirección de su buscador de la Web o "browser" y luego seleccionando "Go". Por ejemplo, puede encontrar el sitio Web de United Airlines escribiendo "United Airlines" en la barra de direcciones, que le lleva al sitio de la compañía o a los vínculos directos del sitio.

Grupos de discusión (Foros)

También puede usar grupos de discusión o foro. Este es un tablero electrónico de anuncios de una industria o relativos a un determinado tema, donde puede enviar un mensaje, responder a un mensaje o leer mensajes enviados por otros.

Los grupos de discusión le permiten discutir o ver discusiones sobre cualquier tema que le interese. Por ejemplo, si está interesado en las computadoras y le gustaría discutir la tecnología más reciente en computadoras, usted puede ir a un grupo de discusión sobre esa tecnología. Si tiene una pregunta sobre un tema en particular, simplemente puede colocarla en el tablero y otros usuarios responderán. Tome en cuenta que las respuestas de los grupos de discusión no ocurren en tiempo real. Cuando coloque un mensaje, deberá regresar en diferentes momentos al grupo de discusión para revisar si ha recibido respuestas.

Uno de los lugares más comunes para encontrar grupos de discusión es en Google. Puede acceder al sitio de los grupos de discusión en http://groups.google.com. Para acceder a un grupo de discusión, haga clic en una de las industrias de ese sitio y luego encuentre el grupo de su elección. Como alternativa, puede escribir una palabra clave en la caja de búsqueda para tener acceso a una lista de grupos de discusión relacionados al tema.

Compra de productos y servicios en línea para su negocio

La Internet es un mercado virtual y un canal importante para comprar productos y servicios.

Compras en línea

En lugar de ir a una tienda y caminar por los pasillos, está en una tienda virtual donde hace compras y termina su compra usando su tarjeta de crédito. A diferencia de una tienda con un local físico, la Internet ofrece acceso de 24 horas a millones de comerciantes y fabricantes y a sus productos y servicios. Usted también se beneficia con la conveniencia, selección e información del producto disponible, al hacer compras en línea.

Sin embargo, hacer compras en línea podría presentar un problema. Deberá ordenar el gran volumen de información. Pero no se desespere, usted también puede obtener ayuda. Algunos sitios Web ofrecen servicios de comparación de precios.

Ejemplos de los servicios para comparar precios en línea incluyen a Pricegrabber.com, MySimon.com, Shopping.com, y Shopzilla.com. Estos sitios Web le permiten investigar y comparar productos, permitiéndole encontrar los mejores productos a los precios más bajos. El usar estos servicios de comparación le ayudará a estar mejor informado al momento de tomar decisiones.

- **Productos.** Una vez que haya encontrado el comerciante de su elección, deberá investigar en su catálogo en línea sobre los productos específicos que busca. A medida que vaya encontrando los productos que desea comprar, colóquelos en su carretilla de compras en línea. Cuando indique que ha terminado de hacer compras, por lo regular con hacer clic en la función de "Check Out" (caja registradora), se calculará la suma del monto de sus compras. Luego se le ofrecen varias opciones de envío y esos costos se suman a su monto total.

  El próximo paso será proporcionar la información necesaria requerida del comerciante, incluyendo la dirección postal de envío, número de tarjeta de crédito y fecha de caducidad y cualquier otra información especificada por el comerciante. Después de procesarse la información de su tarjeta de crédito se le dará un número de confirmación que puede imprimir y guardar para sus archivos. Tal vez reciba una confirmación por e-mail, pues es una práctica común de muchos comerciantes.

- **Servicios.** ¿Buscando ofertas de viajes, servicios de teléfonos celulares o consultando el plan de negocio? Estos son sólo tres entre la vasta cantidad de servicios que pueden ser accedidos por la Internet. Usando la Internet, puede aprender sobre la compañía, los servicios que ofrece y en algunos casos puede ver ejemplos de su trabajo. Es muy importante que efectúe las diligencias necesarias sobre la compañía que provee el servicio, especialmente si está ubicada en otra ciudad o estado. Esto incluye la solicitud y verificación de las referencias y platicar con clientes anteriores sobre sus servicios y niveles de satisfacción. Asegúrese de hacer esto antes de requerir los servicios en línea de una compañía o individuo. Esto le evitará daños innecesarios en el futuro. Puede usar el sitio Web de la Oficina de Mejores Negocios (Better Business Bureau, http://www.bbb.org) para preguntar sobre posibles proveedores de servicios.

¿Su compañía necesita un sitio Web?

La Internet da a los comerciantes la posibilidad de alcanzar a grandes auditorios de clientes potenciales. Sin embargo, algunos negocios quizá determinen que no es económico mantener un sitio Web. Por ejemplo, si tiene un negocio local donde toda la comunicación con clientes posibles y actuales debe ser personal, tal vez no necesite un sitio Web. Entonces, la primera cosa que deberá hacer es decidir si necesita un sitio Web o no.

¿Cómo podría usar su negocio un sitio Web?

Usted ha decidido que necesita un sitio Web para su negocio. Antes de desarrollarlo, usted necesita determinar los objetivos que quiere lograr. Los sitios Web pueden usarse para proporcionar información y/o vender productos y servicios:

- **Sitio Web de información.** Usted puede proporcionar información para educar a los clientes sobre un tema particular. Se puede proveer la información en la forma de contenido en el sitio Web, un boletín de noticias, artículos escritos por expertos de la industria y vínculos a otros sitios Web de industrias relacionadas. Además de información de la industria, su sitio Web puede ofrecer información sobre su compañía. Esto le dará más exposición que un folleto regular.

  También puede usar el sitio Web para proporcionar especificaciones e información técnica del producto. Por ejemplo, un dentista podría usar un sitio Web para enumerar los servicios y publicar artículos pertinentes e información que sería útil a pacientes actuales y potenciales. En esencia, la información aumentaría la confianza en la consulta y funcionaría como una herramienta de venta de sus servicios. El contenido de los sitios Web se puede actualizar inmediatamente, facilitando el acceso a la información actualizada a los visitantes al sitio.

- **Sitio Web para vender.** Un sitio Web le permite exhibir sus productos y servicios, estimulando así las ventas entre clientes actuales y potenciales. Para vender productos en la Internet usted deberá desarrollar un sitio Web seguro para el comercio electrónico (comercio-e).

  Un sitio de comercio-e contiene páginas Web donde se muestran sus productos y una función de carretilla de compras. La carretilla permite al consumidor en línea seleccionar el producto y "comprar ahora" introduciendo la información de envío y de la tarjeta de crédito en una sección segura (codificada) del sitio Web. El cargo a la tarjeta de crédito es autorizada en segundos. El cliente recibe un recibo que puede imprimir y el vendedor recibe y realiza la orden. La mejor parte es que la venta puede hacerse a la conveniencia del cliente a cualquier hora, de día o de noche.

  Para vender en línea necesitará una cuenta de comerciante. Una cuenta de comerciante lo habilita para aceptar los pagos de las tarjetas de crédito en línea. Las cuentas de comerciante se pueden abrir a través de instituciones bancarias o compañías privadas. Una cuenta de comerciante tiene varias tarifas, que varían según el proveedor de la cuenta comerciante que escoja. Tal vez deberá pagar una tarifa de aplicación y cargos de apertura. Algunos proveedores de servicio prescinden de estas tarifas y cargos iniciales. Cuando ya la cuenta de comerciante esté funcionando deberá pagar una tarifa mensual. A su compañía también se le cobrará una tarifa de transacción que varía de 2% a 3% (más o menos) sobre la compra de cada cliente. Por ejemplo, si un cliente compra un producto por 100 dólares, el proveedor de la cuenta de comerciante se quedará con 2 a 3 dólares, dejándole a usted 97 a 98 dólares.

Desarrollo del sitio Web de su compañía

Construir un sitio Web exitoso de una empresa es un esfuerzo mayor que requiere mucho tiempo, talento y dólares. Deberá escoger un nombre de dominio, encontrar un anfitrión, diseñar sus páginas Web y luego determinar cómo dirigir el tráfico a su sitio.

Selección de un nombre de dominio

Su primera tarea será escoger, investigar la disponibilidad y registrar un nombre de dominio de su sitio Web. Su nombre de dominio es el nombre descriptivo que escoja para su sitio combinado con una de las extensiones comunes (.com, .net, .org, etc.).

La mayoría de las compañías usan el nombre de la empresa o un nombre que describa sus productos o servicios. Punto-com es la extensión más usada para un negocio privado, menos usado es punto-net. Punto-org se usa para organizaciones. Otras extensiones son propias de escuelas, agencias gubernamentales, etc.

Cuando haya decidido el nombre de dominio que le gustaría para el sitio Web de su compañía, deberá investigar la disponibilidad del nombre y conseguir la titularidad del nombre por un periodo de tiempo, registrándolo con InterNIC por una modesta tarifa.

Hay varios sitios que usted puede usar para este servicio. Entre los más frecuentemente usados están http://www.networksolutions.com y http://www.register.com.

El anfitrión de un sitio Web

Usted deberá encontrar una compañía que aloje su sitio. Una compañía de alojamiento de sitios Web provee un servicio (alojamiento) que le permite poner las páginas de su sitio Web en la Internet. Compañías de alojamiento (como Verio) tienen la tecnología para asegurar que su sitio Web funcione 24 horas diarias. Por sus servicios deberá pagar una tarifa de alojamiento, que por lo regular se pagan sobre una base mensual o anual. Las tarifas variarán según el tamaño de su sitio Web y los servicios especializados que usted requiera.

Diseño de su sitio Web

Deberá decidir si diseñará y desarrollará sus propias páginas Web o usará los servicios de un desarrollador profesional de la Web. Si decide hacerlo por sí mismo hay varios programas de software y aplicaciones que puede usar (ej., Microsoft Front Page y Netscape Composer han sido dos de las aplicaciones más populares). Además hay proveedores de servicios que ofrecen ayudarle a producir sitios Web instantáneos. Esté consciente de que estas oportunidades resultarán en sitios Web genéricos que no proveen la personalización necesaria para un sitio Web que realmente funcione para un negocio.

Si tiene el dinero, la mejor salida es contratar los servicios de un desarrollador profesional de sitios Web que diseñe su sitio y sea el director del mantenimiento de su sitio. Su labor sería trabajar directamente con el desarrollador del sitio dándole la información necesaria para que las páginas de la Web reflejen la visión de su compañía que mejor sirva a sus clientes actuales y potenciales.

Dirigiendo tráfico hacia su sitio Web

Sólo tener un sitio Web no generará tráfico. Deberá desarrollar estrategias para dirigir visitantes a su sitio Web. Esté consciente que estará inundado con ofertas de compañías que afirman poder conseguirle millones de clientes. La mayoría no producen resultados.

Existen varias formas válidas para dirigir tráfico a su sitio Web.

- **Inscripción de motor de búsqueda.** Este responde por un gran volumen de tráfico dirigido hacia la Internet. Su sitio debe ser registrado periódicamente con todos los motores de búsqueda. Además, puede pagar por el posicionamiento de la información de su sitio Web en los motores de búsqueda más importantes como Yahoo y Google, pagando sobre la base de pago-por-clic. Bajo esta base usted paga a los motores de búsqueda cada vez que un cliente hace clic en su sitio Web. Normalmente, su tarjeta de crédito será cargada al final del mes por la cantidad de "entradas exitosas a su sitio".

  Para generar tráfico considerable a su sitio a través de los motores de búsqueda, asegúrese que tenga un rango superior. Recomendamos que trabaje con un asesor de Internet, quien presentará su sitio Web a los motores de búsqueda y usará varias técnicas para mejorar su rango. El asesor trabajará con usted para poner etiquetas meta sobre las páginas Web de su sitio. Etiquetas meta son códigos que resumen el contenido de una página Web y las palabras clave relacionadas con la página.

- **Intercambio de enlaces.** Puede dirigir tráfico a su sitio a través de enlaces. Esto significa que puede establecer una alianza con otros sitios Web que pondrán un vínculo a su sitio en su propio sitio. Tal vez usted también tenga en su propio sitio un enlace al otro sitio. Esto se llama intercambio de enlaces. Al intercambiar estos vínculos con otros sitios Web busque compañías con quien usted tenga algo en común.

- **Programas filiales.** Ud. también puede dirigir tráfico desarrollando programas afiliados. Los programas afiliados también servirán para aumentar las ventas. Las filiales promocionan sus productos y servicios en su sitio Web. De las ventas que se generen en el sitio de la filial, usted paga una comisión acordada con anterioridad. Tener un programa filial crea una fuerza adicional de ventas que no necesita considerar en su nómina.

- **Anuncios titulares.** Usted puede colocar anuncios titulares en otros sitios Web. Puede medir la efectividad de su anuncio con la cantidad de clics que recibe en su sitio Web como producto de ese anuncio. Esto se conoce como tasa de entrada por clic.

- **Materiales de mercadeo.** Publicar sus sitios Web en todos sus materiales de mercadeo, como folletos y tarjetas de presentación, es otra manera de dirigir tráfico a su sitio Web.

Resumen

Esperamos que este capítulo le haya servido como introducción al conocimiento de los beneficios del uso de la Internet para su negocio. Es importante que considere qué beneficiará o no a su negocio. Escoja bien y la Internet puede ayudarle a lograr sus objetivos y a elevar su rentabilidad.

CAPÍTULO

14

Determine las necesidades financieras de su negocio

Cuando usted está planeando iniciar un negocio (o ampliar su operación actual), deberá hacerse cuatro preguntas muy importantes relacionadas a las finanzas.

Para tomar una decisión inteligente sobre una base oportuna usted deberá tomar en cuenta esas preguntas. Si no lo hace, la falta de suficiente capital disponible puede conducirlo rápidamente al fracaso.

- ✓ ***¿Necesita solicitar un préstamo?***
- ✓ ***¿Si necesita capital externo, cuánto necesita y cuándo?***
- ✓ ***¿Cuáles son los recursos de fondos disponibles para cumplir sus necesidades?***
- ✓ ***¿Cuánto costará?***

¿Necesita solicitar un préstamo?

El primer paso es hacerse algunas preguntas que le ayudarán a tomar la decisión correcta; preguntas que le ayudarán a entender realmente sus necesidades financieras y prevenirle de cometer errores costosos que quizá en última instancia causen la bancarrota de un negocio potencialmente viable.

Para determinar si necesita capital externo o no, algunas de las preguntas que podría hacerse son:

1. **¿He escrito un plan de negocio,** así que puedo tomar decisiones financieras en base al logro de los objetivos deseados para mi negocio? Si no ha escrito uno todavía, hágalo.

2. **¿Estaría dispuesto a arriesgar mi propio dinero en mi empresa?** ¿Cuáles son los riesgos? ¿Cuáles son mis propios recursos de capital disponible? Si usted no está dispuesto a arriesgarse, no espere que otros también lo hagan.

3. **¿Realmente necesito finanzas adicionales** o sólo necesito manejar mi actual distribución de fondos de dinero efectivo más eficazmente?

4. **¿Para qué necesito el dinero?** Si pido dinero prestado, ¿en realidad puedo proyectar un alza en los ingresos? Si así ocurre, ¿cuándo justificarán la deuda ese aumento de ingresos?

¿Cuánto dinero necesita y ¿Cuándo lo necesita?

Si usted ha decidido que necesitará finanzas adicionales, deberá evaluar con detenimiento esas necesidades y determinar no sólo la cantidad que necesita sino cuándo lo necesitará. Muchos propietarios de negocios sobrestiman o subestiman sus requisitos de capital y/o no calculan sus finanzas para su mayor ventaja. Cualquiera de esas opciones puede resultar en serios problemas.

La primera cosa que necesita es un *plan de negocio* realista al que se apegará lo más posible. (¿Parece como demasiada repetición?) La única manera de ver cada aspecto de su negocio es a través del proceso de planeación. Le obligará a crear un plan organizacional y un plan de mercadeo y a cuantificar sus conceptos a través del desarrollo de declaraciones financieras proyectadas, cuyos números luego se pueden analizar y usar en el proceso de toma de decisiones. Esas proyecciones le dan un cálculo estimado bien estudiado de sus necesidades financieras y le dicen cuándo podrían ocurrir. Su plan de negocio contestará tales preguntas como:

- ¿Cuáles son mis necesidades más importantes?
- Si necesito dinero para tener capital de operación inmediato, ¿cuánto necesitaré para operar mi negocio hasta que se mantenga solo?

- Si necesito el dinero para comprar activos fijos para mi negocio, ¿mis investigaciones han mostrado que puedo alcanzar al mercado meta que justificará la compra de esos activos? Si no es ahora, ¿cuándo sería el tiempo óptimo para agregar esos activos?

- Si necesito dinero para mercadotecnia, ¿cuáles son las formas más eficaces para alcanzar al mercado meta? ¿Cuánto costará la publicidad? ¿El aumento del mercado se reflejará en mayores incrementos de ingresos? Según las tendencias de mi industria, ¿cuáles son los periodos de mayor venta y cuándo necesitaré financiamiento para tener suficiente tiempo para hacer publicidad con los mejores resultados?

¿Cuáles son las fuentes disponibles para usted?

Recibo llamadas casi diarias pidiendo dirección a fuentes de capital inicial. Los recursos de financiamiento disponibles para los negocios potenciales y los negocios en expansión caen en dos amplias categorías, que discutiremos en el resto del capítulo:

- **Financiamiento de la deuda (dólares solicitados)**
- **Financiamiento de capital (dólares de propiedad invertidos en el negocio)**

Financiamiento de la deuda

El financiamiento de la deuda por lo regular se obtiene de una de dos fuentes. Puede provenir de una fuente no profesional como un amigo, pariente, cliente o colega o de una institución tradicional que presta dinero, como un banco, compañía comercial de finanzas o, en ocasiones especiales, directamente de la Administración de Pequeños Negocios de Estados Unidos (SBA, en inglés).

1. **Amigos o parientes.** Pedir dinero prestado de un amigo o pariente por lo regular es la fuente más fácilmente disponible, en especial cuando es poco el capital que se necesita. Esto frecuentemente es lo menos costoso en términos de dólares, pero quizá es lo más costoso en términos de relaciones personales si su calendario de pago no se cumple o su empresa no funciona. ¡Esta posibilidad debe abordarse con mucha cautela!

2. **Programas ángeles.** Para propietarios de negocios pequeños, mujeres y minorías, hay una tendencia creciente hacia el desarrollo de programas "ángeles" entre organizaciones de negocios y compañías especializadas en pequeños negocios. Individuos y pequeñas compañías que quieren invertir cuentas más pequeñas en negocios prometedores están conectados con esas compañías y ambas partes deciden si se hará el préstamo. Esta alternativa es todavía relativamente nueva, pero contiene promesas para el futuro.

Consejo tecnológico

Busque en la Internet por inversionistas ángeles

Existen muchas organizaciones que sirven como intermediarios entre inversionistas ángeles y propietarios de negocios. Los propietarios de negocios pueden someter sus planes de negocio, que luego aparejarán y someterán a inversionistas potenciales con intereses de financiamiento para planes específicos. Para una lista de redes intermediarias y de inversionistas ángeles, use las siguientes palabras clave para una búsqueda en la Internet: "Angel Investors" (inversionistas ángeles).

3. **Instituciones prestamistas tradicionales.** Los bancos, compañías de ahorro y préstamos y compañías de finanzas comerciales, por mucho tiempo han sido las mayores fuentes de financiamiento de negocios, principalmente como prestamistas a corto plazo, que ofrece préstamos de demanda, líneas estacionales de crédito y préstamos para un único propósito en activos fijos.

Usted debe estar consciente de que casi todas las instituciones que prestan dinero son bastantes estrictas en cuanto a los requisitos de colaterales o avales y con bastante razón requieren que negocios establecidos provean un tercio de la inversión de financiamiento y costos iniciales al 50% o más. De nuevo, como prestatario, usted deberá presentar un plan de negocio con una documentación adecuada que muestre una proyección de los fondos de dinero efectivo para operar, que le permita pagar (a tiempo) el préstamo con intereses.

4. **Préstamos garantizados del SBA.** El programa de préstamos garantizados del SBA es una fuente secundaria de financiamiento. Esta opción entra en escena después que las opciones de préstamos tradicionales privados han sido denegadas. El SBA ofrece una variedad de programas de préstamos a pequeños negocios elegibles que no pueden solicitar dinero, sin ayuda gubernamental, de prestamistas convencionales, en la cantidad que se necesita. La mayoría de los préstamos de negocios del SBA son hechos por prestamistas privados y garantizados por la agencia gubernamental. Aunque tal vez no necesariamente sea más fácil ser aprobado para un préstamo garantizado por el SBA, la garantía le permitirá obtener un préstamo con fecha de vencimiento más largo a mejores plazos de pago y tasas de interés, de este modo reduciendo sus pagos mensuales y la carga del préstamo inicial.

    a. **Programa del préstamo garantizado 7(a).** Esto es el programa del préstamo primario del SBA. Usted puede usar un préstamo 7(a) para: ampliar o renovar el local; comprar maquinaria, equipo, enseres fijos y mejoras de arrendamiento; para cuentas pendientes y para aumentar el capital de trabajo; refinanciar la deuda existente (con una razón convincente); financiar líneas estaciónales de crédito; construir edificios comerciales; y/o adquirir tierra o edificios.

Los préstamos de 100 mil dólares o menos reciben una garantía del SBA de hasta 80%. Todos los demás préstamos reciben una garantía del SBA de 75%. Actualmente, la cantidad máxima por una garantía de un préstamo es un millón 500 mil dólares (75% de 2 millones de dólares). La cantidad promedio de un préstamo es de 175 mil dólares con una madurez de ocho años. El programa de préstamo 7(a) está disponible para negocios que operan para obtener ganancias y califican como pequeños bajo el criterio del tamaño estándar del SBA.

Usted somete una solicitud de préstamo a un prestamista para su revisión inicial. Si el prestamista aprueba el préstamo sujeto a una garantía del SBA, una copia de la solicitud y un análisis del crédito son enviados por el prestamista a la oficina del SBA más cercana.

Para adjudicar un préstamo, el SBA busca responsabilidad, capacidad del equipo administrativo, recursos financieros para operar el negocio, un plan de negocios factible, financiamiento adecuado o inversión en el negocio, aval suficiente y la capacidad para pagar el préstamo a tiempo de los fondos de dinero efectivo para operar.

Después de la aprobación del SBA, la institución que presta dinero cierra el préstamo y distribuye los fondos. Usted hace pagos mensuales del préstamo directamente al prestamista. Como con cualquier préstamo, es responsable de pagar la totalidad del préstamo.

Por lo regular, los embargos preventivos serán tomados de los activos financiados por las recaudaciones hechas por el SBA y se requerirá la garantía personal de los propietarios principales y/o del funcionario ejecutivo principal. El prestatario debe comprometerse con suficientes activos, al punto que estén disponibles en forma razonable, para asegurar el préstamo en forma adecuada. Sin embargo, en la mayoría de los casos, un préstamo no será rechazado por el SBA cuando el único factor desfavorable es una garantía insuficiente. El prestamista determina la tasa de interés: préstamos menores de 7 años tienen una prima máxima de +2.25%; 7 años o más, tienen un máximo de 2.75% sobre la prima; menos de 50 mil dólares, las tasas pueden ser un poco más altas. La duración del tiempo para pagar depende del uso de las ganancias y la capacidad del negocio para pagar; normalmente cinco a 10 años para capital de trabajo y hasta 25 años por activos fijos.

b. **CAPLines (Líneas de capital).** Las reglas de elegibilidad y tasa de interés son iguales que para los préstamos garantizados 7(a). Se usan para el financiamiento de activos. La garantía primaria serán los activos fijos a corto plazo financiados por el préstamo. El SBA garantizará hasta 75% de los préstamos de más de 150 mil dólares (85% en préstamos de 150 mil dólares o menos). Bajo CAPLines hay cinco programas de préstamos de capital de trabajo a corto plazo para negocios pequeños: (1) Línea estacional, (2) Línea de contrato, (3) Línea de constructores, (4) Línea estándar basada en activos, y (5) Línea pequeña basada en activos. Las líneas basadas en activos son rotatorias.

c. **Programa del préstamo internacional del comercio.** Los solicitantes deben comprobar que las ganancias del préstamo ampliarán considerablemente los mercados de exportación existentes o desarrollarán nuevos, o que el solicitante es afectado desfavorablemente por la competencia de importación. El SBA puede garantizar 75% de hasta dos millones de dólares en capital de trabajo combinado y préstamos de activos fijos. El prestatario debe hacerse responsable de un primer embargo preventivo en artículos financiados. Bajo este programa sólo se acepta la garantía válida en los EUA y sus territorios y posesiones. Tal vez se requiera aval adicional, incluyendo garantías personales, embargos preventivos subordinados o artículos que no sean financiados por las ganancias del préstamo. La recaudación del préstamo quizá no se use para el pago de la deuda. Las tarifas y tasas de interés son los mismos que para los préstamos 7(a).

d. **Programa de capital para trabajo de exportación (EWCP, por sus siglas en inglés).** Este programa es para exportadores que buscan capital de trabajo a corto plazo. El SBA garantizará 90 por ciento del principal e interés, hasta un millón 500 mil dólares. Cuando un préstamo EWCP se combina con un préstamo de comercio internacional, el préstamo del SBA puede subir hasta 1.75 millones de dólares. Para el EWCP se usa un formulario de una página y documentación racionalizada y el tiempo de respuesta normalmente es de 10 días. También se puede solicitar una carta de precalificación del SBA. Antes de llenar una solicitud, los negocios deben haber estado en operación los últimos 12 meses, no necesariamente en el área de exportaciones. Las tasas de interés no están reguladas por el SBA y el prestamista no está limitado por las tasas especificadas para los préstamos 7(a).

e. **Programa de préstamo de defensa y asistencia técnica (DELTA, por sus siglas en inglés).** El programa DELTA está disponible para ayudar en asuntos de pequeños negocios que dependen de la defensa y que son afectados desfavorablemente por recortes de defensa para la diversificación en el mercado comercial. El programa provee ayuda técnica y financiera. Como un esfuerzo conjunto del SBA y el Departamento de Defensa, DELTA ofrece casi mil millones de dólares en préstamo bruto. Al menos 25% de los ingresos de los negocios del año inmediatamente anterior debe provenir de contratos relacionados a la defensa y el prestatario necesita mostrar que creará o retendrá un trabajo por 50 mil dólares provenientes de la asistencia del SBA. El monto de los préstamos es de hasta dos millones de dólares. El SBA tramita, garantiza y sirve préstamos DELTA a través de las regulaciones, formularios y criterios de operación del programa 7(a) y del programa 504 del desarrollo certificado de la compañía. La ayuda técnica es provista entre el Centro para el Desarrollo de Pequeños Negocios (SBDC, en inglés) y el servicio voluntario de consultores retirados SCORE, por otras oficinas federales y otros proveedores técnicos y de asistencia administrativa.

Aplicaciones y aprobaciones más eficientes

Hay muchas opciones disponibles para prestamistas que ayudan a hacer más eficiente la entrega de la garantía del préstamo SBA.

1. Programa de préstamo LowDoc

LowDoc es uno de los programas más populares del SBA. Una vez que haya cumplido con los requisitos de crédito que pide el prestamista, LowDoc ofrece un formulario sencillo de solicitud del préstamo del SBA de una página, con respuesta rápida para préstamos de 150 mil dólares o menos. El SBA garantizará hasta 85% de la cantidad del préstamo.

Los préstamos deben estar adecuadamente asegurados. Los activos de los negocios normalmente se dan como garantía y se requieren garantías personales del capital principal. El solicitante completa la parte frontal de una solicitud de una página SBA; el prestamista completa la parte de atrás. El prestamista solicita información adicional. Se aplican las mismas reglas de la tasa de interés que las que aplican al programa 7(a). Para ser elegible los negocios deben tener ventas anuales promedio que no excedan los 5 millones de dólares en los últimos tres años y deben tener menos de 100 empleados. Los negocios recién abiertos también son elegibles para el programa de préstamos LowDoc.

2. SBA Express

Este programa se ofrece a los negocios que buscan préstamos de hasta 350 mil dólares sin que el prestamista tenga que pasar por el proceso SBA. Los prestamistas usan su documentación y trámites existentes para hacer y servir préstamos. El SBA garantiza hasta 50 por ciento de un préstamo SBA Express. Su oficina local del SBA puede proveerle una lista de prestamistas del SBA Express.

3. Programa de prestamistas certificados y preferenciales

Los prestamistas del SBA más activos y expertos califican para el programa de prestamistas certificados y preferenciales. A los participantes se les delega una autoridad parcial o total para aprobar préstamos, que resultan en un servicio más rápido. Los prestamistas certificados son los que se involucran intensamente en el procesamiento de los préstamo-garantía regulares del SBA a la vez que deben cumplir con otros criterios.

Los prestamistas preferenciales son escogidos entre los mejores prestamistas del SBA y disfrutan de total autoridad para hacer préstamos. Una lista de participantes del programa de prestamistas certificados y preferenciales puede ser obtenida en su oficina del SBA local.

4. Programa de micro préstamos 7(M)

El Programa MicroLoan provee préstamos pequeños de hasta 35 mil dólares. Bajo este programa el SBA pone a la disposición fondos para organizaciones no lucrativas intermediarias, quienes hacen los préstamos. El tamaño promedio de un préstamo es de 10 mil 500 dólares. Por lo regular, las solicitudes completas son procesadas por el intermediario en menos de una semana. Este es un programa piloto disponible en un número limitado de oficinas.

Los préstamos micro pueden ser usados para financiar maquinaria, equipo, enseres fijos y mejoras de arrendamiento. También pueden ser usados para financiar cuentas pendientes y para capital de trabajo. No pueden usarse para pagar la deuda existente. Dependiendo de los ingresos de su negocio, puede tomar hasta seis años para pagar un préstamo micro. Las tasas se fijan a no más de 4 por ciento sobre la tasa de la prima. No hay una tarifa de garantía. Cada organización no lucrativa que presta dinero tendrá sus propios requisitos de garantía, pero necesita tomar como aval cualquier activo comprado con el préstamo micro. Generalmente las garantías personales de los propietarios de negocios son requeridas.

> Para micro préstamos en EUA también visite ACCIÓN USA:
> https://secure.accionusa.org/apply/controller?page=setLocale&lang=es
>
> Para micro préstamos fuera de EUA visite ACCIÓN International:
> http://www.accion.org/NETCOMMUNITY/Page.aspx?pid=253&srcid=256

5. Compañía de desarrollo del certificado 504

Las CDCs son corporaciones no lucrativas establecidas para contribuir al desarrollo económico de sus comunidades o regiones. Trabajan con el SBA y prestamistas del sector privado para financiar a pequeños negocios. El programa está diseñado para permitir a pequeños negocios crear y retener trabajos; la cartera del CDC necesita crear o retener un trabajo por cada 50 mil dólares de las obligaciones recaudadas por el SBA. Proporcionan financiamiento durante 10 a 20 años a pequeños negocios, para la adquisición de tierra y edificios, maquinaria y equipo o para construir, modernizar, renovar o remodelar instalaciones existentes. Para ser elegible, el negocio debe ser un negocio lucrativo. El patrimonio neto tangible no puede exceder de 7 millones de dólares y el ingreso neto promedio no puede exceder los 2.5 millones de dólares en los últimos dos años.

La cantidad máxima de un préstamo, generalmente es de un millón 500 mil dólares. La cantidad tal vez puede subir a 2 millones de dólares si el proyecto cumple con las metas de la política pública (por ejemplo, revitalización del distrito de negocios, expansión de exportación, expansión de negocios de grupos minoritarios). La garantía puede incluir una hipoteca de la tierra y del edificio financiado. Se piden garantías personales para el capital principal. El SBA tomará activos del negocio como aval. El interés es establecido a una tasa secundaria TD basada en la tasa del mercado de bonos del Departamento del Tesoro de EUA de 5 a 10 años y generalmente es más baja que la tasa del mercado.

Consejo tecnológico

Tasas de interés aplicables a préstamos garantizados del SBA

Nota. Las tasas de interés son negociadas entre el prestatario y el prestamista, pero están sujetas a máximos del SBA, que dependen de la Tasa Prima. Las tasas de interés pueden ser fijas o variables. Los préstamos de tasas fijas de 50 mil dólares o más no pueden exceder la tasa preferencial plus de 2.25 por ciento si el vencimiento es de menos de 7 años y la tasa preferencial plus de 2.75 por ciento, si el vencimiento es de 7 años o más.

Préstamos entre 25 mil y 50 mil dólares: las tasas máximas no puede exceder la tasa preferencial plus de 3.25 por ciento si la madurez es de menos de 7 años y la tasa preferencial plus de 3.75 por ciento, si la madurez es de 7 años o más.

Préstamos de 25 mil dólares o menos: La tasa máxima de interés no puede exceder la tasa preferencial plus de 4.25 por ciento si la madurez es menor de 7 años y la tasa preferencial plus de 4.75 por ciento si la madurez es de 7 años o más.

- Para tasas actuales de Preferenciales, visite *http://www.bankrate.com*
- Para más información sobre programas del SBA, visite *http://www.sba.gov/financing*

Financiamiento de capital

Si su compañía tiene un porcentaje alto de deuda de capital (que usted debe, comparado a lo que posee), será difícil obtener financiamiento de la deuda y probablemente deberá buscar inversión de capital para fondos adicionales. Lo que esto significa sencillamente es que usted intercambiará un cierto porcentaje de su compañía por una cantidad específica de dinero para invertir en su compañía.

¿De dónde viene el financiamiento de capital?

Como sucede con el capital de deuda, este tipo de capital puede venir de amigos y parientes, de compañías de inversión autorizadas por el SBA o de inversionistas profesionales conocidos como "*capitalistas de riesgo*".

1. **Amigos y parientes.** De nuevo, recuerde que mezclar sus amigos o parientes y su negocio tal vez no sea una buena idea.

2. **Compañías de inversión autorizadas por el SBA.** El SBA también autoriza a compañías de inversión en negocios pequeños (conocidas como SBICs, en inglés). Hacen inversiones de riesgo al dar capital y extender préstamos sin seguro a empresas pequeñas que cumplen con su criterio. El programa SBIC es una alternativa al financiamiento bancario, llenando así el espacio entre la disponibilidad de capital de riesgo y las necesidades de los pequeños negocios que están empezando o creciendo. Usan sus propios fondos más fondos obtenidos a tasas favorables con garantías del SBA y/o para vender sus acciones preferenciales al SBA. Las SBICs son firmas lucrativas cuyo incentivo es participar en el éxito de un negocio pequeño. El programa provee fondos a todo tipo de industrias de fabricación o servicio.

> ### *Consejo tecnológico*
>
> Para más información sobre compañías que invierten en negocios pequeños (SBICs), visite el siguiente sitio Web: *http://www.sbaonline.sba.gov/INV/overview.html*

3. **Inversionistas profesionales/Capitalistas de riesgo.** El capitalista de riesgo se arriesga, normalmente se especializa en industrias relacionadas y prefiere compañías de tres a cinco anos de edad que han mostrado un alto potencial de expansión y ofrecerán a sus accionistas mayores ganancias que el promedio. Estas inversiones frecuentemente se fijan entre firmas de capital de riesgo que se comportan como "casamenteros".

   Como personas arriesgadas, los capitalistas de riesgo se centran en el derecho para participar en la gestión del negocio. Si la compañía no progresa, pueden participar activamente en el proceso de toma de decisiones.

   La pregunta más frecuente que se nos hace es, "*¿Cuál es la cantidad estándar de capital que necesita intercambiar para el financiamiento?*" El intercambio de valor de capital por capital se basa en la oferta y la demanda. En otras palabras, el acuerdo se hace según quien tenga el mejor poder de negociación.

   Los capitalistas de riesgo también piden la inclusión de una *estrategia de salida* en el plan de negocio de la compañía. La estrategia de salida diseña las metas futuras de la compañía y minimiza el riesgo al inversor, ofreciendo una salida en caso de que exista un fuerte indicador de que el negocio fracasará en el logro de sus metas de ganancia.

¿Qué tipo de financiamiento es más costoso?

El costo del financiamiento normalmente está relacionado al grado de riesgo involucrado. Si el riesgo es alto, lo mismo ocurre con el costo.

1. **El dinero menos costoso es su propio dinero.** El costo para usted es lo que habría ganado con su dinero por invertirlo en otras fuentes (ahorros, cuentas del mercado de dinero, bonos, planes de jubilación, bienes inmuebles, etc.)

   Nota. *En este momento debemos mencionar tarjetas de crédito. Muchos nuevos propietarios de negocios usan mucho sus tarjetas de crédito sólo para encontrarse con una deuda que les llega hasta el cuello. Las tarjetas de crédito son una de las fuentes más caras de dinero efectivo y más de una vez han allanado el camino hacia las cortes de bancarrotas. ¡No se arriesgue a ser atrapado en esta trampa!*

2. **Amigos y parientes.** El segundo costo más económico es el que proviene de amigos y parientes, que tal vez le cobrarán una tasa de interés más baja. Pero, no olvide que puede tener otros costos.

3. **Bancos y otros prestamistas tradicionales.** El tercero en la escala de costos probablemente es el prestamista tradicional (bancos, SBA, etc.). Este prestamista querrá saber para qué usará el capital y requerirá que sea usado para esas necesidades específicas. Si el riesgo es demasiado alto, la mayoría de los prestamistas convencionales no pueden aprobar su préstamo porque sería una pobre decisión financiera de los inversionistas bancarios. De falta a sus pagos una vez entre diez, ello socavará el programa entero.

4. **Prestamistas externos y capitalistas de riesgo.** Tradicionalmente, lo más caro es el prestamista externo, que cobra una tasa alta de interés debido al riesgo involucrado y el capitalista de riesgo, que pide un porcentaje de su negocio.

Calculando el costo

Antes de conseguir un préstamo, tome tiempo para entender los términos bajo los cuales se hará el mismo. ¿Cuál es la tasa de interés? ¿Cuánto tiempo tiene para pagar el préstamo? ¿Cuándo empezarán los pagos y cuánto costarán? ¿Cuánto invertirá como garantía? Si tiene capital de riesgo invertido en el negocio, ¿cuál es el precio que usted obtendrá del capital y el control que perderá?

Cualquier fuente de financiamiento puede y debe calcularse al costo antes que el financiamiento haya finalizado. De nuevo, regresando a su plan de negocio. Determine cuándo necesitará el financiamiento, sume el dinero en efectivo invertido, cantidades de pago y proyecciones de ingresos resultantes en su declaración del flujo de dinero en efectivo y verifique el resultado.

¿El financiamiento le permitirá obtener más ganancias y pagar al prestamista o distribuir las ganancias con el capitalista de riesgo?

En resumen

El asegurar financiamiento para su compañía debe ser planeado por adelantado. Mientras más inmediata sea su necesidad, existe menos probabilidad de obtener los mejores términos. No pida a su institución bancaria que le dé un préstamo ayer y no espere que un capitalista de riesgo se suba a su carro sólo porque usted repentinamente necesita su dinero. La planeación adelantada del flujo de dinero en efectivo es uno de los mejores medios para determinar si necesitará y cuándo necesitará un prestamista o inversor. También le ayudará a determinar cuánto necesita.

Cuando planee el financiamiento, recuerde que no sólo deberá mostrar que su industria tiene buen potencial de ganancias. Además, deberá presentar un sólido caso de su capacidad para manejar su compañía en el periodo de la deuda. Obtener financiamiento es un negocio serio para usted y para el prestamista/inversor.

Tome tiempo para planear cuidadosamente sus necesidades financieras, así su compañía prosperará y crecerá.

CAPÍTULO

15

Organice sus libros contables

No es el propósito de este capítulo darle un curso sobre la contabilidad de un negocio pequeño. Sin embargo, trataremos en las siguientes páginas de ponerle al tanto de los archivos básicos que deberá tener al día. Para una guía más comprensiva, tenemos un libro titulado "Keeping the Books: Basic Recordkeeping and Accounting for the Small Business" (Manteniendo los libros contables: Archivos básicos y Contabilidad para los Pequeños Negocios, publicado por Kaplan Publishing). También puede tomar clases en la mayoría de las universidades de la comunidad y a menudo el IRS da cursos cortos sobre los impuestos de negocios pequeños en varios de sus locales. Además, le instamos a que establezca una relación con un profesional honrado que prepare impuestos que le ayude a trabajar con su contabilidad.

La importancia de mantener bien los archivos

El mantenimiento de los archivos tiene dos funciones principales:

1. Le proporciona información de impuestos, que puede ser recuperada y verificada con facilidad. El pobre mantenimiento de los archivos puede causarle un sinnúmero de problemas, que posiblemente resulten en auditorias, multas y hasta en el cierre de su negocio.

2. Le proporciona información que puede usar para analizar su negocio. Declaraciones financieras exactas le ayudarán a ver tendencias y a hacer cambios durante la vida de su negocio.

El mantenimiento correcto de archivos es imperativo si quiere tener éxito en su negocio. Para ser lo más eficaz posible, debe establecer un sistema sencillo y a la vez bastante completo de manera que pueda obtener cualquier información que le será útil a su negocio. Si tiene archivos exactos, será posible saber de un vistazo qué está pasando con su negocio, qué áreas son productivas y tienen buen rendimiento según costo, y cuáles requieren un cambio.

Consejo tecnológico

Use software de contabilidad

Si Ud. tiene una computadora (como la mayoría de la gente ahora tiene), puede usarla eficazmente para llevar la contabilidad de su pequeño negocio.

Sin embargo, el uso de software de contabilidad sólo le beneficiará si: (1) primero tiene un buen conocimiento del trabajo que implican los principios de mantenimiento de los archivos, y (2) ha desarrollado las habilidades necesarias para la operación de su computadora. Hasta el software de contabilidad más sencillo requerirá que tome decisiones y adapte su software a sus necesidades particulares de contabilidad.

QuickBooks Pro (no Quicken), de Intuit, es uno de los programas de software que sirve mucho para el seguimiento de las finanzas de un negocio. También hay otros paquetes bien conocidos de contabilidad como One-Write Plus, MYOB (Mind Your Own Business) y Peach Tree. La mayoría de estos paquetes tienen un precio muy razonable; muchos cuestan alrededor de 200 dólares, dependiendo de la cantidad de módulos que se incluyan. Una vez que lo establezca para su negocio y desarrolle una tabla de cuentas, puede usarlo para todo el mantenimiento de archivos. El programa le permitirá hacer tanto como desee.

Por ejemplo, usted puede escoger generar facturas y/o escribir cheques desde el software. A cualquier hora, puede generar reportes (Ganancias y pérdidas, Hoja de balance, Cuentas de cliente, etc.) por el periodo de tiempo de su elección. Esto le permitirá ver su negocio en cualquier momento y utilizar los reportes como herramientas de análisis sobre las cuales puede tomar decisiones y hacer cambios. Al final del año, si ha mantenido los archivos actualizados, también le permitirán generar, con un solo clic, una declaración de ganancias y pérdidas anuales y una hoja de balance que puede llevarle a su preparador de impuestos.

Nota. Sería recomendable que el profesional contable que se encargará de sus declaraciones de renta anual le ayude a instalar el software. El contador profesional le puede recomendar el software que él o ella cree funcionará mejor para usted y le ayudará a empezar bien el establecimiento de su negocio, a desarrollar una tabla de contabilidad y a aprender cómo manejar asuntos (como impuesto sobre ventas), que tal vez requerirán un conocimiento más avanzado del software.

¿Debe contratar un profesional de contabilidad?

Si se involucra lo más posible en el mantenimiento de los archivos, estará doblemente consciente de qué está pasando con su negocio. Si tiene un negocio micro, le sugerimos establecer un sistema práctico y mantener usted mismo la mayoría de sus archivos generales durante todo el año. Si sabe cómo utilizar una computadora (o tiene el valor suficiente para abordar el proyecto), obtenga uno de los paquetes de software de contabilidad mencionados arriba.

Debido a que hay pocos propietarios de negocios que conocen todos los cambios en las leyes de impuestos, es mejor delegar este trabajo a un profesional de contabilidad. Él o ella puede ayudarle a desarrollar una tabla de contabilidad y a organizar sus libros usando software que coordine una fácil transferencia de información. Su preparador de impuestos puede mantener los archivos más difíciles de llevar, como los de nómina y depreciación. También, querrá que el mismo especialista maximice sus beneficios de impuestos al preparar su declaración de impuestos al final del año.

Aun cuando se sienta más cómodo con el trabajo de un contador que lleve todos sus archivos, sería sabio de su parte que se eduque en los conocimientos básicos de contaduría. Pida a su contador que le prepare una hoja de balance y una declaración de ganancias y pérdidas al fin de cada mes y asegúrese de poder leerlas y entenderlas. La información de estas dos declaraciones financieras es esencial para el manejo eficiente de su negocio.

¿Cuándo empezar?

Si usted está leyendo este libro, está pensando en iniciar un negocio o ya lo inició. Entonces ahora es el momento para comenzar el mantenimiento de los archivos. Todos los gastos en los que usted incurra al principio serán costos válidos para contabilizarse como parte del negocio. Igualmente, cualquier ingreso que genere también debe contabilizarse.

Puede empezar por mantener un diario de sus actividades diarias: dónde va, con quien se reúne, en qué gasta. Lleve la cuenta de las clases de negocios a las que asista, kilometraje o millaje, provisiones compradas, llamadas telefónicas, materias profesionales, todo lo que tenga relación con su negocio.

¿Qué archivos necesita mantener?

Su contabilidad debe adaptarse a sus necesidades individuales. Ya que ningún negocio tiene exactamente la misma situación contable que otro, es mejor no comprar una colección de libros contables ya preparados. Familiarícese con la información que necesite y de acuerdo a ello organice sus archivos. Como propietario de un negocio, usted debe mantener un registro de todos sus ingresos y egresos.

De nuevo, simplicidad es la llave de la contabilidad de los pequeños negocios. Hay muchos tipos de archivos generales de contabilidad. Su propósito es registrar cada transacción que ocurra con su negocio. Los archivos generales luego son usados para desarrollar declaraciones financieras mensuales y anuales que se usarán para la declaración de impuestos y un análisis financiero. Usted debe establecer sólo aquellos archivos generales que necesitará para documentar la información de su negocio particular. Por ejemplo, una empresa de lavado de carros que sólo hace negocio con dinero en efectivo no necesitaría archivos de "cuentas pendientes". Mientras menos archivos se tengan, su lectura es más fácil y requerirán menos tiempo para mantener los libros contables.

Archivos generales

Cada negocio requerirá ciertos archivos para llevar la contabilidad de sus transacciones diarias. Estos archivos se usan para generar sus declaraciones de ganancias y pérdidas mensuales y hojas de balance. Debe establecer un horario para mantener los libros contables y para actualizar los archivos.

Nota. Para familiarizarle con los archivos generales más comunes, definiremos cada uno, le daremos un ejemplo al fin del capítulo y le daremos un formulario en blanco en el Apéndice II para que lo copie y use para su propio negocio.

1. **Diario de ingresos y egresos.** Este es el principal archivo general que usan los negocios. Se usa para registrar las transacciones individuales por cada ingreso recibido y para llevar un registro de los cheques de su negocio. Las transacciones están archivadas como ingresos (dinero para ventas e interés ganado) y egresos (cheques para pagar por productos y servicios recibidos). A fin de mes se suman las columnas en el diario de ingresos y egresos. Luego, los totales son transferidos a la declaración de ganancias y pérdidas de ese mes. El nuevo mes inicia con todas las categorías de ingresos y egresos en cero. Vea en la página 131 un ejemplo de un Diario de ingresos y egresos.

2. **Archivo de dinero para gastos menores.** Dinero para gastos menores se refiere a todas las compras hechas con dinero en efectivo o cheques personales cuando no es conveniente pagar con un cheque de negocios. Estas transacciones se anotan en un diario separado y se pagan periódicamente con un cheque de negocios (escrito a "Dinero para gastos menores") que se anota como un gasto en el Diario de ingresos y egresos y como un depósito en el archivo de dinero para gastos menores. Las transacciones de dinero para gastos menores deben registrarse con cuidado. Vea en la página 132 un ejemplo de un Archivo de dinero para gastos menores.

3. **Archivos de inventario.** Estos son archivos donde se registran todos los productos comprados y fabricados para la reventa. El IRS requiere un inventario inicial y final para cada año tributario. El control del inventario es un factor importante que contribuye al éxito del negocio o fracaso del mismo. El uso interno de estos archivos aumentará sus ganancias. Vea las páginas 133 y 134.

4. **Registro de activos fijos.** Esta es una lista de todos los activos (tangibles e intangibles) que tendrán que estar capitalizados (o depreciados sobre un número específico de años). Son cosas compradas por uso en su negocio (no para reventa), normalmente a un costo de 100 dólares o más y no es cargado a una cuenta de gastos. Son depreciados sobre un periodo determinado por las regulaciones tributarias. Algunos ejemplos son los siguientes: edificios, vehículos, equipo de oficina, equipo de producción, muebles de oficina. Los terrenos no sufren depreciación. La

depreciación puede ser difícil de calcular debido a las muchas regulaciones del IRS que se deben tomar en cuenta. Es mejor que su preparador de impuestos calcule su depreciación al final del año. Vea un ejemplo en la página 135.

5. **Cuentas pagaderas.** Esto es un archivo de deudas de su compañía por bienes comprados o servicios que se le proporcionan en el ejercicio de su negocio. Para obtener los mejores términos, deberá contar con un sistema eficaz para llevar la contabilidad de qué debe y cuándo debe pagar. Si desea llevar un buen récord de crédito, el pago de estas facturas debe ser oportuno. Si no acumula facturas no pagadas, tal vez podrá prescindir de este archivo. Vea en la página 136 un ejemplo de un Archivo de cuentas pagaderas.

6. **Cuentas por cobrar.** Este archivo sirve para llevar cuenta de lo que le adeudan sus clientes como resultado de la venta de sus productos o el rendimiento de sus servicios. Cada cliente con una cuenta abierta debe tener una página separada con información de la cuenta. Al cierre de cada mes deberá enviar al titular de la cuenta una factura con el balance adeudado. Si no tiene cuentas abiertas, también podrá prescindir de este archivo. Vea un ejemplo en la página 137.

7. **Archivos de Kilometraje o millaje, diversión y viaje.** Estos son los archivos usados para llevar cuenta de gastos de automóvil y transportación, comidas y diversión con clientes y viajes fuera su área local. Debido al abuso en estas áreas en el pasado, el IRS ahora pide documentación rigurosa como prueba de que las deducciones reclamadas son verdaderamente gastos relacionados al negocio. Le sugerimos que organice un registro de viajes, archivos de viajes y archivos de diversión que pueda llevar con usted. Es mucho más fácil llevar cuenta de éstos a la hora que ocurren que intentar recordarlos y encontrar recibos después del hecho. Además, conserve todos sus recibos. Puede leer más sobre "Viaje y diversión" en la Publicación #334 del IRS, *Guía de impuestos para pequeño negocios.* También hay publicaciones separadas del IRS que contienen más información detallada. Vea las páginas 138-40.

8. **Archivos de la nómina.** El IRS tiene regulaciones estrictas respeto a retención de impuestos e impuestos de nómina. Los archivos de nómina no son fáciles de mantener, aun con un programa de software de nómina. Deje estos archivos para que los lleve un experto entrenado en impuestos. A usted se le informará sobre qué cheques escribir y estos se registrarán en el Diario de ingresos y egresos. Su contador llevará todo el archivo de sus impuestos.

9. **Talonario de cheques de negocios.** Su talonario de cheques no sólo es el medio para pagar sus cuentas. También, sirve como un archivo de a quién se le ha pagado, cuánto se le pagó y qué fue adquirido. Se registran los depósitos y un balance de dinero efectivo disponible siempre está a la mano. Es mejor usar un talonario del tamaño del escritorio con suficiente espacio para escribir la información. Siempre concilie el saldo de su talonario con su declaración bancaria mensual y anote cualquier cargo por servicios, compras de cheque e interés ganado. La información del talonario será transferida a su Diario de ingresos y egresos cuando haga el mantenimiento de sus libros contables.

10. **Archivos de clientes (o bases de datos).** Estos archivos se usan como un medio para ayudar al negocio a tratar más eficazmente con sus clientes. El tipo que usted deberá mantener es bastante subjetivo. La idea básica es que mantenga la información que le permitirá vender más de sus productos o servicios al cliente, dar mejor servicio al

cliente y tener a su disposición la información que necesita respecto a sus transacciones con ellos. La base de datos puede ser tan simple o tan compleja como desee. Un ejemplo simple de archivos manuscritos del cliente es una colección de tarjetas de 3 x 5 pulgadas, una por cada cliente, con información específica como nombre, dirección, número telefónico, servicios dados, productos vendidos y cualquier otra información que le ayudará a servir mejor al cliente. Estos archivos del cliente son especialmente eficaces en industrias de servicio o negocios pequeños que tratan con ventas al detalle especializadas.

Consejo tecnológico

Software para bases de datos: Genere listas e información personalizada

Es una práctica común establecer archivos de bases de datos usando software como Microsoft Access o cualquiera de la variedad de aplicaciones ofrecidas hoy. El software de bases de datos le permitirá personalizar los campos de información que pueden ser accedidos con un solo clic, generando listas de correo deseadas, información de ventas, información demográfica, etc. También puede imprimir etiquetas de correo y cartas personalizadas. Con las funciones de búsqueda puede reducir cualquier lista a sólo los clientes que cumplen los requisitos de su foco actual. De nuevo, es importante recordar mientras organiza sus archivos de bases de datos y personaliza sus campos, que los resultados dependerán de los datos que ingrese.

Declaraciones financieras

Las declaraciones financieras se obtienen de los archivos generales discutidos en las dos páginas anteriores. Estas declaraciones se usan para proporcionar información para preparar las declaraciones tributarias. Aún más importante, el uso de estas declaraciones financieras puede ayudarle a ver la condición financiera de su negocio e identificar sus fuerzas y debilidades relativas. El propietario del negocio que toma el tiempo para entender y evaluar su operación a través de las declaraciones financieras estará muy adelantado respecto al empresario que se preocupa sólo por el producto o servicio.

Ahora le introduciremos a las principales dos declaraciones financieras de cualquier negocio: la Hoja de balance y la Declaración de ganancias y pérdidas.

1. Hoja de balance

La hoja de balance es una declaración financiera que muestra la condición de su negocio a partir de una fecha fija. Puede tener más utilidad si se hace al final de cada periodo contable. Los balances finales de sus archivos generales le darán la información que necesita.

> **Nota.** *Si usa software de contaduría, una hoja de balance puede generarse fácilmente al fin del periodo contable.*

La hoja de balance puede compararse a una foto. Es la fotografía de la condición financiera de su firma en un momento determinado y mostrará si su situación financiera es fuerte o débil. El examen de esta declaración le permitirá analizar su negocio y hacer modificaciones oportunas.

Una hoja de balance enumera los activos de un negocio, las responsabilidades y su valor neto (o capital). Los activos son todo lo que su negocio posee con valor monetario (dinero en efectivo, inventario, activos fijos, etc.). Pasivos son las deudas del negocio a cualquiera de sus acreedores. El valor neto (o capital del propietario) representa las ganancias y pérdidas acumuladas de la compañía más o menos cualquier depósito o retiro de capital. La relación entre activos, pasivos y valor neto puede verse en la siguiente reconocida fórmula de contabilidad:

Activos – Pasivos = Valor neto

Si un negocio posee más activos de lo que adeuda a sus acreedores (pasivos), su valor neto será positivo. Si el negocio debe más de lo que posee, su valor neto será negativo.

Ejemplo. Vea el ejemplo de una hoja de balance en la página 141.

2. Declaración de pérdidas y ganancias (Ganancias y Pérdidas o Estado de ingresos)

Esta declaración financiera muestra la actividad financiera de su negocio sobre un periodo específico de tiempo. A diferencia de la hoja de balance, una declaración GyP puede compararse a una foto en movimiento. Muestra de dónde vino su dinero y en qué fue gastado en un periodo específico de tiempo. Usted podrá detectar debilidades en sus operaciones y planear maneras para manejar su negocio más eficazmente, de ese modo aumentando sus ganancias.

Debe preparar cada mes una declaración GyP. Los totales de su diario de ingresos y egresos son transferidos a las columnas correspondientes de la declaración GyP. A fines de diciembre (o su año tributario) tendrá una clara fotografía de sus ingresos y gastos por el periodo de 12 meses. ***Nota:*** *Existe software de contabilidad que le ayuda a generar declaraciones de ganancias y pérdidas mensuales y anuales de su negocio.*

Comparaciones de las declaraciones de ganancias y pérdidas de varios años revelará tendencias de su negocio como periodos altos de ingresos, buenos momentos de publicidad, aumentos o disminuciones en márgenes de ganancias y una gran cantidad de otra información valiosa. No subestima el valor de esta importante herramienta. Tal como la hoja de balance tiene un formato aceptado, una declaración de ganancias y pérdidas debe contener ciertas categorías en un orden particular.

Ejemplo. Vea un ejemplo de una declaración de pérdidas y ganancias en la página 142.

Tener los libros a tiempo

Hay un orden específico para mantener sus libros contables. Deben ser hechos en una manera oportuna si se quiere que los archivos sean útiles. Ya que los dos objetivos de la contabilidad son la recuperación de información tributaria y el análisis de información para la planeación interna, su calendarización deberá encaminarse hacia esos objetivos. Las tareas deben ser listadas según frecuencia: a diario, mensualmente y al fin de año. No se incluye la calendarización para la declaración de impuestos. Pueden encontrarse en la Publicación #334 del IRS, *Guía de impuestos para pequeños negocios.*

Publicaciones gratuitas del IRS

El Servicio de Recaudación de Impuestos ofrece muchas publicaciones gratuitas que le serán útiles a usted como propietario de un negocio pequeño. La información para ordenar todas las publicaciones puede obtenerse llamando al IRS al número telefónico gratuito 1-800-TAX-FORM (1-800-829-3276). Es una buena idea empezar su archivo de publicaciones tributarias con la Publicación #334, *Guía de impuestos para pequeños negocios.* Esta publicación proporciona una visión general comprensiva de la mayoría de los temas tributarios. Otras publicaciones tratan información más específica relacionada a temas individuales como uso de su carro para el negocio, estructura legal, depreciación, etc. Si se suscribe a un servicio en línea, el IRS ofrece la capacidad de transferir documentos electrónicos de formularios tributarios actualizados que pueden imprimirse, instrucciones y publicaciones de información para los contribuyentes. Véalos en el sitio Web del IRS, www.ustreas.gov o www.irs.gov

Consejo tecnológico

Ingrese información del IRS por computadora y módem

El IRS ofrece la posibilidad de transferir e imprimir archivos electrónicos de formularios de impuestos, instrucciones y publicaciones de la información para los contribuyentes, en tres diferentes formatos de documentación. Los servicios de información de ingresos internos (SIII) se encuentran dentro de FedWorld, conocido como el Mercado electrónico de información del gobierno estadounidense, un sistema electrónico de un boletín de anuncios de fácil acceso. FedWorld ofrece acceso de discado directo, además de conectividad a la Internet y provee acceso directo a más de 140 diferentes boletines de anuncios del gobierno.

Se puede acceder a los SIII de FedWorld por:

1. Módem (discado). Boletín de anuncios de servicios de información del IRS, marque el 703-321-8020.
2. Telnet – iris.irs.ustreas.gov
3. World Wide Web – www.irs.gov o www.ustreas.gov

Calendario general para mantener los archivos

(Colocar para su conveniencia)

Este Horario de mantenimiento de archivos le ayudará a organizar sus tareas de mantenimiento de libros contables. Haga una copia y guárdela con sus archivos. Servirá como una guía básica para una persona que no tiene experiencia en el mantenimiento de libros de contabilidad.

A diario

- Revise el correo y clasifíquelo según lo que necesite hacer
- Pague las facturas necesarias para cumplir con fechas tope de descuento
- Escriba las facturas del día en Cuentas Pendientes *
- Desempaque y coloque en los estantes el inventario que reciba (producto para negocio)
- Registre la información de inventario (producto para negocio)

* **Usuarios del software de contabilidad.** *Las facturas generadas desde su software de contabilidad serán enviadas automáticamente a las cuentas respectivas.*

Cada semana

- Prepare el depósito de ingreso y hacer el depósito en el banco
- Ingrese el depósito en el talonario y en el diario de ingresos y egresos *
- Ingrese información de las ventas en el Archivo del inventario (producto del negocio)
- Ingrese las transacciones de los cheques de la semana en el Diario de ingresos y egresos
- Registre las compras que haya hecho con el dinero para gastos menores en el Archivo de dinero para gastos menores. Archive los recibos. *
- Pague las facturas que se deben. Debe estar consciente de fechas de descuento. Archive las facturas.
- Registre la compra de cualquier artículo depreciado en el Registro de activos fijos

* **Usuarios del software de contabilidad.** *Ingresar depósitos, cheques escritos y uso de dinero para gastos menores durante la semana.*

Cont. - página 130

Cada mes

- Haga el balance del talonario y concílielo con el estado de cuenta bancaria *
- Ingrese el interés ganado y tarifas del banco en el Diario de ingresos y egresos y en el talonario de cheques
- Calcule el total y el balance de las columnas del Diario de ingresos y egresos *
- Revise las cuentas a pagar y envíe declaraciones para abrir cuentas
- Prepare mensualmente la Declaración de ganancias y pérdidas y la Hoja de balance

  * **Usuarios del software de contabilidad.** *Ejecutar la conciliación de su contabilidad con las declaraciones bancarias. La declaración de pérdidas y ganancias y las hojas de balance pueden generarse automáticamente usando su software.*

Al final del año

- Pague todas las facturas, impuestos sobres venta y otros gastos que desee usar como deducciones por el año corriente
- Transfiera los totales de los 12 meses del Diario de ingresos y egresos al de pérdidas y ganancias*
- Prepare la declaración anual de pérdidas y ganancias. Sume las columnas horizontales para obtener los totales anuales por cada categoría*
- Prepare una Hoja de balance del fin de año
- Prepare una Declaración de la distribución de los fondos (presupuesto) para el año venidero, usando como ayuda la declaración de pérdidas y ganancias
- Establezca nuevos archivos para el año entrante
- **Usuarios del software de contabilidad.** *El software puede generar la declaración anual de ganancias y pérdidas así como hojas de balance. El usuario selecciona los parámetros de las fechas para todos los reportes (por ejemplo, este año fiscal, este mes, último año fiscal, etc.). La contabilidad es continua y no necesita establecerse.*

Deportes Ramirez
Diario de ingresos y gastos

Julio 2007, página 2

Numero de cheque	Fecha	Transacción	Ingresos	Gastos	Ventas	Impuesto sobre ventas	Servicios	Compras del inventario	Publicidad	Carga	Artículos de oficina	Misc
		Balance adelantado —	1,826.00	835.00	1,218.00	98.00	510.00	295.00	245.00	150.00	83.50	61.50
234	7/13	J. J. Advertising		450.00					450.00			
235	7/13	T & E Products		380.00				380.00				
236	7/16	Regal Stationers		92.50							92.50	
***	7/17	Depósito:	1,232.00									
		1. Ventas (con cargos tributaries)			400.00	32.00						
		2. Ventas (fuera del estado)			165.00	O.S.						
		3. Ventas (reventa)			370.00	Reventa						
		4. Servicios					265.00					
												(tarifa del banco)
O.K. Banco	7/19	Tarifas del banco		23.40								23.40
												(gastos menores)
237	7/19	Depósito de dinero para gastos menores:		100.00								100.00
		Totales	3,058.00	1,880.90	2,153.00	130.00	775.00	675.00	695.00	150.00	176.00	184.90

Deportes Ramirez

Registro de gastos menores

Dinero para gastos menores - 2007 **Página 6**

Fecha		Pagado a quién	Cuenta de gastos adeudada	Depósito		Cantidad de gastos		Balance	
		Balance adelantado						10	00
Julio	19	✱✱ *Depósito (Ck. 237)*		100	00			110	00
	20	*ACE Hardware*	*Mantenimiento*			12	36	97	64
	23	*Regal Stationers*	*Artículos la oficina*			20	00	77	64
	23	*U.S. Postmaster*	*Franqueo*			19	80	57	84
	31	*The Steak House*	*Comidas*			63	75	(5	91)
Agosto	1	✱✱ *Depósito (Ck. 267)*		100	00			94	09

Hacia el final del año, deje que se corra un balance menor en la Cuenta para gastor menores. El 31 de diciembre escriba un cheque por ese balance para dejarla en ceros.

La cantidad de dinero en efectivo gastado durante el año será exactamente igual a la cantidad depositada en la Cuenta de gastos menores desde su cuenta de cheques.

Nota:
1. Guarde todos los recibos de compras con dinero efectivo.
2. Intercambie los recibos por dinero efectivo de la caja de gastos menores.
3. Use recibos para registrar los gastos en el formulario de gastos menores.
4. Archive los recibos. Puede necesitarlos para verificación.
5. Asegúrese de registrar los depósitos de gastos menores.

Archivo de inventario de Deportes Ramirez

Existencias no identificables

Departmento/Categoría: *Gorro de esquiar/Ropa de cabeza*

Fecha de producción o compra	Inventario comprado o fabricado		Cantidad de unidades	Costo por unidad		Valor en la fecha del inventario (Costo de unidad X unidades a mano)		
	# de existencia	Descripción				Valor		Fecha
05/02/05	07-43	Cinta tejida para el pelo	5,000	2	50		0	1/07
25/03/05	19-12	Máscaras de cara	3,000	5	12	450	80	1/07
14/09/05	19-10	Gorra/Máscara combinación	1,200	7	00	3,514	00	1/07
18/04/06	19-09	Gorras, colores múltiples	10,500	4	00	5,440	00	1/07
31/08/06	19-07	Gortex (con cuenta)	10,000	8	41	50,460	00	1/07
Inicio 2007								
01/02/07	19-12	Máscaras de cara	2,500	4	80			
28/02/07	19-09	Gorras, colores múltiples	10,300	4	00			

Nota:

1. Este archive se usa para el inventario de objetos similares comprados o fabricados en gran escala. Es buena idea dividir sus archivos por departamentos, categorías o por fabricante.
2. El inventario de estos archives se hace por conteo de cada objeto físico o por los registros en la computadora. Se requiere de un inventario físico al cerrar el año
3. El inventario es valorado según las reglas que aplican para lo que ingresa primero y sale primero (FIFO, en ingles) y lo último en entrar y lo ultimo en salir (LIFO, en ingles). El método seleccionado debe usarse con consistencia. Para entender y aplicar las reglas para una evaluación del inventario, vea la Publicación No. 334, Guía de Impuestos para Pequeños Negocios.

Archivo de inventario de Deportes Ramirez

Existencias identificables

Comerciante al por mayor: *Ferrufino Custom Designs* **Página** *1*

Fecha de compra	Inventario comprado		Costo por unidad	Fecha de venta	Costo de venta	Nombre del comprador (opcional)
	# de existencia	Descripción				
16/01/07	*Azul M*	*Diseño de golf*	*16 00*	*24/02/07*	*32 00*	*G. Pearce*
23/01/07	*Rojo S*	*Camiseta de tennis*	*12 00*			
	Rojo M	*Camiseta de béisbol*	*12 00*			
	Azul Gr	*Camiseta de fútbol*	*12 00*	*07/02/07*	*24 00*	*S. Esposito*
06/02/07	*Bl. L*	*Camiseta de tenis*	*14 00*	*01/03/07*	*26 00*	*K. Lee*
16/03/07	*Bl. M*	*Camiseta de fútbol*	*14 00*			
16/03/07	*Gr. L*	*Camiseta de tenis*	*14 00*			
	Gr. M	*Camiseta de basquetbol*	*14 00*			

Nota:

1. Usar este archivo para mantener los bienes identificables comprados para reventa. Si el inventario es muy grande podría ser mejor usar un tipo de sistema de inventario de Punto de Venta.
2. Cada página debe incluir: 1) compras en una categoría ó 2) bienes comprados de un comerciante mayorista.
3. Usar como título el nombre del comerciante mayorista o la categoría de la compra.

Deportes Ramirez

Registro de activos fijos

NOMBRE DE LA COMPAÑÍA: *Deportes Ramirez*

Activo comprado	Fecha puesto en servicio	Costo de activo	% usado para negocio	Periodo de recuperación	Método de depreciación	Depreciación anteriormente permitida	Fecha vendido	Costo de venta
Furgoneta Dodge 2001	*08/01/02*	*18,700 00*	*80%*	*5 años.*	*200% DB*	*15,469 00*	*12/09/06*	*8,500 00*
Computadora IBM	*15/07/03*	*6,450 00*	*100%*	*5 años*	*200% DB*	*3,620 00*		
Fotocopiadora Ricoh	*29/12/03*	*3,000 00*	*100%*	*5 años*	*S/L-DB*	*1,469 00*		
Simulador de escalar	*17/06/06*	*4,500 00*	*100%*	*15 años*	*150% DB*	—		
Furgoneta Dodge 2007	*05/08/06*	*28,000 00*	*80%*	*5 años*	*200% DB*	—		
Tenis ProString	*15/03/07*	*1,500 00*	*100%*	*7 años*	*200% DB*	—		

Nota: Ver publicación 334 del IRS, *Guía de impuestos para pequeños negocios,* para información más detallada sobre depreciación. Ver además, publicaciones 534, 544, y 551.

Deportes Ramirez
Cuentas pagaderas
Archivo de la cuenta

ACREEDOR: *Occasio Mills*

DIRECCIÓN: *7222 Main Street*
Oravada, NV 26401

NÚMERO TELEFÓNICO: *(800) 555-7201*

Número de Cuenta: *2012*

Fecha de factura	Número de factura	Cantidad de factura		Términos	Fecha de pago	Cantidad pagada		Balance de factura	
16/02/07	264	600	00	Net 30	07/03/07	600	00	0	00
16/03/07	326	300	00	Net 30	15/04/07	300	00	0	00
20/06/07	417	1,200	00	N30/2%10	26/06/07	1,176	00	0	00
26/08/07	816	2,000	00	N30/2%10	01/09/07	500	00	1,500	00

Deportes Ramirez

Cuentas por cobrar

Archivo de la cuenta

ACREEDOR: *Martin's Team Shop*

DIRECCIÓN: *222 Stevens Road*
Winnemucca, NV 89502

NÚMERO TELEFÓNICO: *(702) 555-2222*

Número de cuenta: *1024*

Fecha de factura	Numero de factura	Cantidad de factura		Términos	Fecha de fpago	Cantidad pagada		Balance de factura	
16/03/07	3621	240	00	Net 30	12/04/07	240	00	0	00
19/04/07	5400	316	00	Net 30	30/04/07	316	00	0	00
20/05/07	6172	525	00	N30/2%10	26/05/07	514	50	0	00
16/06/07	7511	800	00	N30/2%10	14/07/07	250	00	550	00
12/07/07	7633	386	00	N30/2%10				386	00

Deportes Ramirez

Registro de kilometraje o millaje

Nombre: *Deportes Ramirez (Lillian Ramirez)*

Fecha: De *1 de julio* **a** *31 de julio, 2007*

Fecha	Ciudad de destino	Nombre u otra designación	Propósito del negocio	Cantidad de millas
01-07	San Diego, CA	Convention Center	Exposición de deportes de Calif.	187 mi.
03-07	Cypress, CA	The Print Co.	p/u folletos	13 mi.
04-07	Long Beach, CA	Wm. Long High	Entregar uniformes	53 mi.
07-07	Fullerton, CA	Bank of America	Reunión sobre los préstamos	17 mi.
17-07	Los Angeles, CA	Moore Corp.	Negociar la compra del inventario	96 mi.
23-07	Los Angeles, CA	IDT	Consultoría	113 mi.
			Millas totales de esta hoja	479

Nota: 1. Un reporte de kilometraje es requerido por el IRS para reclamar una deducción de kilometraje o millaje. También es usado para determiner el porcentaje del uso de su carro para el negocio.

2. Mantenga el registro del kilometraje o millaje en su carro para hacer anotaciones cuando ocurra. Es muy difícil recordarlo después del hecho.

Deportes Ramirez
Registro de los gastos de diversión

Nombre: *Jose Ramirez*

Fecha: De *01-07-08* a *31-07-08*

Fecha	Lugar de diversión	Porpósito del negocio	Nombre de la persona que se invite	Cantidad gastada	
01-08	*The 410 Club*	*Vender una linea de uniformes*	*William Long*	*46*	*32*
07-08	*Seafood Chef*	*Consultar con un abogado*	*Thomas Moore*	*23*	*50*
18-08	*The Cannon Club*	*Cena para los empleados*	*Empleos*	*384*	*00*

Nota: Para más información sobre comidas y diversión, por favor referirse a la Publicación 463 del IRS, *Gastos de viaje, diversión y regalos.*

Registro de viajes de Deportes Ramirez

Viaje a: *Dallas, Texas*

Fecha: De *11-07-07* **a** *16-07-07*

Propósito de negocio: *Exposición de tecnología de deportes (show de exhibidores)*

Número de días pasados en el viaje: *6*

Fecha	Lugar	Gasto Pagado a	Comidas				Hotel	Taxis, Etc.	Automóvil			Gastos Misc
			Desayuno	Almuerzo	Cena	Misc.			Gasolina	Estacionamiento	Peaje	
11-7	Phoenix, AZ	Mobil Gas				6 40			21 00			
11-7	Phoenix, AZ	Greentree Inn		12 50								
11-7	Chola, NM	Exxon							23 50			
11-7	Las Cruces, NM	Holiday Inn			27 00		49 00					
12-7	Las Cruces, NM	Exxon							19 00			
12-7	Taft, TX	Molly's Cafe		16 25								
12-7	Dallas TX	Holiday Inn			18 75		54 00					
13-7	Dallas, TX	Expo Center								8 00		
13-7	Dallas, TX	Harvey's Eatery		21 00								
13-7	Dallas, TX	Holiday Inn			24 50		54 00					
13-7	Dallas, TX	Holiday Inn	9 50									(Fax)
14-7	Dallas, TX	Expo Center		14 00						8 00		9 00
14-7	Dallas, TX	Holiday Inn			16 20		54 00					
15-7	Pokie, TX	Texaco							21 00			
15-7	Pokie, TX	Denny's		18 50								
15-7	Chola, NM	Holiday Inn			27 00		48 00					
16-7	Chola, NM	Holiday Inn	12 75									
7-16	Flagstaff, AZ	Texaco							22 00			
		Totales →	22 25	82 25	113 45	6 40	259 00		106 50	16 00		9 00

Adjuntar todos los recibos de comidas, hotel, auto, diversión, etc. Puede anotar detalles de sus gastos en los recibos. Archive su récord de viaje y sus recibos en el mismo sobre. Etiquete el sobre como viaje realizado. Archive juntos todos los documentos del viaje. Cuando asigne los gastos, asegúrese de no doblar los gastos en nada. (Por ejemplo: La gasolina no puede usarse si elige usar kilometraje o millaje como base para descontar sus gastos de uso del carro.)

Deportes Ramirez

Hoja de balance

Nombre del negocio: ***Deporte Ramirez*** **Fecha:** 30 de septiembre, 2007

ACTIVOS

Activos actuales		
Efectivo		$ 8,742
Dinero para gastos menores		$ 167
Cuentas pendientes		$ 5,400
Inventario		$ 101,800
Inversiones a corto plazo		$ 0
Gastos prepagados		$ 1,967
Inversiones a largo plazo		$ 0
Activos fijos		
Tierra (valorada al costo)		$ 185,000
Edificios		$ 143,000
1. Costo	171,600	
2. Menos depreciación acumulada	28,600	
Mejoras		$ 0
1. Costo		
2. Menos depreciación acumulada		
Equipo		$ 5,760
1. Costo	7,200	
2. Menos depreciación acumulada	1,440	
Muebles		$ 2,150
1. Costo	2,150	
2. Menos depreciación acumulada	0	
Autos/Vehículos		$ 16,432
1. Costo	19,700	
2. Menos depreciación acumulada	3,268	
Otros Activos		
1.		$
2.		$
TOTAL ACTIVOS		**$ 470,418**

PASIVOS

Pasivos actuales	
Cuentas pendientes	$ 2,893
Notas pagaderas	$ 0
Interés pagadero	$ 1,842
Impuestos pagaderos	
Impuestos federales sobre la renta	$ 5,200
Impuestos de autoempleo	$ 1,025
Impuestos estatales sobre la renta	$ 800
Impuestos acumulado sobre las ventas	$ 2,130
Impuestos sobre la propiedad	$ 0
Nómina acumulada	$ 4,700
Pasivos a largo plazo	
Notas pagaderas	$ 196,700
PASIVOS TOTALES	**$ 215,290**

VALOR NETO (CAPITAL ACCIONARIO)

Sociedad de propietarios	$
o	
Sociedad	
Juan Ramirez. 50% capital accionario	$ 127,564
María Ramirez. 50% capital accionario	$ 127,564
o	
Corporación	
Capital en acciones	$
Excedente pagado en	$
Ingresos retenidos	$
TOTAL VALOR NETO	**$ 255,128**

Activos – Pasivos = Valor neto

y

Pasivos + Valor neto = Activos totales

Deportes Ramirez
Declaración de pérdidas y ganancias

Comenzando: 1 de enero, 2007 **Terminando: 31 de diciembre, 2007**

INGRESOS		
1. Ingresos de ventas		**$ 500,000**
2. Costo de bienes vendidos (c-d)		**312,000**
a. Inventario inicial (1/01)	147,000	
b. Compras	320,000	
c. C.O.G. ventas disponibles (a+b)	467,000	
d. Menos inventario final (12/31)	155,000	
3. Ganancia bruta en ventas (1-2)		**$ 188,000**
GASTOS		
1. Variables (ventas) (a hasta h)		**67,390**
a. Publicidad/Mercadeo	14,000	
b. Planificación de eventos	9,000	
c. Carga	2,000	
d. Salarios de venta/Comisiones	33,000	
e. Viajes	3,000	
f. Vehículo	1,650	
g. Gastos variables misceláneos (ventas)	390	
h. Depreciación (Prod/Serv activos)	4,350	
2. Fijos (Administrativo) (a hasta h)		**51,610**
a. Administración financiera	1,000	
b. Seguro	3,800	
c. Licencias y permisos	2,710	
d. Salarios de la oficina	14,000	
e. Gastos de la renta	22,500	
f. Servicios públicos	3,000	
g. Gastos variables misceláneos (administrativo)	0	
h. Depreciación (equipo de oficina)	4,600	
Gastos totales de operación (1+2)		**119,000**
Ingresos netos de operaciones (GB-Gastos)		**$ 69,000**
Otros ingresos (Interés de los ingresos)		**5,000**
Otros gastos (Interés de los gastos)		**7,000**
Ganancias netas (pérdidas) antes de impuestos		**$ 67,000**
Impuestos		
a. Federales	21,000	
b. Estatales	4,500	**26,000**
c. Locales	500	
GANANCIA NETA (PÉRDIDA) DESPUÉS DE LOS IMPUESOS		**$ 41,000**

CAPÍTULO

16

Controle el flujo de efectivo

Es un hecho que un tercio o más de los negocios de hoy fracasan debido a la falta del flujo de dinero en efectivo. ¿Qué es el flujo de dinero en efectivo? ¿Cómo hace su planeación para asegurar sus oportunidades de éxito? El propósito de este capítulo es introducirlo al concepto de "flujo de dinero en efectivo" y mostrarle cómo una planeación prudente puede ayudarle a evitar un desastre en su negocio.

¿Qué es un reporte del flujo de dinero en efectivo?

La Declaración Pro Forma del Flujo de Dinero en Efectivo es el documento financiero que ***proyecta*** lo que su Plan de Negocios significa en términos de dólares. Una declaración del flujo de dinero en efectivo es igual a un presupuesto. Es una declaración pro forma (o proyección) usada para la planeación interna y ayuda a estimar cuánto dinero entrará y saldrá de un negocio durante un periodo de tiempo, usualmente el nuevo año tributario. Sus ganancias al fin del año dependerán del balance correcto entre la entrada y la salida de efectivo.

La Declaración del flujo de dinero en efectivo identifica cuándo se espera recibir el dinero y cuándo debe usarse para pagar facturas y deudas. Además, permite al jefe identificar de dónde saldrá el dinero que se necesite.

Esta declaración sólo incluye las ***transacciones del efectivo real*** y no la depreciación y amortización de buena voluntad u otros gastos no monetarios. Los gastos son pagados con dinero en mano, venta de activos, ingresos de ventas y servicios, el interés ganado en inversiones, dinero solicitado a un prestamista y el influjo de capital, a cambio de capital accionario en la compañía. Si su negocio requiriera 100 mil dólares para pagar los gastos y 50 mil dólares para apoyar a los propietarios, necesitará por lo menos una cantidad igual de dinero que entre al negocio sólo para mantener su estatus quo. Si la cantidad que entra es menor eventualmente no tendrá la capacidad para pagar a sus acreedores o a sí mismo.

El *Diccionario Webster New World* define el flujo de efectivo como "el patrón de recibos y gastos de una compañía, gobierno, etc., resultando en la disponibilidad o indisponibilidad del efectivo". La disponibilidad o indisponibilidad del dinero cuando se necesita para gastos va directo al tema. Con una planeación prudente debe intentar proyectar no sólo ***cuánto*** dinero debe entrar y salir de su negocio, sino también ***cuándo*** deberá de entrar y salir. Un negocio debe ser capaz de planear las facturas brutas que cubrirán sus necesidades. Sin embargo, si esas ventas no ocurren a tiempo para cubrir los gastos, su empresa pronto pasará a la historia, a menos que planee por adelantado contar con otras fuentes de efectivo que ayuden al negocio hasta que se efectúen los ingresos. La industria editorial es un buen ejemplo de un negocio que tiene fuertes demandas de dinero, quizá seis a nueve meses antes de recibir ingresos como resultado de los gastos. Si un editor no puede pagar al impresor, no habrán libros para vender. El impresor no producirá el producto acabado bajo la promesa de que se le pagará nueve meses más tarde hasta que se concluyan las ventas y se reciban las facturas de pagos. Para sostener el negocio el editor necesita planear por adelantado las fuentes de dinero que ayuden al negocio hasta recibir ingresos.

Hojas de cálculo para la planeación previa

Debido a que el flujo de fondos de efectivo tiene que ver con la entrada y salida de dinero, el primer paso en la planeación puede lograrse mejor si se preparan dos hojas de cálculo.

1. **Efectivo a pagarse.** El efectivo que sale de su negocio (página 146). Esta hoja de cálculo documenta el dinero que sale de su negocio. Identifica las categorías de los gastos y las obligaciones y la cantidad proyectada de efectivo necesario para cada categoría. Tal vez deseará hacer esta tarea con la compilación del presupuesto de varios individuos (compras del inventario, gastos directos, gastos administrativos, retiros de dinero por el propietario, etc.)

   Estos gastos no siempre son fáciles de estimar. Si el suyo es un negocio nuevo, será necesario hacer muchos estudios de mercado. Si el suyo es un negocio existente, combinará la información de las declaraciones financieras pasadas con las tendencias en su industria particular.

2. **Fuentes de dinero en efectivo.** El efectivo que entra a su negocio (página 148). Use esta hoja de cálculo para documentar el dinero que entra a su negocio. Le ayudará a estimar qué cantidad de dinero tendrá disponible y de qué fuentes. Para hacer esta hoja de cálculo, tendrá que ver el dinero que tiene a la mano, los

ingresos proyectados, los activos que pueden liquidarse, los prestamistas o inversores posibles y el capital del propietario que se puede contribuir. Esta hoja de cálculo le obligará a ver todas las posibilidades existentes para aumentar el efectivo disponible.

Hojas de cálculo ejemplares

En las páginas 146 a 149, usted verá ejemplos de las dos hojas de cálculo con información adicional que explica cada una de las categorías usadas. Las hojas de cálculo tienen información de nuestra compañía ficticia, ***Deportes Ramirez,*** para ayudarle a entender el proceso.

Por favor anote. *La hoja de cálculo del dinero efectivo a pagarse muestra que se necesitan 13 mil dólares. Fue necesario proyectar fuentes de dinero para contar con 131mil dólares sin las ventas proyectadas, porque no se espera recibir el pago hasta noviembre y diciembre (demasiado tarde para las necesidades de efectivo de enero a octubre). El próximo año, esos ingresos estarán reflejados en el efectivo a mano u otros recursos vendibles.*

Cuando haga sus propias hojas de cálculo

- Intente ser tan realista como sea posible. ***No subestime los ingresos ni sobreestime los gastos***, un error mortal frecuentemente hecho durante el proceso de planeación.

- Asegúrese de calcular las estimaciones en ambas hojas de cálculo por el mismo periodo temporal (por ejemplo, anualmente, cada trimestre, mensual).

Hoja de trabajo de efectivo a pagarse

Explicación de categorías

1. **Costos iniciales**
   Éstos son los costos incurridos al iniciar su negocio. Generalmente se hacen sólo una vez y son capitalizados para propósitos tributarios.

2. **Compra de inventario**
   El efectivo gastado durante el periodo en artículos para reventa. Si compra productos fabricados, esto incluye el desembolso de dinero por esas compras. Si usted es el fabricante, incluye el trabajo y los materiales en las unidades por producirse.

3. **Gastos variables (Gastos de venta)**
   Estos son los costos de todos los gastos que se relacionan directamente con su producto o servicio (fuera de los costos de fabricación o el costo de compra de inventario)

4. **Gastos fijos (Gastos administrativos)**
   Incluye todos los costos esperados de los gastos generales de la oficina. Si hay que pagar ciertas cuentas de antemano, incluya el desembolso del dinero total si el periodo cubierto se extiende al siguiente año.

5. **Activos (Compras a largo plazo)**
   Estos son los activos de capital que serán depreciados en varios años (terreno, edificios, vehículos, equipo). Determine cómo intenta pagarlos e incluya todo el dinero a pagar en el periodo actual. ***Nota.*** La tierra es el único activo que no se deprecia y se agrega a la lista al costo.

6. **Pasivos**
   ¿Cuáles son los pagos que deberá hacer para saldar cualquier préstamo o deuda? ¿Tiene algunas cuentas pagaderas para empezar el año nuevo? Necesita determinar la cantidad de desembolso de efectivo que necesita pagarse en el presente año. Si tiene un préstamo de automóvil por 20 mil dólares y paga 500 dólares mensuales durante 12 meses, tendrá un desembolso de efectivo de 6 mil dólares para el nuevo año.

7. **Capital del propietario**
   Este artículo frecuentemente es pasado por alto durante la planeación del flujo del dinero en efectivo. Si usted, como el propietario del negocio, necesita retirar 2 mil dólares cada mes para vivir, debe planear que de su negocio salgan 24 mil dólares en efectivo. El fracaso en la planeación resultará en una escasez del flujo de dinero en efectivo y puede provocar el fracaso de su negocio.

Nota. **Asegúrese de usar el mismo periodo de tiempo en toda su hoja de cálculo.**

*** Las categorías de gastos variables y fijos deben ser determinadas por usted ***

Cada negocio tiene gastos específicos para su industria. Necesita personalizar sus categorías de gastos variables y fijos para emparejar su negocio. Hemos sugerido algunos en nuestros ejemplos para ayudarle a empezar. Ingrese a máquina sus propios títulos en las hojas de cálculo. A medida que empiece a manejar su negocio podrá determinar mejor cuáles son sus verdaderos gastos. Puede cambiar más tarde si encuentra que sus categorías actuales no satisfacen sus necesidades.

Deportes Ramirez

Hoja de trabajo de efectivo a pagarse

(Efectivo que sale del negocio)

Periodo cubierto: 1 de enero a 31 de diciembre, 2007

1. GASTOS INICIALES		**$ 1.450**
Licencia del negocio	30	
Registro de la corporación	500	
Gastos legales	920	
Otros costos iniciales:		
a.		
b.		
c.		
2. COMPRA DE INVENTARIO		**32,000**
Efectivo para bienes para reventa		
3. GASTOS VARIABLES (EN VENTA)		
Publicidad/Mercadeo	6,000	
Planeación de eventos	2,500	
Carga	800	
Salarios de venta/Comisiones	14,000	
Viaje	2,000	
Vehículo	1,550	
Gastos variables misceláneos	300	
TOTAL DE GASTOS DE VENTA		**27,150**
4. GASTOS FIJOS (ADMINISTRATIVOS)		
Administración financiera	1,800	
Seguros	900	
Licencias/Permisos	100	
Salarios de la oficina	16,300	
Gastos de alquiler	8,600	
Utilidades	2,400	
Gastos fijos misceláneos	400	
TOTAL DE GASTOS ADMINISTRATIVOS		**30,500**
5. ACTIVOS (COMPRAS A LARGO PLAZO)		**6,000**
Efectivo a pagarse en el periodo actual		
6. PASIVOS		**9,900**
Desembolso del efectivo para retirar deudas, préstamos, y/o cuentas pagaderas		
7. CAPITAL DEL PROPIETARIO		**24,000**
Efectivo a ser retirado por el propietario		
TOTAL DE EFECTIVO A PAGARSE		**$ 131,000**

Hoja de cálculo de fuentes de dinero en efectivo

Explicación de categorías

1. Efectivo en mano

Dinero que tiene a mano. Asegúrese de incluir el efectivo que tiene en el banco, el efectivo para gastos menores y dinero no depositado todavía.

2. Ventas (Ingresos)

Esto incluye los ingresos proyectados de la venta de su producto y/o servicio. Si no se espera un pago durante el periodo cubierto por esta hoja de cálculo, no incluya esa parte de sus ventas. Piense sobre el tiempo de proyección de las ventas. Si los recibos se retrasan cuando se necesita una gran cantidad de dinero, haga una anotación al efecto y considérelo cuando determine la necesidad de financiamiento temporal. Incluya los depósitos que requiere para las ventas esperadas o los servicios. Para calcular las recaudaciones en Cuentas Pagaderas, tendrá que proyectar el porcentaje de las facturas que se perderán entre las malas deudas y sustraídas de su total de Cuentas Pagaderas.

3. Ingresos misceláneos

¿Tiene o tendrá fondos en calidad de préstamo o depositados en cuentas que producirán el ingreso con interés durante el periodo en cuestión?

4. Venta de activos a largo plazo

Si está esperando vender algunos de sus activos fijos como terrenos, edificios, vehículos, maquinaria, equipo, etc., asegúrese de incluir sólo el efectivo que recibirá durante el periodo actual.

Importante. En este punto en su hoja de cálculo, sume todas las fuentes de dinero en efectivo. Si no tiene una cantidad igual a sus necesidades proyectadas, necesitará planear las fuentes de dinero en efectivo cubiertas, según los números 5 y 6.

5. Pasivos

Esta figura representa la cantidad que podrá pedir prestada de las instituciones prestamistas como los bancos, las compañías financieras, la Administración de Pequeños Negocios (SBA), etc. Sea razonable sobre lo que crea que pueda pedir. Si no tiene el aval, ni un plan de negocio, o si tiene una pobre historia financiera, lo encontrará difícil, si no imposible, encontrar un prestamista. Esta fuente de efectivo requiere de una ***planeación previa***.

6. Capital accionario

Las fuentes de capital vienen de las inversiones del propietario, el capital contribuido, la venta de acciones, o del capital de riesgo. ¿Anticipa la disponibilidad de fondos personales? ¿Tiene su negocio el potencial de crecimiento que le pueda interesar a un capitalista de riesgo? Sea realista en esta área. No puede vender las acciones (ni el capital accionario) a un inversor inexistente.

Deportes Ramirez

Hoja de trabajo de fuentes de efectivo

(Efectivo que entra al negocio)

Periodo cubierto: 1 de enero, 2007 a 31 de diciembre, 2008

1. EFECTIVO EN MANO	**$**	20,000
2. VENTAS (INGRESOS)		
Ingresos por venta de productos* ** La mayoría del ingreso de ventas no se recibirá hasta nov. o dic.*		90,000
Ingresos por servicios		22,000
Depósitos en ventas o servicios		0
Recaudación de cuentas por cobrar		3,000
3. INGRESOS MISCELÁNEOS		
Ingresos con interés 1,000		
Pago de préstamos por recibirse		0
4. VENTA DE ACTIVOS A LARGO PLAZO		0
5. PASIVOS		
Fondos de préstamos (bancos, instituciones prestamistas, SBA, etc.)		40,000
6. CAPITAL ACCIONARIO		
Inversiones del propietario (único propiedad o sociedad)		10,000
Capital contribuido (corporación)		
Venta de acciones (corporación)		
Capital de riesgo		35,000
	A. Sin venta de productos	**= $ 131,000**
TOTAL DE EFECTIVO DISPONIBLE		
	B. Con venta de productos	**= $ 221,000**

Usando las hojas de cálculo para hacer la declaración del flujo de dinero en efectivo

Ahora que ha completado las dos hojas de cálculo, está listo para usar esa información. Ha estimado ***cuánto*** efectivo necesita para el año y ahora sabe qué fuentes están disponibles.

En la próxima fase de la planeación del flujo de efectivo deberá dividir un año en segmentos mensuales y predecir ***cuándo*** se necesitará el efectivo para asegurar que el año financiero corra sin problemas. Para hacer el trabajo más fácil, puede cumplir los siguientes pasos:

1. Calcule el costo de bienes y los gastos variables y fijos en incrementos mensuales. La mayoría variarán. ¿Cuándo planea comprar la mayoría del inventario? ¿En qué meses se necesitará mayor publicidad? ¿Está esperando un aumento de la prima de la renta o del seguro? ¿Cuándo se vencerán las comisiones de las ventas esperadas?

2. Proyecte ventas mensuales con base en el pago de facturas, demanda de su producto o servicio particular y qué tan fácilmente puede satisfacer esa demanda. No habrá ingreso de dinero efectivo por órdenes que no se hayan llenado y facturas que no se hayan pagado. Si está en el negocio de servicios y no tiene más empleados que usted mismo, recuerde que los ingresos se detienen cuando usted esté de vacaciones.

3. Determine sus necesidades de los activos que sufren depreciación. ¿Cuándo las necesitará? ¿Por cuánto serán los pagos y cuándo comenzarán?

4. Llene lo más que pueda de la declaración del flujo de efectivo usando estas proyecciones y cualquier otra que pueda determinar cómodamente. Luego, proceda según las instrucciones y complete el resto.

Cómo llenar los formularios

Para clarificar el proceso de llenado de la declaración del flujo de efectivo, hemos dedicado las páginas 152 y 153, que le ayudarán a cubrir enero y parte de febrero de Deportes Ramirez.

Las páginas 154 y 155 contienen las instrucciones para hacer una Declaración Pro Forma de la Declaración del Flujo de Efectivo. También hay un formulario en blanco en el Apéndice II para que usted pueda hacer su propia proyección

Recuerde

La Declaración Pro Forma del Flujo de Fondos de Efectivo es una de las herramientas más útiles para el propietario de pequeños negocios. Además, es la primera proyección financiera a ser examinada por un prestamista o inversor porque le muestra cómo planear para hacer negocio durante el año, pagando su préstamo más interés y a la vez manteniendo el flujo de efectivo necesario para operar el negocio para una rentabilidad máxima.

Consejo tecnológico

Ahorre su valioso tiempo.
Use las hojas de cálculo pre-formateadas y pre-formuladas

La planeación de su flujo de dinero efectivo toma tiempo en dos formas: Primero, deberá usar el tiempo para investigar toda la información y formar sus conceptos organizacionales y de mercadotecnia. Una vez que tenga sus ideas, entonces tendrá que convertir en números todo lo que quiera hacer para que sea capaz de analizar los resultados proyectados.

La construcción de su declaración del flujo de efectivo (presupuesto) es un proceso largo y tedioso, especialmente si intenta hacerlo con lápiz en una hoja de papel. Hay como 350 o más números para incluir y calcular. El trabajo se hace más complicado si hace un cambio y tiene que calcular sus números de nuevo.

Hojas de cálculo de computadora resolverán sus problemas.
Programas de software como Excel y Lotus permiten al usuario construir y formular hojas de cálculo que automáticamente realizarán cálculos complejos en un instante. Cada usuario de computadora debe aprender a usar uno de estos programas. A menos que sea experto en usar estas aplicaciones, se encontrará abrumado y empantanado en el formateo y la formulación.

Aun más pertinente, en este caso, es la disponibilidad del acceso a las hojas de cálculo que ya han sido desarrolladas específicamente para usar en la proyección de los flujos de efectivo.

> **Ejemplo.** Nuestro software **Automate Your Business Plan** genera un libro de hojas de cálculo integrado (enlazado). Estas hojas de cálculo pre-formateadas y pre-formuladas como declaración del flujo de dinero en efectivo (y otras declaraciones financieras) son establecidas para hacer cálculos instantáneos en cualquier momento que ingrese un número. También serán personalizadas con la información de su propia tabla de cuentas.

Escenarios futuros
La mejor parte de usar las hojas de cálculo de computadora pre-formateadas y pre-formuladas es que puede probar diferentes escenarios para su negocio. Añadir un producto o servicio, comprar un pedazo de equipo o reducir un gasto. Ingrese los números nuevos y podrá ver inmediatamente cuál es el efecto financiero en su negocio.

Deportes Ramirez

Flujo de efectivo para enero y febrero del 2008

Proyecciones de enero

1. Deportes Ramirez planea un balance inicial de efectivo de 20 mil dólares.
2. Recibos de efectivo: La tienda no ha abierto, entonces no habrán ventas. Sin embargo, un ingreso de $4,000 es proyectado para cuentas por pagar de un local previo.
3. Intereses sobre los $20,000 sumarán casi $100 de la tasa actual.
4. No hay activos a largo plazo para vender. Ingrese un cero.
5. La suma de 1, 2, 3 y 4 al total de efectivo disponible será de $24,100.
6. Pagos en efectivo: El pago de inventario no se vencerá hasta febrero. Sin embargo, habrán costos del diseño gráfico de $5,000 para los uniformes del equipo local.
7. Gastos variables (de venta): Estimado en $1,140.
8. Fijo (Administrativo): Estimado en $1,215
9. Gastos del interés: No existen deudas o préstamos pendientes. Ingresar un cero.
10. Impuestos: No hay ganancias en el trimestre anterior. No hay impuestos estimados que estén por vencerse.
11. Pagos de activos a largo plazo: Deportes Ramirez planea comprar equipo de oficina para pagar en su totalidad al momento de la compra. Agregue $1,139.
12. Pagos de préstamos: No se han recibido préstamos. Ingrese cero.
13. Retiros del propietario: El propietario necesitará $2.000 por gastos personales.
14. Total de efectivo pagado: Sumar 6 a 13. Total $10,494.
15. Balance de efectivo: Restar el efectivo pagado del total del efectivo disponible ($13,606)
16. Préstamos por recibirse: Estando consciente de los $30,000 por costos de inventario pagaderos en febrero, se anticipa que un préstamo de $40,000 aumente el efectivo disponible. (¡Esto requiere una planeación avanzada!)
17. Depósito de capital: El propietario planea añadir $5,000 de su cuenta personal.
18. Balance final de efectivo: Al sumarse el 15, 16, y 17 el total es $58,606.

Proyecciones de febrero

1. Balance inicial de efectivo: Balance final de efectivo de enero es transferido al balance inicial de febrero. Escribir $58,606.
2. Recibos de efectivo: Ingreso de entrenamiento de $1,000 más $1,000 para recaudación de las ventas iniciales al fin del mes. $2,000.
3. Ingreso del interés: Proyectado a unos $120.
4. Venta de activos a largo plazo: Ninguna. Ingresar cero.
5. Total de efectivo disponible: Sumar 1, 2, 3 y 4. El resultado es $60,726.
6. Pagos de efectivo: $30,000 a pagar por inventario de la tienda. $400 a pagar por diseño gráfico.
7. Continuar como en enero. No olvidar de incluir los pagos del préstamo que se recibió en enero.

Deportes Ramirez

Declaración del movimiento parcial del flujo de efectivo

	enero	febrero
BALANCE INICIAL DE EFECTIVO	**20,000**	**58,606**
RECIBOS DE EFECTIVO		
A. Ventas/Ingresos	4,000	2,000
B. Cuentas por pagar	0	0
C. Ingreso del interés	100	120
D. Venta de activos a largo plazo	0	0
TOTAL DE EFECTIVO DISPONIBLE	**24,100**	**60,726**
PAGOS DE EFECTIVO		
A. Costo de bienes por vender		
1. Compras	0	30,000
2. Material	0	0
3. Trabajo	5,000	400
Total costo de bienes	**5,000**	**30,400**
B. Gastos variables (de venta)		
1. Publicidad	300	
2. Carga	120	
3. Realización de órdenes	0	
4. Costos del embalaje	270	
5. Ventas/Salarios	0	
6. Viaje	285	
7. Gastos de venta misceláneos	165	
Total de gastos variables	**1,140**	
C. Gastos fijos (administrativos)		CONTINUAR como en ENERO
1. Administración financiera	80	
2. Seguro	125	
3. Licencia/Permisos	200	
4. Salarios de oficina	500	
5. Gastos de alquiler	110	
6. Servicios públicos	200	
7. Gastos administrativos misceláneos	0	
Total de gastos fijos	**1,215**	
D. Gasto de interés	0	
E. Impuesto sobre la renta federal	0	
F. Otros usos	0	
G. Pago de activos a largo plazo	1,139	
H. Pago de préstamos	0	
I. Retiros del propietario	2,000	
TOTAL DEL EFECTIVO YA PAGADO	**10,494**	
BALANCE/FALTA DEL EFECTIVO	**13,606**	
PRÉSTAMOS POR RECIBIR	40,000	
DEPÓSITOS DE CAPITAL	5,000	
BALANCE FINAL DE EFECTIVO	**58,606**	

Instrucciones para llenar una declaración del flujo de efectivo

Esta página contiene instrucciones para llenar la declaración del flujo de efectivo en la siguiente página. *Un formulario en blanco para sus propias proyecciones se encuentra en el Apéndice.*

Columnas Verticales están divididas en doce meses y precedidas por una "Columna total".

Apartados Horizontales de la declaración contienen todas las fuentes de efectivo y el efectivo a pagarse. Las cantidades son recuperadas de las dos hojas de cálculo anteriores y de los presupuestos individuales.

Las figuras son proyectadas para cada mes, reflejando el flujo de efectivo que entra y sale de su negocio por un periodo de un año. Empieza con el primer mes de su ciclo de negocio y proceda así:

1. Proyectar el balance de efectivo inicial. Ingresar bajo "enero".
2. Proyectar los recibos de efectivo para enero. Adjudicar sus ingresos totales del año durante los 12 meses. Trate de sopesar los ingresos de acuerdo a un ciclo de ventas realista en su industria.
3. Sumar el balance de efectivo inicial y los recibos de efectivo para determinar el total del efectivo disponible.
4. Proyectar los pagos en efectivo de los bienes a ser vendidos (inventario que comprará o fabricará). Adjudicar su presupuesto total de inventario para el año, asegurándose de proveer para los niveles del inventario que satisfarán sus necesidades de ventas proyectadas.
5. Personalizar sus categorías de gastos variables y fijos que se ajusten a su negocio.
6. Proyectar los gastos variables, fijos y del interés para enero. Llenar todos los que pueda durante los 12 meses.
7. Proyectar el efectivo a pagarse en impuestos, activos a largo plazo, pagos de préstamos y retiros del propietario.
8. Calcular el total de efectivo a pagarse (total del costo de bienes a ser vendidos, variables, fijos, del interés, de los impuestos, pagos de activos a largo plazo, Pagos de préstamos y retiros del propietario).
9. Restar el total de efectivo pagado del total de efectivo disponible. El resultado es ingresado bajo "Balance/Falta de efectivo". Asegúrese de agrupar esta cantidad si el resultado es negativo para evitar errores.
10. Ver el balance final de efectivo en cada uno de los meses y proyectar préstamos a recibir y depósitos de capital por hacerse. Añadir al Balance/Escasez de efectivo para llegar al balance final de efectivo de cada mes.
11. Balance final de efectivo para enero se lleva por adelantado y se convierte en el balance inicial de efectivo para febrero (En toda la hoja de cálculo, el balance final de cada mes es el balance inicial del siguiente mes).
12. Ir a febrero e ingresar cualquier cantidad necesaria para completar ese mes. El proceso se repite hasta completar diciembre.

Para completar la columna "Total":

1. El balance inicial de efectivo para enero se ingresa en el primer espacio de la columna "Total".
2. Las cantidades mensuales por cada categoría (excepto por balance inicial de efectivo, total de efectivo disponible, balance/escasez de efectivo y balance final de efectivo) son agregadas horizontalmente y el resultado es ingresado en la categoría total correspondiente.
3. Luego se calcula la columna total de la misma manera que se hace con cada uno de los meses. Si usted ha sido exacto con sus cálculos, el balance final de efectivo de diciembre sería exactamente igual al balance total de efectivo.

Nota. *Si su negocio es nuevo, deberá basar sus proyecciones sólo en las investigaciones del mercado y las tendencias de la industria. Si tiene un negocio establecido también necesitará usar sus declaraciones financieras de los años anteriores. Este proceso tal vez parece complicado, pero a medida que lo haga, pienso que empezará a tener sentido y será una tarea sencilla y razonable de lograr.*

Declaración pro forma del flujo de dinero in efectivo

Deportes Ramirez

	Ene	Feb	Mar	Abr	May	Jun	TOTALES 6-MESES	Jul	Ago	Sep	Oct	Nov	Dic	TOTALES 12-MESES
BALANCE INICIAL DE EFECTIVO														
RECIBOS DEL EFECTIVO														
A. Ventas/Ingresos														
B. Por cobrar														
C. Ingresos por interés														
D. Activos de ventas a largo plazo														
TOTAL DE EFECTIVO DISPONIBLE														
PAGOS EN EFECTIVO														
A. Costo de bienes a ser vendidas														
1. Compras														
2. Material														
3. Mano de Obra														
Total costo de bienes														
B. Gastos variables (de ventas)														
1. Publicidad														
2. Planeación de eventos														
3. Carga														
4. Salarios de venta														
5. Viaje														
6. Vehiculo														
7. Gastos variables misceláneos														
Total gastos variables														
C. Gastos fijos														
1. Administración financiera														
2. Seguro														
3. Licencias y Permisos														
4. Salarios de oficina														
5. Gastos de renta														
6. Servicios públicos														
7. Gastos fijos misceláneo														
Total gastos fijos														
D. Gastos de interés														
E. Impuesto sobre la renta federal														
F. Otros usos														
G. Pagos de activos a largo plazo														
H. Pagos de préstamos														
I. Retiros del propietario														
TOTAL DE DINERO PAGADO														
BALANCE/DEFICIENCO EFECTIVO														
Préstamos a recibirse														
Depósitos de capital accionario														
BALANCE FINAL DEL EFECTIVO														

Esta es la extensión completa de la forma anterior (declaración del flujo de efectivo). Hay una forma en blanco en el Apéndice para su uso propio.

CAPÍTULO

17

Desarrolle un plan de mercadeo

Ahora es el momento para pensar sobre cómo comercializará sus productos y/o servicios a sus clientes. Muchas compañías con productos y servicios maravillosos han fracasado porque no fueron capaces de alcanzar y vender a los mercados que deseaban llegar.

En este capítulo aprenderá como plantearse los objetivos para su estrategia de mercadeo. Luego aprenderá cómo desarrollar un plan de mercadeo para su nueva empresa que le ayudará lograr esos objetivos.

Su plan de mercadeo debe tener los siguientes componentes:

- ✓ ***Metas y objetivos de su estrategia de mercadeo***
- ✓ ***Análisis de mercado***
  (mercado objetivo, competencia, tendencias de mercado, investigaciones)
- ✓ ***Empaque y fijación de precios***
- ✓ ***Estrategia de venta (en línea y fuera de línea)***
- ✓ ***Propaganda (tradicional y en la Web)***
- ✓ ***Publicidad***
- ✓ ***Servicio al cliente***

Nota. Si su nuevo negocio es más grande y complejo, *tal vez necesitará un plan de mercadeo más detallado. Vea nuestro libro "Anatomía de un plan de negocios" para información más detallada sobre mercadeo.*

I. Metas y objetivos de su estrategia de mercadeo

Su estrategia de mercadeo es la forma en que su compañía se encaminará hacia el logro de sus metas y objetivos.

Definición de una estrategia de mercadeo

Una estrategia eficiente de mercadeo integra las actividades involucradas en mercadeo, ventas, propaganda, relaciones públicas y establecimiento de contactos. Cada uno de estos componentes de su estrategia de mercadeo sirve un propósito único, ofrece beneficios específicos y se complementa con los demás componentes. Todos los componentes deben funcionar en conjunto para elevar la imagen de su empresa, reforzar la fuerza de su marca y asegurar que su compañía se distinga de la competencia.

Los componentes tradicionales (fuera de la Internet) y de los nuevos medios (en línea) de su estrategia de mercadeo deben compaginarse. Estos componentes incluyen la promoción de su gama de servicios y productos, determinación de sus precios o estructura de la tasa de precios, creación de planes de publicidad y propaganda y relaciones públicas, campañas promociónales y esfuerzos de multimedia. Es importante pensar sobre su estrategia y reunir información sobre su mercado y su competencia *antes* de establecer su estructura de precios o reservar espacio para anuncios. Los planes de mercadeo por ensayo y error son muy costosos.

Nota. Las oficinas del Distrito de la Administración de Pequeños Negocios (SBA, por sus siglas en inglés) de los Estados Unidos y los Centros para el Desarrollo de Pequeños Negocios (SBDCs) locales ofrecen talleres de mercadeo, publicaciones y material de referencia a bajo costo o sin costo alguno. Ambos tienen especialistas que están disponibles para ayudarle. Libros de negocios de autoayuda también están disponibles en abundancia para cada aspecto de su plan de mercadeo.

Metas de su estrategia de mercadeo

¿Qué espera lograr con su estrategia de mercadeo? Estudios de mercado, campañas de publicidad, incentivos de ventas, esfuerzos de relaciones públicas y planes de establecimiento de contactos deben todos dirigir su negocio hacia el logro de sus metas de mercadeo. Los mejores planes de mercadeo están orientados hacia resultados; definen metas específicas, realistas y medibles dentro de límites de tiempo. Todas las ventas, propaganda y esfuerzos de relaciones públicas se diseñan para que funcionen juntos para lograr esas metas.

Las metas de su estrategia de mercadeo, por ejemplo, podrían incluir crear una marca sólida, construir una fuerte base de clientes y aumentar las ventas de productos/servicios. Cada meta debe explicarse en términos de lo que significa para su empresa. Para ilustrar, examinemos tres ejemplos de metas:

- **Creación de una marca sólida.** ¿Cuál es el nivel actual de conciencia de la marca de su compañía/producto/servicio? ¿Está empezando de la nada o construyendo la empresa sobre un nombre familiar? ¿Cuáles son las características de esta marca que quiere reforzar en la mente de los consumidores? ¿Qué nivel de conciencia de marca espera lograr?

- **Construcción de una sólida base de clientes.** ¿Quiénes son sus mejores clientes? ¿Qué clientes son más proclives a gastar dinero y regresar? ¿Cuál es el perfil (demográfico, psicográfico) de su cliente ideal? ¿Cómo puede alcanzar este mercado, en línea y fuera de la Internet? ¿Qué características particulares de su compañía/producto/servicio inspiran lealtad en sus clientes ideales?

- **Aumentar las ventas de productos/servicios.** ¿Cómo puede predecir la demanda futura de su producto/servicio? ¿Qué nuevo nivel de crecimiento de ventas puede manejar su negocio? ¿Qué cantidades de su producto puede producir/distribuir? ¿Qué nivel de servicio puede sostener la nómina existente o adicional?

Preguntas de mercadeo básicas

Cinco preguntas fundamentales deben ser respondidas para identificar sus metas de mercadeo: ¿Quién, qué, dónde, cuándo y cómo? Específicamente:

- **¿Quiénes** son sus clientes? ¿Quién es su competencia?
- **¿Qué** vende? ¿Qué cantidades de sus productos venderá y a qué precio?
- **¿Dónde** se ubica su mercado objetivo? ¿Dónde puede alcanzar su mercado objetivo?
- **¿Cuándo** es que sus clientes comprarán más? ¿Cuáles son sus estaciones de mayor movimiento?
- **¿Cómo** alcanzará a sus clientes (tiendas, oficinas, sitio Web, catálogos)?

Lo que debe hacerse en mercadeo

Cuatro actividades le ayudarán a organizar sus esfuerzos de mercadeo en la mejor dirección para lograr sus metas. (Vea las hojas de cálculo al final de este capítulo.)

1. **Venda selectivamente.** Esto le ayudará a definir su nicho de mercado. ¿Qué ofrecerá que es claramente diferente (mejor, menos costoso, más rápido, de mejor calidad, etc.) de lo que ofrece la *competencia*? ¿Por qué alguien debe comprarle a usted? ¿Qué parte del mercado puede buscar?

2. **Conozca su nicho de mercado.** ¿Qué tipo de individuos y/o negocios planea servir? Empiece por contestar en términos generales (profesionales, compañías de servicio, fabricante, venta al detalle, etc.), luego trate de ser muy especifico. Primero determine la demografía, edad, sexo, ingresos, etc. Luego puede seguir con la psicografía o consideraciones del estilo de vida. Cuando defina la población a la que espera vender, tendrá una mejor idea de qué productos y servicios requieren. ¿Dónde pasan su tiempo libre? ¿En qué actividades se involucran? ¿Cómo gastan su ingreso disponible?

3. **Cree su propuesta de ventas.** Defina qué significan "las características de su producto/servicio" para que éstos tomen *vida* entre sus clientes potenciales. Hágalo ver *tan* importante que ellos no querrán vivir ni trabajar sin ellos. Apele a sus necesidades individuales.

4. **Ponga un precio a las ganancias.** El objetivo de su negocio es obtener ganancias. Muchos nuevos negocios fracasan en lograr las ganancias proyectadas porque no fijaron el precio correcto. Conozca lo que cobra su competencia y determine si su precio debe ser menor, igual o mayor. Asegúrese de poner un precio que cubra sus materiales, labor y costos generales. Puede ser difícil determinar servicios como asesoría. Algunos servicios caerán en una estructura de tasa por hora; para otros es mejor usar una *tarifa de servicio*. Las decisiones para poner un precio deben tomar en cuenta lo que el mercado puede tolerar.

II. Análisis de mercado

La sección de Análisis de mercado de su Plan de mercadeo contiene información sobre su mercado objetivo, competencia y tendencias de mercado. También se delinean en esta sección métodos y resultados de estudios de mercado.

Identifique mercados a alcanzar

¿A quién vende? ¿Quiénes son sus clientes ideales? Su mercado objetivo debe ser definido en términos demográficos, psicográficos y características especiales de nichos de mercado, si se aplica. Para información sobre estudios de mercado objetivo, hemos desarrollado una página en la Web, www.business-plan.com/aybp/resources.html. Será guiado a través de una lista completa de sitios de estudios de mercado con *enlaces importantes* a cada uno de los recursos.

Demografía se refiere a los datos estadísticos de una población, incluyendo el promedio de edad, ingresos y educación. Datos del censo del gobierno son una fuente común de información demográfica.

Psicografía usa los datos demográficos para determinar las actitudes y gustos de un segmento particular de una población. La psicografía examina estilos de vida: dónde pasa la gente sus vacaciones, dónde hacen compras, cómo gastan sus ingresos disponibles, en qué deportes participan o miran, de qué clubes/organizaciones son miembros y más.

Nichos de mercado son un pequeño segmento de la población que comparte características comunes, intereses, hábitos de gastos, etc. El mercadeo exitoso de nichos de mercado se centra en un pequeño segmento del total del mercado. Ejemplos de nichos de mercado incluyen las oficinas pequeñas/oficinas en el hogar, conocidas en inglés como SOHOs, la generación X o Y, nichos culturales, hip hop, para mencionar unos pocos. (El sitio Web www.nichemarkets.com ofrece una larga lista)

Investigue a la competencia

¿Quién compite con usted? Después de identificar su mercado objetivo, es importante determinar qué otras compañías buscan al mismo mercado. ¿Cuáles son sus fuerzas y debilidades relativas a su negocio?

Si no está seguro de quien es su competencia, use varios motores de búsqueda para ver qué nombres de compañías aparecen cuando busque sus propios productos y servicios en línea. Revise asociaciones de comercio y listados de fabricantes y otros directorios disponibles en la sección de referencias de su biblioteca, si quiere hacer una investigación fuera de la Internet.

Al investigar a la competencia, revise la salud general del negocio, su aproximación al mercadeo y su información financiera. Además, investigue lo siguiente específicamente:

- **Revise sus sitios Web**
- **Investigue los precios de sus productos y servicios**
- **Determine quiénes son sus anunciantes**

Evaluar las tendencias del mercado

Su plan de mercadeo debe reflejar sus observaciones y conocimiento sobre tendencias en su industria y en su mercado objetivo. Información sobre la dirección general del mercado puede ayudarle a detectar *qué es lo que la gente quiere*. Futurist Faith Popcorn identificó 16 tendencias del mercado en su libro *Clicking* (HarperCollins, 1996) que todavía tienen vigencia hoy en día. Usó la frase "cocooning" (vivir en un capullo) para describir el fenómeno de quedarse en casa para relajarse. Aumentos dramáticos en las ventas de equipo de cines de casa, alquileres de películas VHS/DVD y comida rápida, son un testimonio de la longevidad de esta tendencia. ¿Qué tendencias del mercado tendrán un impacto en su negocio, influenciando la demanda de sus productos y servicios? ¿Está usted siguiendo la tendencia?

Las tendencias de la industria influyen en casi cada negocio dentro de su segmento. Estas son las tendencias como el aumento en negocios de servicio en los EUA, la disminución de fabricación y la posición precaria de juegos puros de Internet, para mencionar unos pocos.

Tendencias del mercado objetivo, como los eventos clasificados por Faith Popcorn y otros expertos de mercadeo, tienen un impacto en la dirección de un segmento más pequeño de la población o comunidad de negocios. Las tendencias pueden estar influidas por la demografía, como el envejecimiento de nuestra población y la cantidad enorme de gente que nació en el "boom" de la natalidad y que ahora están alcanzando los 50 años de edad cada minuto, o por influencias culturales y sociales fuera de la esfera demográfica. Ejemplos de tendencias del mercado que surgen como producto de cambios demográficos incluyen el aumento en la cantidad de centros para personas de la tercera edad y el aumento de productos y servicios innovadores diseñados para una población jubilada más "juvenil."

Conduzca estudios de mercado

Estudios de mercado pueden prevenir que su compañía tome decisiones erróneas que resulten en errores costosos de diseño de nuevos productos, campañas de mercadeo y más. Los estudios de mercado tradicionalmente han sido conducidos a través de técnicas como cuestionarios, encuestas y grupos focales. Hoy su negocio puede aprovechar las técnicas de estudios de mercado en línea y fuera de línea.

Métodos de investigación

Cuestionarios pueden ser administrados en papel o a través de encuestas en línea. En cualquier caso, es más probable que se respondan los cuestionarios si hay un incentivo para el consumidor (es decir, un *premio*).

Grupos focales ofrecen una perspectiva más profunda que los cuestionarios respecto a las preferencias del cliente y los procesos de pensamiento. En grupos focales, grupos pequeños de consumidores se reúnen bajo la dirección de un moderador. Sus observaciones, respuestas, reacciones y comentarios son grabados. Los grupos focales también pueden conducirse en línea a través de los cuartos de charlas.

Encuestas – Las encuestas telefónicas son el terror de muchos y son cada vez más impopulares (y de poca confiabilidad). Por otro lado, las encuestas en línea tienen un éxito sorprendente si son presentadas en forma positiva. Los sitios Web pueden incluir varias preguntas (no intrusivas, simples, rápidas de contestar) en un formato que genere comentarios y sugerencias de visitantes al sitio Web, particularmente compradores.

Análisis de base de datos

¿Qué tipo de información querrá coleccionar y guardar para ayudarle a hacer mejores decisiones ejecutivas sobre su negocio? Si guarda información en una base de datos para un posterior análisis, puede ayudarle a identificar tendencias dentro de su compañía en ventas, mercadeo, producción y finanzas. Las ventas y datos de mercadeo serán particularmente útiles para manejar su plan de mercadeo.

III. Su estrategia de mercadeo

En esta parte de su plan de mercadeo, el contenido cambia a una planeación más detallada. Describa su estrategia de ventas, por ejemplo, y explique detalladamente sobre los materiales que producirá y las campañas que organizará. Cuando defina su estrategia de propaganda, deberá identificar cómo gastará su dinero en cada medio y en qué mercados.

Método de ventas y distribución

¿Cómo alcanzará a sus clientes? ¿Sus ventas se hacen principalmente en tiendas físicas, en sitios Web, por catálogos (correo directo), o híbrido (canales múltiples)? ¿Tiene planes para ampliar sus métodos de ventas/distribución a medida que aumentan las ventas?

Empaque

Si ofrece un producto, su ***empaque*** debe un asunto importante a considerar tempranamente. Si no es un diseñador entrenado ni dotado, busque ayuda para hacerlo. El empaque tiene un impacto gigante en la decisión del cliente al comprar.

Si ofrece un servicio, el "paquete" es usted. Debe definir la ***imagen*** de su compañía antes de empezar cualquier otro esfuerzo. La imagen de un profesional como un abogado o contable, por ejemplo, involucra construir una práctica privada que será claramente diferente de una agencia publicitaria que busca clientes en la industria de la moda. El mensaje para su mercado debe ser consistente y simple. Todos sus esfuerzos de mercadeo en línea y fuera de la Internet, la declaración de ventas, actividades de relaciones públicas, publicidad y campañas promocionales deben apoyarse entre sí, así como a su imagen.

Fijación del precio

¿Cuánta flexibilidad hay en su estrategia de asignación de precios? ¿Cuál es su precio base (el precio más bajo que puede cobrar y aún así cubrir otros costos) y cuál es su precio techo (el precio más alto que el mercado puede aguantar)? Su plan de mercadeo debe abarcar su póliza de fijación de precios y cómo se pueden ajustar los precios si es necesario, para aumentar la demanda o cubrir un déficit de ingresos no anticipado.

- **Estrategia de precios**
  Puede que descubra que el rango entre su precio base (costo de entregar su producto o servicio) y su precio máximo (que el mercado soportará) ofrece una considerable libertad de acción. En algún sitio en este rango se encuentra el precio correcto de su producto o servicio. ¿Cómo puede descubrir cuál es ese punto? A través de grupos focales y encuestas puede determinar lo que el cliente promedio está dispuesto a pagar.

- **Posición competitiva**
  ¿Deben sus precios ser mayores, menores o iguales a su competencia? ¿Necesita ajustar sus precios cuando sus competidores hacen un cambio? Si usted afirma que ofrece la mejor calidad y el servicio más personalizado, tal vez podrá justificar cobrar más que su competencia. Si trata de atraer a una clientela más "elitista" que sus competidores, también podrá establecer sus propios precios. Si espera vencer a la competencia en precios bajando los precios, deberá ser sensible a su precio base. ¿Qué puede rebajar realmente y seguir siendo un negocio rentable? Si quiere permanecer igual a su competencia tendrá que ser muy sensible a cualquier ofrecimiento de "valor añadido" y promociones especiales que ofrecen.

Estrategias de ventas

Esta sección de su plan de mercadeo resume su uso de materiales de ventas en línea y fuera de la Internet para alcanzar su mercado objetivo. Las ventas tradicionales (fuera de línea) incluyen la creación de materiales impresos que acompañen sus esfuerzos de ventas. Las ventas a través de los nuevos medios (en línea) involucran el refinamiento de su estrategia en la Web para presentar sus productos y servicios de la mejor manera posible.

- **Ventas directas**
  Si es una nueva empresa, tal vez se encuentre trabajando como el presidente y el jefe de ventas (sin mencionar, jefe de mantenimiento de la oficina...). Su plan de mercadeo debe identificar cómo planea contactar prospectos, qué materiales enviará o repartirá y qué seguimiento hará. Su enfoque de ventas directas debe combinar contacto fuera de línea (personal) con clientes posibles y ventas en línea a través de su sitio Web.

  Las ventas fuera de línea requieren materiales que pueden enviarse a los clientes potenciales y ser entregados con un vendedor (o usted mismo) en presentaciones. ¿Necesita diseñar los nuevos materiales de ventas? ¿Qué se requiere? ¿Deberá crear un nuevo logotipo y gráficas para su material? Considere la lista tradicional de materiales impresos: folletos, panfletos, volantes, tarjetas de presentación, catálogos, volantes promocionales, etc. Identifique los materiales específicos que deberá diseñar e imprimir para usar en su campaña de ventas.

  Ventas en línea requiere de un sitio Web que también se usa como una herramienta de mercadeo. Además de las consideraciones tecnológicas del diseño de un sitio Web, se debe prestar atención especial a capturar al visitante al sitio y ofrecer incentivos de compras. Los sitios Web que contienen características creativas que atraen a nuevos visitantes y les animan a regresar al sitio se llaman "pegajosos", o sea la habilidad de un sitio para hacer posible que los visitantes regresen para hacer compras adicionales. Su capacidad de ventas en línea debe ser tan atractiva e irresistible como sus ventas personales.

- **Correo directo**
  El costo de campañas de correo directo se ha estimado en casi $1 a $2 por artículo. A medida que suben los costos del franqueo y papel, el correo directo se convierte en una opción de ventas menos atractiva. Aun con la mejor lista de correo, esté preparado para una baja tasa de retorno. El correo directo junto con el ofrecimiento de incentivos pueden ser un poco más efectivos.

- **Mercadeo por correo electrónico**
  Comparado al correo directo, el mercadeo por correo electrónico es un trato de $.01 a $.25 por objeto. Según los expertos, tiene más popularidad que el correo directo,

por buenas razones. La correspondencia por correo electrónico es más probable que sea leída que el correo directo. Ofrece oportunidades para enviar ofertas personalizadas, basadas en su conocimiento de las preferencias de sus clientes.

- **Mercadeo con filiales**

  El mercadeo con filiales incluye los servicios de una fuerza de ventas virtualmente ilimitada a través de un tipo de estructura de comisión por ventas, iniciativas o visitas a sitios Web. Las filiales sólo se pagan con las ventas reales, y su comisión es un pequeño porcentaje de la venta total. Uno de los programas filiales más populares es el manejado por Amazon.com (www.amazon.com). Los programas filiales pueden ofrecer una estrategia creativa para negocios basados en servicios para vender productos relacionados en su sitio Web, sin tener que desarrollar los productos por sí mismos.

- **Mercadeo recíproco**

  Arreglos en el cual una compañía ofrece a los clientes un descuento por los bienes de otra compañía, en su tienda o en su sitio Web, son ejemplos de mercadeo recíproco. Las oportunidades creativas dentro de las comunidades locales o comunidades en línea pueden ser una alternativa beneficiosa y barata para promocionar su compañía. Las cámaras de comercio frecuentemente extienden estas ofertas dentro de su propio círculo de negocios miembros. Las oportunidades en línea pueden cruzar las fronteras geográficas para ofrecer virtualmente posibilidades ilimitadas entre compañías complementarias.

- **Mercadeo viral**

  El mercadeo viral ocurre cuando una compañía ofrece algo que la gente cree es tan intrigante que difunden las noticias ellos mismos. Para ser efectivo, la oferta de su compañía debe ser simple, divertida o atractiva de alguna manera. Además, debe incluir la insignia de su compañía o se pierde todo el sentido.

  El mercadeo viral de boca en boca es muy efectivo, pero el mercadeo viral por la Web tiene un mayor impacto. Las noticias se difunden más rápidamente y a una mayor cantidad de personas, por e-mail y vínculos a la Web que por llamadas telefónicas. Cuando la gente ve un correo electrónico de alguien que conocen, están más propensos a leerlo.

Estrategia publicitaria

Hacer publicidad es la inversión potencialmente más cara de su estrategia de mercadeo. Debido a los altos costos involucrados, los esfuerzos deben ser investigados minuciosamente antes de empezar. Esta no es un área para amateurs. Si usted no contrata asesores y sabe que necesita promocionar su negocio, contrate a alguien con experiencia en publicidad. Los estándares hoy son bastante altos, aun en los periódicos locales más pequeños.

La propaganda en línea es un campo relativamente nuevo y usa diferentes pautas que la propaganda impresa. Gráficos, fotos, composiciones, texto y diseño deben ser totalmente profesionales para tener un impacto positivo tanto en las opciones de propaganda en línea y las de fuera de la Internet.

Si puede precisar su mercado objetivo en una forma finamente detallada, podrá especificar con precisión dónde debe ubicarse su campaña propagandística. El tamaño, tiempo, duración, y frecuencia, todas son importantes. No intente esto por ensayo y error. Busque consejos de un experto.

Propaganda tradicional

Los medios tradicionales incluyen televisión, radio, materiales impresos y propaganda extrema. Su inversión en estudios de mercado verdaderamente vale la pena cuando empieza a determinar cómo asignar su presupuesto para publicidad. Sólo las alternativas que tienen un impacto en su mercado objetivo valen su inversión. ¿Qué programas de televisión ven? ¿Qué programas de radio escuchan? ¿Qué leen para negocios y diversión? ¿Dónde viajan y por qué método de transporte? Con un estudio de mercado preciso que lo guíe, puede evitar errores costosos en su promoción.

- **Televisión (de red y cable).** Propaganda por televisión de red es la inversión más costosa en publicidad. En esta escala superior, el precio más alto por tiempo de anuncios es el Súper Tazón. La hora de mayor audiencia sigue en orden de importancia, seguido por compras en la red fuera del tiempo de mayor audiencia. La publicidad por la televisión de red todavía tiene el poder para consolidar marcas de una manera que pocas alternativas de propaganda pueden.

  La publicidad por cable, que se predice asumirá una parte creciente del total de los dólares de propaganda por televisión, funciona a muchos niveles. La propaganda de cable nacional puede ser tan costosa como los programas de televisión de red, pero la televisión local por cable ofrece tasas que pueden ser asequibles aun para negocios micro.

- **Radio.** La publicidad por radio ofrece a los negocios pequeños una oportunidad para alcanzar una audiencia nacional o local a unas tasas mucho más baratas que la publicidad por televisión. Los anuncios de la radio pueden alcanzar su mercado objetivo durante horas de trabajo, tiempo para uso personal, mientras viaja hacia la oficina o en la programación del mediodía.

- **Impresión.** Estudios de mercado deben proporcionarle información sobre las revistas, periódicos y revistas profesionales o de comercio que son de interés para su mercado objetivo. La publicidad impresa es más efectiva cuando tiene un solo punto focal, un dibujo distintivo y un mensaje titular explícito de nueve palabras o menos.

- **Publicidad extrema.** La publicidad extrema incluye carteleras publicitarias, pancartas de bus, publicidad aérea y cualquier otra forma de anuncios exteriores gigantes. La publicidad extrema es más efectiva cuando el mensaje es sencillo y directo, sin gráficas complejas ni textos extensos.

Publicidad en la Web/Nuevos medios

Sus dólares para publicidad en línea deben ser invertidos con el mismo cuidado y precisión que su inversión en los medios tradicionales. Las opciones de propaganda en la Web incluyen anuncios de pancartas, publicidad PDA, propaganda en portales, y televisión interactiva. De nuevo, los estudios de mercado sirven como los cimientos para construir su campaña, dirigiendo su estrategia para incluir las opciones en línea que son más visibles para su mercado objetivo. ¿Qué sitios Web visitan? ¿Dónde van de compras en línea? ¿Qué portales usan?

- **Anuncios de pancartas.** Los anuncios de pancartas han sido muy criticados, pero todavía son una forma popular de publicidad en línea. Nuevos estándares de anuncios en línea, que incluyen un formato más fácil para el anunciante, que se parece mucho a un anuncio impreso tradicional y una nueva forma de barra informativa, le han dado nueva vida a los anuncios de pancartas. Hasta los críticos están de acuerdo que los anuncios de pancartas ofrecen un método para destacar una marca una y otra vez, creando conciencia de la marca, aunque los clics sean menos de cinco por ciento.

- **Propaganda PDA.** Publicidad a través del asistente digital personal (PDA, por sus siglas en inglés) cumple los requisitos únicos de tamaño y espacio de aparatos inalámbricos específicos. La publicidad PDA es más efectiva cuando se diseña específicamente para estos aparatos y no para computadoras personales. El mejor uso de esta forma de propaganda es alcanzar a los clientes que tramitan todo a través de aparatos inalámbricos, como arreglos de viajes, comparación de precios, participación en subastas, planes de hoteles y diversión y actividades de la bolsa de valores.

- **Portales.** Los ***Portales*** garantizan una gran cantidad de visitas a un costo bastante alto. Anunciar en un portal está fuera del alcance de la mayoría de los pequeños negocios, pero la colocación en el mercado de portales puede ser una manera de aumentar el tráfico en línea. ZShops de Amazon.com, Shopping@Yahoo.com, iMall, y otros lugares semejantes ofrecen la oportunidad de una exposición más amplia, sin tener que pagar el alto precio de un anuncio de portal. Anunciar en portales requiere de un conocimiento del comportamiento del consumidor en su mercado objetivo para lograr los mejores resultados.

Patrocinios a largo plazo

Los patrocinios pueden ser diseñados para alcanzar las metas de mercadeo de cualquier compañía. Los patrocinios a largo plazo ofrecen el beneficio de ayudar a fortalecer la toma de conciencia de una marca en nichos de mercado. Tanto en las áreas en línea como fuera de línea, los patrocinios a largo plazo ayudan a construir fuertes relaciones con un negocio o una organización y con su mercado directo, ofreciendo oportunidades para copatrocinar múltiples eventos, funciones, publicidad y más, dando una alta visibilidad al anunciante. El patrocinio compartido de una marca puede establecerse como un arreglo exclusivo o como un patrocinio conjunto entre varias compañías complementarias.

Relaciones públicas

La diferencia principal entre publicidad y relaciones públicas es que siempre se paga por espacio de publicidad, mientras que la cobertura de la prensa de sus esfuerzos de relaciones públicas son "gratis" (aparte del hecho que tal vez haya pagado por efectuar el evento que posteriormente se hizo noticia). Actividades que muestran sus esfuerzos y la alta calidad de su negocio en una forma noticiosa puede valer más a largo plazo que una campaña de propaganda más costosa. Las campañas de relaciones públicas se esfuerzan por ganar credibilidad en el mercadeo a través de rutas más discretas que la publicidad directa.

- **Construcción de una presencia en línea**
  Su sitio Web ofrece un vehículo de relaciones públicas que compañías sin una presencia en línea no pueden imitar. Grupos comunitarios o clubes, grupos de charla y boletines de anuncios ofrecen incentivos a personas que regresan a su sitio Web con más frecuencia. Puede establecer *grupos comunitarios* en su sitio Web para permitir que los individuos con intereses comunes accedan a información compartida. ¿Qué grupo comunitario y actividades de clubes pueden incluirse en su sitio Web? Los *grupos de charlas* facilitan la interacción dinámica entre visitantes a su sitio Web. Los grupos de charlas pueden establecerse por temas, siguiendo un horario regular para una máxima efectividad. Los *boletines de anuncios* alientan el diálogo permanente de preguntas y respuestas y permite a los visitantes entrar a su sitio Web para intercambiar información o pedir a un experto información sobre un tema en su sitio.

- **Eventos (en línea y fuera de línea)**
  ¿Puede crear un evento que atraerá a personas a su sitio Web o a su tienda física u oficina? Las grandes inauguraciones, celebración de aniversarios, visitas de celebridades y otros eventos creativos sirven un doble propósito. Si se hacen bien, reforzará su relación con clientes existentes y atraerá nuevo negocio. Si son eventos importantes y noticiosos, quizá sea afortunado en recibir cobertura periodística.

- **Publicar sus esfuerzos**
  Cuando pueda, busque oportunidades de cobertura de la prensa de su trabajo y de sus logros. El impacto de las relaciones públicas es acumulativo. No verá resultados inmediatos en la mayoría de los casos, de manera que la consistencia es muy importante.

- **Comunicados de prensa**
  Un comunicado de prensa simple, preferible de una página, acompañado por una foto, puede ganar más visibilidad para usted que un anuncio, si los periódicos lo usan. Los *comunicados de prensa* deben ser interesantes, deben *ser noticiosos*, concisos y deben ser enviados a la persona correcta. Lea los periódicos cuidadosamente para determinar quién es el contacto adecuado para enviar su comunicado de prensa. El editor de negocios generalmente recibe cantidades

gigantes de comunicados. Si un periodista específico tiende a cubrir historias sobre su industria o intereses, intente dirigir el comunicado a esa persona. Los medios periodísticos le dan mayor exposición pública que las que podría alcanzar con sus anuncios. Es su forma de alcanzar mayor cantidad en menor tiempo.

Envíe sus comunicados de prensa a:

1. **Periódicos semanales** – los periodistas siempre están buscando nuevas historias.
2. **Periódicos diarios** – normalmente sólo quieren un ángulo local, entonces mejor quédese con un periódico local, a menos que sea una historia de interés nacional.
3. **Agencias de noticias** – buscan información noticiosa del minuto, así que muévase rápidamente si tiene una cosa importante que informar.
4. **Revistas** – ofrecen una oportunidad para verse como un experto, pero necesitará más tiempo de preparación. Planee por adelantado.
5. **Radio** – atrae la atención de la gente móvil y sedentaria. Un espacio como invitado puede elevarlo a un nuevo espectro.
6. **Televisión** – el medio más importante para estar preparado. Toma tiempo aprender cómo presentarse en televisión. En la televisión necesita ser conciso y controlarse, hablar en fragmentos para estar seguro que su punto sea comunicado como quiere y no sea editado.

Paquetes de prensa también pueden ser útiles. Prepare su propio paquete o contrate a un especialista de mercado que le ayude. Su paquete de prensa debe elevar su credibilidad como un experto en su campo o profesión. Incluye:

1. **Biografía** (corta y dirigida a eventos actuales importantes)
2. **Foto** (retrato, 8x10 o 5x7 en negro y blanco)
3. **Folleto**
4. **Copias de artículos** (que le han citado o que han escrito sobre usted)

Establezca contactos

El establecimiento de contactos puede significar la diferencia entre el aislamiento y la participación de cualquier propietario de un negocio. Para negocios desde el hogar, la conexión con contactos tiene un rol particularmente importante. Reemplaza el contacto de la cafetería que ocurre diariamente en cada oficina corporativa. El establecimiento de contactos es por definición un sistema de apoyo para compartir información y servicios entre individuos y grupos que tienen un interés común. El establecimiento de contactos le mantendrá en contacto con el mundo externo, le ayudará a evitar el aislamiento y estancamiento y aumentará sus contactos de negocios para planes actuales y futuros.

El establecimiento de contactos es una calle de doble sentido, un *intercambio* de información. El establecimiento de contactos real requiere que se haga *más* que alcanzar para dar y recibir tarjetas de presentación. *Dé* un poco de información y *reciba* un conocimiento sincero de las capacidades y habilidades de otras personas. Hasta ese momento es cuando *verdaderamente* ha logrado establecer el contacto.

Necesitará involucrarse en varios niveles de redes de contactos para obtener contactos dentro de:

- La comunidad de negocios en general
- Su grupo de colegas profesionales
- Su comunidad local
- La comunidad en general

La participación en una organización en cada uno de esos niveles de contactos le abrirá oportunidades de relaciones públicas que no desarrollará adentro de su propia casa. Su grado de participación en cualquier organización debe reflejar su importancia para el éxito de su negocio. El mejor uso de su tiempo, sin embargo, será encontrar y enfocarse en unas pocas organizaciones que ofrecen satisfacción personal y del negocio. Determine cómo puede ofrecer su tiempo voluntario de una forma que también le ofrezca una oportunidad para mostrar sus habilidades. Sus talentos serán visibles al grupo si los comparte y ayuda a la asociación a lograr sus objetivos. En una posición de liderazgo en cualquier tipo de organización usted dará mucho de su tiempo, pero también ganará los mejores contactos. Conocerá mucha gente. Tendrá más oportunidad para exposición ante los medios.

IV. Servicio al cliente

Expectativas de alta calidad de servicio al cliente deben cumplirse si quiere conservar a sus clientes. Los consumidores esperan poder contactar a un representante de servicio al cliente con preguntas, preocupaciones, problemas, quejas y devoluciones. Los clientes de negocios esperan lo mismo. Su negocio deberá identificar sus planes para cumplir esas necesidades.

- **Descripción de actividades de servicio al cliente**

  ¿Ofrecerá 24 horas de acceso a representantes de servicio al cliente? ¿Sus clientes pueden comunicarse con usted por teléfono, fax o correo electrónico a cualquier hora? A medida que su negocio crece, probablemente necesitará considerar la adición de servicios de un centro de llamadas, que ofrece servicio ininterrumpido para sus clientes. ¿En tanto, cómo se ocupará de sus clientes?

- **Resultados esperados para lograr la excelencia**
  Es una vieja máxima de mercadeo que es mucho menos caro retener a los clientes existentes que añadir nuevos, entonces su negocio gana un beneficio inmediato al construir una base de clientes leales.

V. Evaluación de la efectividad del mercadeo

Una vez que haya implementado su plan de mercadeo, deberá valorar sus resultados. Deberá hacer un seguimiento continuo de la efectividad de cada campaña en línea y fuera de línea.

- ¿Las promociones en su sitio Web alcanzan su mercado objetivo?
- ¿Qué métodos publicitarios en línea son los más efectivos para dirigir el tráfico hacia su sitio Web?
- ¿Cuál es el cruce de promociones en línea a ventas fuera de línea, y de promociones fuera de línea a ventas en línea?
- ¿Debe reforzar ciertos anuncios de radio, impresos o de televisión?
- ¿Deberán algunos ser abreviados o eliminados?

La evaluación de la efectividad de su plan de mercadeo ofrece la información que necesita para dirigir sus esfuerzos futuros y hacer una inversión más inteligente de sus dólares para mercadeo.

Para ayudarle

Las páginas restantes de este capítulo incluyen lo siguiente:

- **Hojas del cálculo de mercadeo** que facilitará el desarrollo de su propio plan de mercadeo. (páginas 172-178, tablas 17.1 a 17.5)
- **Esbozo del plan de mercadeo** para darle una visión general de los componentes y ayudarle con el formateo de su propio plan de mercadeo. (páginas 179-180)

Componentes de una exitosa estrategia de mercadeo de medios múltiples

Mercadeo – Tradicional (fuera de línea) +	Nuevos medios (en línea)
Identificar los mercados objetivo. - Demográficos - Psicográficos - Específicos de nichos de mercado Estudiar/Evaluar la competencia. Evaluar las tendencias de la industria. Conducir estudios de mercado. - cuestionarios - grupos focales - encuestas Crear paquetes/imagen. Determinar estrategia de fijación de precios. Crear estrategia de marca/imagen. - logotipo - eslogan - propuesta de ventas Desarrollar evaluación de bases de datos de clientes. Identificar oportunidades de co-mercadeo. Diseñar estrategias de mercadeo recíproco. Evaluar la efectividad de todos los componentes del plan de mercadeo.	Identificar los mercados objetivo en línea. - Demográficos - Psicográficos - Específicos de nichos de mercado en línea Estudiar/Evaluar sitios Web de la competencia. Evaluar tendencias de la industria en línea. Conducir estudios de mercado. - cuestionarios por correo electrónico - grupos focales en línea (charlas estructuradas) - encuestas en línea (sitio Web) Marca reflejada/Imagen en línea. Diseñar evaluación de bases de datos de clientes en línea. Combinar análisis de bases de datos en línea/fuera de línea. Identificar oportunidades de co-mercadeo en línea. Identificar vínculos a/de otros sitios Web. Evaluar la efectividad del mercadeo en línea.

Ventas – Tradicionales (no en línea) +	Nuevos medios (en línea)
Refinar la propuesta de ventas. Diseñar e imprimir todos los materiales de ventas. - Folletos - Panfletos, carpetas - Papelería, tarjetas de presentación, etc. - Catálogo - Hojas promocionales, otro Crear una campaña de correo directo. Instigar el mercadeo viral.	Determinar una propuesta de ventas en línea. Diseñar/Instigar el sitio Web. - Introducir la compañía - Definir productos/servicios - Identificar necesidades adicionales de contenido Registrarse con motores de búsqueda. Crear una campaña de mercadeo del e-mail Crear programas filiales. Crear oportunidades de mercadeo viral en línea.

Tabla 17.1 – página 1

Incentivos de ventas/Promociones (fuera de línea)	**+ Nuevos medios (en línea)**
Crear campañas y materiales para enviar por correo desde la tienda: - cupones para recibir efectivo - descuentos/cupones - ofertas introductorias especiales - muestras gratis Diseñar loterías y concursos. Identificar premios. Identificar oportunidades de exposiciones. - Determinar el nivel de participación (expositor vs. audiencia)	Crear campañas en el sitio Web y vía correo electrónico de: - cupones para recibir efectivo - descuentos/cupones - ofertas especiales (ej: envío gratis) Diseñar loterías o programas para ganar puntos en línea - (Ejemplo: puntos para compradores frecuentes en la Web) Identificar premios (ej: para agradecerle por completar una encuesta del sitio Web).

Publicidad – Tradicional (fuera de línea)	**+ Nuevos medios (en línea)**
Determinar si debe contratar una agencia publicitaria. Determinar la colocación, frecuencia y precios para cada una de las siguientes opciones: - Televisión (de red, cable) - Radio (nacional, local) - Impresos (periódicos, revistas, revistas comerciales, boletines, páginas amarillas, hojas informativas, etc.) - Publicidad extrema (carteleras, buses, publicidad aérea, etc.) - Otro (señalización de eventos, camisetas, señales de puntos de compra, etc.) Identificar oportunidades de patrocinio (de eventos, programas, materiales, etc.)	Determinar si debe contratar una red publicitaria. Determinar la colocación, frecuencia y precios de cada una de las siguientes opciones: - Anuncios de pancartas (verticales, rectangulares, para ver con un clic) - Publicidad de portal - Publicidad vortal (portal vertical) - Boletines informativos, periódicos Televisión interactiva - Televisión directa - Vínculos a/de - Propaganda en otros sitios Web Identificar oportunidades de patrocinios en línea (de eventos en la Web, de porciones de la Web, de boletines en línea).

Tabla 17.1 – página 2

Componentes de una exitosa estrategia de mercadeo de medios múltiples

Relaciones públicas – Tradicional (fuera de línea) + Medios nuevos (en línea)

Determinar si una agencia de relaciones públicas debe ser contratada. Conducir eventos programados para el público/nicho: - talleres - puertas abiertas para el público - seminarios - celebraciones Organizar: - participación en otros eventos (conferencias especiales, discursos, talleres) - entrevistas con invitados (radio, televisión, columnista invitado - entrevistas (impresas) Identificar eventos benéficos y comunitarios para contribuciones personales y financieras.	Determinar si debe subcontratar servicios de relaciones públicas. Organizar eventos en línea: - charlas especiales de expertos invitados - grupos de charla programados regularmente - actividades para mejorar la comunidad - boletines - emisión en la Web de eventos fuera de línea Organizar aparición de invitados en otros sitios Web: - grupos de charlas - boletín (pregunta al experto) - entrevistas (boletines en línea, revistas)

Contactos –Tradicional (fuera de línea) + Nuevos medios (en línea)

Identificar grupos, asociaciones y conferencias: - su comunidad local - asociaciones comerciales - organizaciones de negocios - grupos profesionales Determinar el nivel de participación en cada uno: - miembro - buscar un cargo de liderazgo - asistir a reuniones/eventos solamente	Identificar oportunidades de establecimiento de contactos en línea para participar en: - grupos de charlas - boletines - sitios Web de asociación profesional - otro Establecer contacto regular de correo electrónico con: - clientes actuales - clientes posibles - socios profesionales y de negocio

Tabla 17.1 – página 3

Componentes de una exitosa estrategia de mercadeo de medios múltiples

Necesidades de mercadeo

1. Venda selectivamente

Describa sus productos y/o servicios.

¿Qué tendencias actuales tienen un impacto en sus productos y servicios?

¿Cómo puede aplicar información sobre estas tendencias a su propia estrategia de mercadeo?

Hoja 17.2

Hoja de trabajo "Venda Selectivamente"

Necesidades de mercadeo

2. Conozca su nicho

Describa sus clientes en detalle. Además de datos demográficos, considere asuntos psicográficos:

- *Pasatiempos*
- *Ingresos disponibles*
- *Actividades de pasatiempo*
- *Membresías*
- *Vacaciones*
- *Estatus de la familia*
- *Otra información del estilo de vida*

¿Qué información adicional debe obtener sobre sus clientes?

¿Cómo tiene esta información impacto en su estrategia de mercadeo?

- *Mercadeo*
- *Ventas*
- *Publicidad*
- *Relaciones públicas*
- *Establecimiento de contactos*

Hoja 17.3

Hoja de trabajo "Conozca su nicho"

Necesidades de mercadeo

3. Cree su propuesta de ventas

Defina con precisión las características de sus productos y servicios.

- *Producto/Servicio A:*

- *Producto/Servicio B:*

- *Producto/Servicio C:*

¿Cómo puede hacer que sus productos y servicios adquieran vida para sus clientes potenciales?

Para cada uno de sus productos o servicios, escriba una breve propuesta que llame la atención. Enfóquese en las <u>necesidades</u> de sus clientes y los <u>beneficios</u> del producto/servicio.

Hoja 17.4

Hoja de trabajo "Cree su propuesta de ventas"

Necesidades de mercadeo

4. Fije precios para ganar

¿Cómo se compara su estructura de precios actuales a la de su competencia? (igual a, más que o menos que)

Ha cubierto todos sus gastos para producir este producto u ofrecer este servicio, considerando:

- *Materiales*
- *Labor*
- *Gastos generales*
- *Costos de envío*
- *Costos de manejo*
- *Almacenamiento*

Por los servicios que ofrece, cuáles son las ventajas y desventajas de las siguientes estructuras de precios:

- *Tasas de factura por hora*
- *Cálculos de proyecto por proyecto*
- *Estructura de anticipo sobre los honorarios mensuales*

¿Cuál es su precio base? ¿Tope?

Figura 17.5

Hoja de trabajo "Fije los precios para ganar"

Esbozo del plan de mercadeo

I. Visión general y metas de la estrategia de mercadeo

A. Visión general de la estrategia de mercadeo

B. Metas de la estrategia de mercadeo

1. Crear una marca sólida
2. Construir una fuerte base de clientes
3. Aumento de venta de productos/servicios

II. Análisis de mercado

A. Mercado(s) objetivo(s)

1. Demografía
2. Psicografía
3. Específicos de nichos de mercado

B. Competencia

1. Descripción de la competencia principal
2. Evaluación de sus fuerzas/debilidades

C. Tendencias del mercado

1. Tendencias de la industria
2. Tendencias del mercado objetivo

D. Investigación de mercado

1. Métodos de investigación
2. Análisis de base de datos
3. Resumen de resultados

III. Estrategia de mercadeo

A. Descripción general

1. Asignación de esfuerzos de mercadeo (% del presupuesto dedicado a la Internet vs. fuera de la Internet)
2. Retorno esperado en inversión de componentes más importantes

B. Método de ventas y distribución

1. Tiendas, oficinas, quioscos
2. Catálogos, correo directo
3. Sitio Web

C. Empaque

1. Consideraciones de calidad
2. Empaque

D. Fijación de precios

1. Estrategia de precio
2. Posición competitiva

E. Consolidación de la marca

F. Mercadeo de la base de datos (personalización)

G. **Estrategias de ventas**
1. Ventas directas
2. Correo directo
3. Mercadeo por correo electrónico
4. Mercadeo filial
5. Mercadeo recíproco
6. Mercadeo viral

H. **Incentivos de ventas/Promociones**
1. Muestras gratis
2. Cupones para recibir efectivo
3. Loterías
4. Promociones en línea
5. Accesorios
6. Reembolsos
7. Otro

I. **Estrategias publicitarias**
1. Propaganda tradicional (TV, radio, impresa, extrema)
2. Propaganda en la Web/Nuevos medios (anuncios de pancartas, propaganda en PDAs, Portales/Vortales, televisión interactiva)
3. Patrocinios a largo plazo

J. **Relaciones públicas**
1. Construir una presencia en línea (comunidades, charlas, boletines)
2. Eventos (en líneas y fuera de línea)
3. Comunicados de prensa (impresos, radio, televisión, en línea)
4. Entrevistas (notas informativas en línea y sitios Web, impresa, radio, televisión, servicios de charlas por Internet, eventos en línea)

K. **Establecimiento de contactos *(membresía y cargos de liderazgo)***

IV. Servicio al cliente

A. **Descripción de actividades de servicio al cliente**

B. **Resultados esperados para lograr la excelencia**

V. Implementación de la estrategia de mercadeo

A. **Responsabilidades en casa**

B. **Funciones subcontratadas**
1. Publicidad, relaciones públicas, firmas de mercadeo
2. Redes de publicidad
3. Otro

VI. Evaluación de la efectividad del mercadeo *

* **Nota.** *La evaluación es para negocios existentes y se hace después de evaluaciones periódicas.*

CAPÍTULO 18

Escriba su plan de negocio:
La clave del éxito

El propósito de este capítulo es convencerle que necesita escribir un plan de negocio y para darle una información básica sobre la planeación de negocios. También, le haremos un esbozo básico que enumera los componentes de un plan bien escrito. Si usted decide seguir con el proyecto (¡Esperamos que sí!), existe una guía exhaustiva que le llevará paso a paso por todo el proceso. Se titula *Anatomía de un plan de negocio* (Linda Pinson, Out of Your Mind...and Into the Marketplace, Tustin, CA). Si usted sabe de computadoras, también hemos desarrollado una versión del libro en inglés de software de IBM o compatible, completo con procesamiento de texto y hojas de cálculos pre-formateadas y pre-formuladas. Se titula AUTOMATE YOUR BUSINESS PLAN *para Windows*®. Además, puede tomar clases en la mayoría de las universidades, centros de desarrollo de pequeños negocios o de la Administración de pequeños negocios (SBA, por sus siglas en inglés).

La escasa planeación es una de las principales razones del fracaso de muchos negocios. Cuando se ha considerado el concepto de la planeación de negocios, tres hechos críticos siempre parecen emerger:

1. Todos los prestamistas e inversores requieren un plan de negocio.
2. Todos los negocios operarían con más ganancias con un plan de negocio.
3. La mayoría de propietarios de negocios no saben cómo escribir un plan de negocio ganador.

He dirigido talleres de negocio a empresarios por más de 20 años y he encontrado que ninguna tarea parece causar más consternación y temor que la de enfrentarse a la tarea siniestra de preparar un plan de negocio. De hecho, muchos nuevos propietarios de negocios siguen adelante sin estar seguros si una buena idea, entusiasmo y el deseo de lograr sus objetivos serán suficientes para asegurar el éxito de su negocio.

Desafortunadamente, hay un defecto mayor en este tipo de pensamiento. Muchos propietarios de negocios no son muy competentes en todas las fases de sus industrias particulares y, por eso, no tienen suficiente conocimiento para tomar las mejores decisiones y ver qué cambios necesitarán para implementarlos en el futuro. La planeación de negocios es la manera más efectiva de superar este defecto y permitirle organizar la toma de decisiones de negocio siguiendo un proceso lógico. A la mayoría de propietarios de negocios les encantaría poder usar todo su tiempo para practicar sus habilidades y, al mismo tiempo, evitar cualquier cosa que se asemeje a un trámite.

Pronto usted aprenderá que casi el 20% de su tiempo como dueño de negocio lo usará para trabajar directamente con su producto o servicio. El otro 80% del tiempo estará ocupado haciendo todas las tareas misceláneas y directivas que necesitan completarse para asegurar que su negocio funcione.

¿Por qué debe escribir un plan de negocio?

Hay dos propósitos importantes para escribir un plan de negocio. ¿Cuáles son y por qué son tan importantes para que deba decidir escribir uno?

1. **Para que sirva como una guía durante la vida de su negocio.** Esta es la razón principal para escribir un plan de negocio. Escribir un plan de negocio le obligará a considerar todos los componentes para hacer un éxito de su negocio. También será un medio para analizar periódicamente qué está pasando en su negocio y le dará una base sólida sobre la cual tomar decisiones e implementar cambios. En pocas palabras, es el anteproyecto de su negocio y servirá para mantenerlo en el buen camino. Si usa su tiempo para planear por adelantado, se evitará muchos obstáculos y eliminará frustraciones innecesarias.

2. **Para llenar el requisito de asegurar prestamistas e inversionistas.** Si está planeando obtener fondos de préstamos o capital de riesgo, se le pedirá presentar documentación sólida en la forma de un plan de negocio.

   Lejos están los días cuando su banquero local extendía un préstamo porque usted es una persona confiable con una idea empresarial que parece muy buena. El mundo es más complejo, la economía está en aprietos y el banquero necesita tener documentación completa que justifique su préstamo. Recuerde, el banquero es el portero del dinero de sus clientes. Si su plan de negocio es realista y tiene completa documentación financiera que indique que podrá pagar su préstamo más intereses, existe una base sobre la cual prestarle los fondos que necesita para operar o extender su negocio. Esto también aplica a capitalistas de riesgo que inviertan en su negocio a cambio de tener una porción del mismo.

Su plan de negocio le dará a prestamistas e inversionistas potenciales la información detallada de todos los aspectos del pasado de la compañía, de las operaciones actuales y proyecciones futuras. Detallará cómo la inversión deseada o préstamo promoverá los objetivos de la compañía. Cada prestamista e inversionista quiere saber cómo el préstamo mejorará el valor de su compañía. Su plan de negocio detallará cómo se usará el dinero y cómo elevará la rentabilidad de su empresa.

Revisando su plan de negocio

Escribir un plan de negocio no significa que usted nunca podrá salirse de ese plan. De hecho, si su plan va a ser efectivo para el negocio o para un prestamista potencial, será necesario actualizarlo con frecuencia.

Cambios ocurren constantemente en su industria, en tecnología y con sus clientes. Usted, como propietario, debe ser consciente de todo lo que está pasando en relación a su negocio en particular y en su industria en general. Debe prepararse para tomar los pasos necesarios para ir adelante de la competencia. Cada trimestre querrá ver lo que está pasando en su negocio, tomar decisiones sobre qué puede hacer mejor y revisar su plan para reflejar los cambios que quiere implementar.

Un formato ganador de un plan de negocio

Una de las cosas que también noté respecto a la planeación de negocios es que la mayoría de los talleres de planeación de negocios se centraban en por qué usted debe contratar un planeador profesional (normalmente su empresa). Desde que entramos al negocio del software, también nos hemos enfrentado con mucha promoción exagerada que dicen poder instalar su software de planeación de negocios y crear un plan de negocio en unas pocas horas.

El hecho es que escribir un plan de negocio requiere muchos días y posiblemente meses, dependiendo de la complejidad de su negocio. Pero, puede escribirlo usted mismo, y si lo hace, conocerá mejor su negocio antes de terminar. Se debe hacer mucha investigación. Aun si contrata un planeador profesional, se le pedirá que proporcione la información y estadísticas para incluir en su plan de negocio. Esta fase será casi el 80% del trabajo. El otro 20% es el asunto de saber como juntar la información en un plan legible.

Mucha de la confusión parece venir del hecho que la mayoría de los propietarios de negocios no saben qué elementos incluir o cómo organizar su información en una secuencia lógica.

> Como un estudiante tan acertadamente lo puso, *"Si Dios tuviera cajas de brazos, piernas, cabezas y otras partes, sin instrucciones para armar un ser humano, quizá nos veríamos bastante chistosos y no funcionaríamos muy bien. Creo que un plan de negocio es igual"*.

¡Él estaba en lo cierto! Para ser eficiente, un plan de negocio debe tener no sólo todas las partes necesarias sino también estar organizado como un modelo funcional. Cuando escriba su plan de negocio querrá cubrir temas específicos en un orden particular. Además, necesitará mantener el 100% de continuidad entre las secciones del plan. Todo lo que usted documente en las secciones de texto deben reflejarse en los documentos financieros.

Consejo tecnológico

Software para la planeación de negocios: Uso de tecnología para hacer más eficiente el proceso

No hay una forma rápida para escribir un plan de negocio Pero, utilizando las herramientas correctas, su trabajo puede ser más fácil y le ahorrará tiempo valioso. La combinación de las capacidades de investigación de la Internet y el uso de un buen paquete de software de planeación de negocios puede ayudarle a crear para su empresa un plan de negocio creíble y que usted pueda defender.

Desafortunadamente, en el mundo de hoy, lleno de productos exagerados, mucho del software adquirido no cumple con todo lo prometido en el exterior del paquete. He visto un paquete popular que dice en el frente de la caja, "Agregue los números y escriba un plan de negocio en unas pocas horas". Esto debe ser la pista para salir corriendo, no caminando, a la salida más cercana.

¿Qué debe buscar en el software de planeación de negocios?

Recuerde que su plan de negocio sólo es tan bueno como la información que ingrese en el programa. Es el viejo adagio "Basura entra, basura sale". Manteniendo el resulto deseado en su mente, busque el software que le permitirá personalizar su plan para su negocio particular. Esto significa apartarse de plantillas que creen planes enlatados.

Un buen software le guiará paso a paso a través de su plan de negocio, dándole instrucciones y ejemplos para cada parte de su plan, pero no generará el texto para usted con sólo el relleno de espacios. Especialmente importante es su plan financiero. Asegúrese que todas sus hojas de cálculo puedan ser completamente personalizadas para su tabla de contabilidad. Las declaraciones financieras generales no le ayudarán a manejar su negocio.

Cont. - en la página 185

Tenemos una preferencia— *¡Por supuesto!*

AUTOMATE YOUR BUSINESS PLAN *for Windows* (AUTOMATICE SU PLAN DE NEGOCIOS para Windows) es el software que acompaña el libro galardonado, *Anatomía de un plan de negocio.* Le guiará a través del proceso entero de la planeación de negocios con instrucciones, ejemplos y plantillas. La plantilla de la tabla de contabilidad rápidamente personalizará todas sus hojas de cálculo a su tabla contable específica. Luego usted trabajará en el Cuaderno de hojas de cálculo integradas (enlazadas) donde todas las hojas de cálculo están pre-formateadas y pre-formuladas. Información y números que usted ingrese (o cambie) serán reflejados automáticamente en todas las hojas de cálculo relacionadas. Como un bono para los usuarios, hay una página Web de investigación internacional (disponible sólo a nuestros usuarios) que le guiará entre sus investigaciones y lo enlazará directamente a la información financiera y de mercadeo que necesita para escribir su plan de negocio. El software también incluye un programa de amortización que calculará pagos principales y de interés en sus préstamos. Para más información: *www.business-plan.com*

Note. **AUTOMATE YOUR BUSINESS PLAN** no es una aplicación en español. Es una versión en inglés.

Esbozo de la *Anatomía de un plan de negocio*

Para ayudarle a hacer su tarea más fácil, hemos incluido un esbozo condensado (basado en el libro, *Anatomía de un plan de negocio,* y el software, *Automate your business plan*) que usted podrá seguir cuando escriba su plan de negocio. Su plan debe incluir todos los elementos enumerados en las páginas 186 y 187.

Nota. Si vive en los Estados Unidos, le queremos animar a que como parte informal de su plan de negocio incluya capacitación en el aprendizaje del inglés, por las siguientes razones:

- Incrementará su clientela
- Tendrá acceso a una variedad más amplia de recursos
- No dependerá de otros para las negociaciones
- Podrá sacar provecho de las regulaciones y leyes políticas y económicas

Esbozo de un plan de negocio

Adaptado de: *Anatomía de un plan de negocio*
y
Automate Your Business Plan
Out of Your Mind...and Into the Marketplace, Tustin, CA

LA PORTADA

(La portada de su plan)

La portada debe contener el nombre, dirección y número telefónico del negocio y los nombres, direcciones y números telefónicos de todos los propietarios y los funcionarios corporativos. Además debe decir quién preparó el plan de negocio y cuándo se preparó y revisó. Para ayudarle a llevar la cuenta de las copias para los prestamistas, marque cada portada con un número de copia. También puede optar por incluir una declaración de confidencialidad.

EL RESUMEN EJECUTIVO

(El resumen de su plan)

El Resumen ejecutivo resume su plan y establece sus objetivos. Si usted busca fondos de préstamo o capital de inversión, enumerará sus necesidades de capital, cómo intenta usar el dinero, beneficio del préstamo o fondos de inversión en el negocio y cómo intenta pagar el préstamo más interés al prestamista, o generar ganancias al inversor. Los inversionistas estarán específicamente interesados en su estrategia de salida.

Mientras está escribiendo su plan, muchas ideas anteriores cambiarán y desarrollará nuevas ideas. Por eso, el resumen ejecutivo se formula con mayor eficiencia después de que su plan esté escrito. Esta declaración debe ser concisa, pero debe incluir los puntos clave de interés para el lector.

ÍNDICE DE CONTENIDO

(Listado de materias de su plan con números de páginas)

El contar con un índice de contenido ayudará al lector a moverse con facilidad de una sección del plan a otra cuando necesite verificar información.

Por ejemplo: Si un lector está leyendo información financiera respeto a publicidad en una declaración pro forma del flujo de dinero en efectivo, puede usar el índice de contenido para encontrar la sección sobre publicidad para información específica sobre donde hará publicidad y cómo usará los dólares destinados a publicidad. El índice de contenidos también lo referirán a las páginas de la sección de documentos de apoyo que contendrán hojas de tarifas de publicidad que apoyan el plan publicitario.

PARTE I: EL PLAN ORGANIZATIVO

(La primera sección importante de su plan de negocio)

Esta sección contiene información de la organización administrativa de su negocio. Incluirá cosas como una descripción sumaria de su negocio, una lista de productos y servicios que usted venderá, descripción de su propiedad intelectual, elección de estructura legal, información de la gerencia y de los empleados, provisiones legales y contables, consideraciones de seguro y medidas de seguridad planeadas. Además, incluirá su ubicación, si no está conectada con su mercadeo.

PARTE II: EL PLAN DE MERCADEO

(La segunda sección más importante de su plan de negocio)

Su plan de mercadeo se basa en la visión general y los objetivos que usted establezca para su negocio. El plan define todos los componentes de su estrategia de mercadeo, incluyendo los detalles de su análisis de mercadeo, ventas, publicidad y campañas de relaciones públicas. El plan de mercadeo debe integrar programas tradicionales (fuera de línea) con estrategias en nuevos medios (en línea). El plan de mercadeo se completa con el servicio al cliente, implementación de su estrategia de mercadeo y planes para evaluar la efectividad del mercadeo.

PARTE III: DOCUMENTOS FINANCIEROS

(La tercera sección importante de su plan de negocio)

Sus documentos financieros traducen la información en las primeras dos secciones de su plan en cifras financieras que se pueden usar para analizar su negocio y tomar decisiones para una mayor rentabilidad.

Usted tendrá declaraciones financieras pro forma (proyectados), declaraciones actuales (históricas), y un análisis de las declaraciones financieras. Incluya una declaración pro forma del flujo de efectivo, una proyección de los ingresos de tres años, un análisis de resultados parejos (sin ganancias ni pérdidas), análisis trimestral del presupuesto, declaración de ganancias y pérdidas, hoja de balance y un resumen del análisis de la declaración financiera. Si va a un prestamista o inversionista, también necesitará un resumen de la tasa de necesidades financieras y una declaración de la dispersión de los fondos de préstamos (fuentes y uso de los fondos) e historia financiera del negocio.

PARTE IV: DOCUMENTOS DE APOYO

(Documentos referidos a y usados para apoyar declaraciones hechas en las tres principales secciones de su plan de negocio)

Esta sección incluirá: currículo vitae del propietario/jefe, declaraciones financieras personales, artículos de acuerdos de incorporación/asociación, contratos legales, acuerdos de contratos de arrendamiento, papeles patentados (derechos de autor, marcas registradas y patentes), cartas de referencia, estadísticas demográficas y cualquier otro documento pertinente de apoyo al plan.

APÉNDICE

I

Recursos para la investigación de negocios

de EUA e internacionales

¿Cómo puede encontrar la información que necesita?

Una de las principales preguntas que se hacen redactores de planes de negocios es, ***"¿Cómo encuentro la información que necesito para hacer proyecciones financieras y de mercadeo?"***

En este capítulo se le ofrecen recursos en línea y fuera de línea que le ayudarán con sus esfuerzos de investigación financiera y de mercadeo.

Los recursos de este capítulo han sido organizados en las secciones siguientes:

✓ ***Enlaces a sitios Web de investigación***

✓ ***Recursos bibliotecarios***

✓ ***Publicaciones y revistas***

✓ ***Libros***

✓ ***Departamentos del gobierno estadounidense***

✓ ***Administración de Pequeños Negocios de EUA***

Recursos de la Internet

Información del Consumidor

Información demográfica de EUA
http://www.census.gov

Estadísticas demográficas de Europa
http://europa.eu.int/comm/eurostat/Public/datashop/print-catalogue/EN?catalogue=Eurostat

Fuentes de datos de gobiernos extranjeros
http://www.lib.umich.edu/

Tasas de estándares industriales (Asociación de gestión de riesgos)
http://www.rmaorg.com

Estudios internacionales de demografía y de población
http://demography.anu.edu.au/VirtualLibrary/
http://vlib.org/

Estilo de vida, ambiente y otras estadísticas—Japón
http://www.jinjapan.org/stat/index.html

Valores y estilos de vida
http://www.sric-bi.com/VALS/

Información de compañías

Directorio de negocios europeos
http://www.europages.com/

Clasificaciones industriales
http://www.census.gov/

Listado de compañías internacionales
http://www.trade.gov/

Perspectiva de la industria y comercio de EUA®
http://www.ntis.gov/products/bestsellers/industry-trade.asp?loc=4-2-0

Administración de pequeños negocios de EUA
http://www.sbaonline.sba.gov/

Lista industrial de negocios Yahoo
http://dir.yahoo.com/Business_and_Economy/Directories/Companies/

Análisis Competitivo

Recurso financiero y de contabilidad
http://www.brint.com/Business.htm#Accounting

Sitios de negocios
http://www.techweb.com

Inteligencia competitiva
http://www.cio.com/CIO/arch_0695_cicolumn.html

Fortune Magazine
http://www.fortune.com

Hoover's en línea
http://www.hoovers.com

Análisis competitivo internacional
http://www.trade.gov/
http://www.brint.com/International.htm

Comisión de valores e intercambio de EUA
http://www.sec.gov

Wall Street Journal
http://online.wsj.com/public/us

Información de países

Asia
http://www.asia-inc.com

Información mundial de la CIA
http://www.cia.gov/cia/publications/factbook/index.html

Sitios de ciudades
http://officialcitysites.org/country.php3

Cultura
http://ecai.org

Estudios demográficos y de población
http://demography.anu.edu.au/VirtualLibrary

Europa
http://europa.eu.int/eurodicautom/Controller

Información de gobiernos extranjeros
http://dir.yahoo.com/Government/countries

Importación y exportación
http://www.census.gov/foreign-trade/www/

Oriente Medio
http://arabia.com

STAT-USA
http://www.stat-usa.gov

Búsquedas sobre el comercio mundial
http://world-trade-search.com

Centro Latinoamericano de Redes de Información
http://lanic.utexas.edu/la/region/business

Ambiente Económico

Centro de documentos
http://www.lib.umich.edu/

Indicadores económicos de la oficina del Censo de EUA
http://www.census.gov/econ/www/

Investigación del crecimiento económico
http://econ.worldbank.org/programs/macroeconomics/

Recursos Empresariales

Centro para empresas familiares
http://web.cba.neu.edu/fambiz/

EntreWorld
http://www.entreworld.org/

The Entrepreneurial Edge
http://peerspectives.org

Administración de pequeños negocios de EUA
http://www.sbaonline.sba.gov/

Información de negocios Yahoo
http://dir.yahoo.com/Business_and_Economy/

Cámara de Comercio Hispana de Estados Unidos
http://www.ushcc.com

Hispanic Business
http://www.hispanicbusiness.com

Centro Nacional Latino de Investigaciones
http://www.csusm.edu/nlrc

Ambiente Legal

Ley de publicidad
http://www.arentfox.com/quickGuide/businessLines/advert/advertisingLaw/advertisinglaw.html

Ley de negocios de la Unión Europea
http://europa.eu.int/eur-lex/en/index.html

Diccionario y directorio de la ley internacional
http://august1.com/pubs/dict/index.shtml

Recursos legales internacionales
http://www.wcl.american.edu

http://www.spfo.unibo.it/Welcome.html

http://www.lawschool.cornell.edu

http://www.law.indiana.edu

http://willy.law.pace.edu

Ley de propiedad intelectual
http://www.patents.com

Ley de la Biblioteca del Congreso de EUA
http://lcweb.loc.gov

Meta-Index de investigación legal de EUA
http://gsulaw.gsu.edu/metaindex

Tratado de libre comercio de Norteamérica
http://www.nafta-sec-alena.org/DefaultSite/index.html

Biblioteca de Ley del Condado de Santa Barbara
http://www.countylawlibrary.org

Oficina de patentes y marcas registradas de EUA
http://www.uspto.gov

Ambientes legislativos y de regulaciones

Administración de alimentos y fármacos
http://www.fda.gov

Comisión federal del comercio
http://www.ftc.gov

Comisión federal de comunicaciones
http://www.fcc.gov

Información legislativa Thomas en la Internet
http://thomas.loc.gov

Recursos Bibliotecarios

En la sección de negocios de su biblioteca local se pueden encontrar los recursos listados abajo. El bibliotecario en la sección de negocios de su biblioteca puede ayudarle a encontrar los materiales que necesita. Para su conveniencia, los recursos se ofrecen en orden alfabético.

***Almanac of Business and Industrial Financial Ratios* (Prentice-Hall).** Ofrece tasas y normas industriales en cifras de dólares reales derivadas de datos del IRS (Oficina de Recaudación de Impuestos de EUA). Cada industria incluye indicadores de ejecución como activos totales, costo de operaciones, salarios y márgenes de ganancias.

***American Manufacturers Directory* (American Business Information).** Lista de fabricantes estadounidenses con 25 o más empleados.

***Bacon's Newspaper/Magazine Directory* (Bacon's Information).** Lista de medios como fuente de información publicitaria.

***Catalog of Catalogs* (Woodbine House).** Contiene descripciones e información de contactos de más de 14 mil catálogos, organizados por tema y nombre de la compañía.

***City and County Data Book* (U.S. Dept. of Commerce).** Este libro (actualizado cada tres años) contiene información estadística sobre población, educación, empleo, ingresos, vivienda y ventas al detalle.

***Directory of Directories* (Gale Research Inc).** Describe más de 9 mil guías de compradores y directorios.

***Discovering Small Business* (Gale Research Inc.).** CD-ROM que detalla 300 tipos específicos de empresas con muestras de planes de negocios, información sobre programas financieros, licencias y artículos de revistas actuales.

***Dun and Bradstreet Directories* (Dun and Bradstreet).** Lista de compañías en orden alfabético, geográfico y por clasificación de producto.

***Encyclopedia of Associations: National Organizations of the U.S.* (Gale Research Inc.).** CD ofrece acceso al instante a información de 23 mil organizaciones nacionales en EUA.

***Encyclopedia of Business Information Sources* (Gale Research Inc.).** Lista de manuales, revistas, directorios, asociaciones de comercio y más, para más de 1,200 industrias específicas y temas de negocio. Empiece acá para buscar información sobre su negocio particular.

***Financial Studies of the Small Business* (Financial Research Associates).** Organizado por industria, los estudios contienen tasas financieras e indicadores de negocios micro y pequeños.

***Incubators for Small Business* (U.S. Small Business Administration).** Lista de más de 170 oficinas del gobierno estatal e incubadores que ofrecen ayuda financiera y técnica a nuevos pequeños negocios.

***Industry Norms & Key Business Ratios* (Dun & Bradstreet.** Ofrece cifras de hojas de balance de compañías en más de 800 diferentes líneas de negocio, definidas según el número SIC.

***Lifestyle Market Analyst (*Standard Rate & Data Service).** Analiza la población a nivel geográfico y demográfico. Incluye extensa información sobre estilo de vida respecto a los intereses, pasatiempos y actividades populares en cada mercado geográfico y demográfico.

***National Trade and Professional Associations of the U.S.* (Columbia Books, Inc.).** Asociaciones profesionales y comerciales organizadas por asociación, región geográfica y presupuesto.

***RMA Annual Statement Studies* (Risk Management Association).** Normas y tasas industriales compilados de estados de ingresos y hojas de balance. Por cada código SIC se dan tres grupos de estadísticas, cada uno representando un rango de tamaño específico de compañías, con base en sus ventas.

***Small Business Sourcebook* (Gale Research Inc.).** Un buen sitio inicial para encontrar asesores, instituciones educativas, agencias gubernamentales que ofrecen ayuda y también fuentes de información específica para más de 140 tipos de negocios.

***Sourcebook for Franchise Opportunities* (Dow-Jones Irwin).** Ofrece información anual del directorio de franquicias estadounidenses y datos de requisitos de inversión, regalías y tarifas de publicidad, servicios provistos por el dueño de la franquicia, proyección de tasas de crecimiento y ubicaciones donde las franquicias tienen licencias para operar.

***Statistical Abstract of the U.S.* (U.S. Dept. of Commerce).** Actualizado anualmente, proporciona información demográfica, económica y social.

Thomas Register of Manufacturing. Directorio de la mayoría de firmas de fabricación, incluye perfil de la compañía e información de contacto.

Publicaciones y revistas

Business Week, McGraw-Hill, Inc., 1221 Avenue of the Americas, New York, NY 10020.

Entrepreneur Magazine, 2392 Morse Avenue, Irvine, CA 92714.

Diario Financiero, http://www.diariofinanciero.cl

Fast Company, P.O. Box 52760, Boulder, CO 80328.

HispanicEnterprise, 6355 NW 36th Street, Miami, FL 33166, (305) 774-3550
Fax: (305) 774-3578 http://hol.hispaniconline.com

Hispanic Business Magazine, 425 Pine Avenue, Santa Barbara, CA 93117-3709

Inc., 38 Commercial Wharf, Boston, MA 02110.

LaOpinion, 700 S. Flower St., Suite #3000,Los Angeles, CA 90017

Nation's Business, 1615 H. Street N.W., Washington, DC 20062-2000.

Latino Business Chronicle, 12864 Biscayne Blvd., Suite 306, Miami, FL 33181,
(305) 864-3422, http://www.latinbusinesschronicle.com

Small Business Forum: Journal of the Association of Small Business Development Centers, University of Wisconsin SBDC, 432 North Wake Street, Madison, WI 53706.

Small Business Success, Pacific Bell Directory, 101 Spear Street, Rm. 429, San Francisco, CA 94105 (800) 237-4769 in CA - or - (800) 848-8000.

Libros

Avdvani, Asheesh. *Investors in Your Backyard: How to Raise Business Capital From the People You Know.* Berkeley, CA: Nolo Press, 2006

Bangs, David. *Non Profits Made Easy.* Irvine, CA: Entrepreneur Media, Inc., 2006.

Clifford, Denis and Ralph Warner. *Form a Partnership.* Berkeley, CA: Nolo Press, 2006.

Coveney, Patrick. *Business Angels: Securing Start-Up Finances.* New York: John Wiley and Sons, 1998.

Elias, Stephen R. *Trademark: Legal Care for Your Business & Product Name.* Berkeley, CA: Nolo Press 2005

Godin, Seth. *Bootstrapper's Bible.* Chicago: Dearborn, 1998.

Gompers, Paul and Lerner, Josh. The Venture Capital Cycle. 2006.

Hupalo, Peter I. *Thinking Like An Entrepreneur.* W. St. Paul, MN: HCM Publishing, 1999.

Levinson, Jay Conrad. *Guerrilla Marketing With Technology. Addison Wesle. 1997.*

Lipman, Frederick. *Financing Your Business with Venture Capital.* Prima Publishing, 1998.

Metrick, Andres, *Venture Capital and the Finance of Innovation.* 2006.

Norman, Jan. *What No One Ever Tells You About Marketing Your Own Business.* 2004.

Ogilvy, David. *Ogilvy on Advertising.* New York, NY: Random House.

Pakroo, Peri H., *Starting & Building a Nonprofit: A Practical Guide.* Nolo Press, 2007.

Pinson, Linda. *18 Pasos para Desarrollar tu Negocio.* Tustin, CA: Out of Your Mind...and Into the Marketplace, 2008.

Pinson, Linda. *Anatomía de un Plan de Negocio.* Tustin, CA: Out of Your Mind...and Into the Marketplace, 1998.

Pinson, Linda. *Anatomy of a Business Plan.* Tustin, CA: Out of Your Mind...and Into the Marketplace, 2007.

Pinson, Linda. *Keeping the Books.* Chicago: Kaplan Publishing, 2007.

Pinson, Linda and Jerry Jinnett. *Steps to Small Business Start-up.* New York: Kaplan, 2006.

Scott, David Meerman. *The New Rules of Marketing and PR: How to Use News Releases, Blogs, Podcasting, Viral Marketing and Online Media to Reach Buyers Directly.* 2007.

Steingold, Fred. *The Complete Guide to Buying a Business.* Berkeley, CA: Nolo, 2005.

Steingold, Fred. *Negotiate the Best Lease for Your Business.* Berkeley, CA: Nolo, 2005.

Tiernan, Bernadette. *E-Tailing.* Chicago: Dearborn Trade, 1999.

Tiernan, Bernadette. *The Hybrid Company.* Chicago: Dearborn Trade, 2001.

Wheeler, Alina. *Designing Brand Identity.* 2006.

Departamentos del gobierno estadounidense

Las oficinas federales son un recurso excelente para investigar su industria. Además de las oficinas federales provistas abajo, se recomiende que obtenga información de agencias del gobierno de su estado y área local. Al ir al sitio Web de la agencia, puede revisar y obtener información disponible.

Consumer Products Safety Commission
http://www.cpsc.gov

Department of Commerce
http://www.commerce.gov

Department of Commerce
U.S. Census Bureau
http://www.census.gov

Department of Commerce
Bureau of Economic Analysis
http://www.bea.gov

Department of Commerce
International Trade Administration
http://www.ita.doc.gov

Department of Energy
http://www.energy.gov

Department of Labor
Occupational Safety and Health Administration
http://www.osha.gov

Department of Labor
Bureau of Labor Statistics
http://www.stats.bls.gov

Department of Labor
Employment and Training Administration
http://www.doleta.gov

Department of State
http://www.state.gov

Department of Transportation
http://www.dot.gov

Department of the Treasury
http://www..ustreas.gov

Environmental Protection Agency
http://www.epa.gov

Federal Trade Commission
http://www.ftc.gov

Internal Revenue Service
http://www.irs.gov

Internal Revenue Service
Information Help Desk
http://www.irs.gov

Internal Revenue Service
Forms and Publications
http://www.irs.gov/formspubs/index.html

Library of Congress
Copyright Office
(202) 707-2100
http://www.copyright.gov

Patent and Trademark Office
U.S. Department of Commerce
Public Information Office
(703) 557-4357
http://www.uspto.gov/main/trademarks.htm
http://www.uspto.gov/main/patents.htm

U.S. International Trade Commission
http://www.usitc.gov/

Administración de pequeños negocios de EUA

La Administración de pequeños negocios de EUA (SBA, por sus siglas en inglés) es una oficina federal, pero se distingue debido a su importancia para los negocios pequeños de EUA. La SBA ofrece una extensa selección de información sobre la mayoría de temas de gestión de negocios desde cómo iniciar un negocio hasta la exportación de productos. La SBA tiene oficinas en todo el país. Consulte la sección del Gobierno de los EUA en su directorio telefónico de la oficina más cercana a usted. La SBA ofrece una cantidad de programas y servicios, incluyendo entrenamiento y programas educativos, servicios de asesoría, programas financieros y contactos. Estas organizaciones están disponibles a través de la SBA:

Service Corp of Retired Executives (SCORE). Una organización nacional, patrocinada por la SBA, de ejecutivos voluntarios de negocios que ofrecen asesoría gratuita, talleres y seminarios a empresarios potenciales o existentes.

Small Business Development Centers (SBDCs). Patrocinados por la SBA en sociedad con gobiernos estatales y locales, la comunidad educacional y el sector privado. Ofrecen ayuda, consejos y entrenamiento a personas de negocios potenciales y existentes.

Small Business Institutes (SBIs). Organizados a través de la SBA en más de 500 universidades del país. Los institutos ofrecen asesoría de estudiantes y de la facultad a clientes de pequeños negocios.

Para más información sobre los programas y servicios de desarrollo de negocios de la SBA:

1. Llame al centro de llamadas de la SBA 1 (800) 827-5722.

2. La SBA tiene una página principal en la Internet que ofrece una guía interactiva a programas de la SBA. (http://www.sba.gov)

3. La dirección de la SBA es la siguiente:

   U.S. Small Business Administration
   1441 L Street NW
   Washington, DC 20005

APÉNDICE II

Formas y hojas de cálculo en blanco

Las formas y hojas de cálculo en las siguientes páginas se han proporcionado para que usted pueda copiar y usar para su propio negocio.

Nota. Las hojas de cálculo financieras que contienen "Gastos Variables" y "Gastos Fijos" tienen espacios para que usted pueda llenar con sus propias categorías. Deben ser personalizadas para su negocio particular. Esto requerirá que decida sobre los títulos de las categorías cuando empiece la sección financiera de su plan de negocio y que siga con los mismos títulos en todos los estados de cuenta financieros.

Las categorías se desarrollan al revisar las diferentes cuentas en su libro contable o usando las categorías de su diario de ingresos y egresos. Esos gastos frecuentes y considerables tendrán sus propios títulos (por ejemplo, publicidad, renta, salarios, etc.). Esos gastos muy pequeños y poco frecuentes estarán incluidos bajo el título "misceláneo", ya sea en las secciones de gastos variables o gastos fijos de cada uno de los estados de cuenta financieros.

Forma para actualizar el seguro

Compañía	Persona a contactar	Cobertura	Costo Por Año
			$
			$
			$
			$
			$
			$

1. COSTO TOTAL ANUAL DEL SEGURO	$
2. COSTO PROMEDIO MENSUAL DEL SEGURO	$

Notas:

1.

2.

Hoja de trabajo para análisis de ubicación

Dirección: ______________________________

Nombre, dirección, número telefónico del agente inmobiliario/persona a contactar:

____

Área cuadrada/costo: ______________________________

Historia de ubicación: ______________________________

Ubicación en relación a su mercado objetivo: ______________________________

Patrón del tráfico de clientes: ______________________________

Patrón del tráfico de proveedores: ______________________________

Disponibilidad de estacionamiento (incluya diagrama): ______________________________

Tasa de delincuencia del área: ______________________________

Calidad de servicios públicos (por ejemplo, policía, bombero): ______________________________

Notas sobre las áreas peatonales de la zona: ______________________________

____

Tiendas vecinas y ambiente de negocios local: ______________________________

Regulaciones zonales: ______________________________

Capacidad de servicios públicos (información de representantes de la compañía de servicios públicos): ______________________________

____

Disponibilidad de materias primas/materiales: ______________________________

Disponibilidad de mano de obra: ______________________________

Tasa salarial en el área: ______________________________

Disponibilidad de vivienda para los empleados: ______________________________

____

Tasas de impuestos (estatales, del condado, de ingresos, de nómina, de gravámenes especiales): ______________________________

____

Evaluación del sitio en relación a la competencia: ______________________________

____

Hoja de trabajo para evaluación de la competencia

1. **COMPETIDOR:** ______________________________

____

2. **UBICACIÓN:** ______________________________

____

3. **PRODUCTOS O SERVICIOS OFRECIDOS:** ______________________________

____

4. **MÉTODOS DE DISTRIBUCIÓN:** ______________________________

____

5. **IMAGEN:** ______________________________
    a. Envasado: ______________________________
    b. Materiales promocionales: ______________________________
    c. Métodos de publicidad: ______________________________
    d. Calidad de producto o servicio: ______________________________

6. **ESTRUCTURA DE FIJACIÓN DE PRECIOS:** ______________________________

____

7. **HISTORIA DEL NEGOCIO Y EJECUCIÓN ACTUAL:** ______________________________

____

8. **ACCIÓN DEL MERCADO (número, tipos, ubicación de clientes):** ______________________________

____

9. **FUERZAS:** ______________________________

____

10. **DEBILIDADES:** ______________________________

____

Nota. Se debe hacer una hoja de trabajo de evaluación de la competencia para cada competidor. Debe mantener estos archivos y actualizarlos durante la vida de su negocio.

Diario de ingresos y gastos

Mes:____________ **20**____, ***página***___

Personalizar los títulos para el negocio

Número de cheque	Fecha	Transacción	Ingresos	Gastos								Misc
		Balance adelante —										
		Totales										

Archivo de dinero para gastos menores

Dinero para gastos menores: 20___ **Página ___**

Fecha	Pagado a	Cuenta de gastos a deudada	Depósito	Cantidad de gastos	Balance
	Balance a cuenta nueva				

Archivo de inventario

Existencias identificables

Comerciante al por mayor:________________________ **Página**___

Fecha de compra	Inventario Comprado		Costo por unidad	Fecha de vendido	Costo de venta	Nombre del comprador *(opcional)*
	# de existencia	Descripción				

Archivo de inventario

Existencias no identificables

Departmento/Categoría: ______________________________

Fecha de producción o compra	Inventario Comprado o fabricado		Cantidad de unidades	Costo por unidad	Valor en la fecha de inventario (Costo de unidad X unidades a mano)	
	# de existencia	Descripción			Valor	Fecha

Cuentas Pagaderas

Archivo de la cuenta

ACREEDOR: ______________________________

DIRECCIÓN: ______________________________

____

NÚMERO TELEFÓNICO: ____________________ Número de Cuenta: ________

Fecha de factura	Numero de factura	Cantidad de factura	Terminos	Fecha de pago	Cantidad pagada	Balance de Factura

Cuentas por cobrar

Archivo de la cuenta

ACREEDOR: ____________________________

DIRECCIÓN: ____________________________

____

NÚMERO TELEFÓNICO: ____________________ **Número de cuenta:** ________

Fecha de factura	Numero de factura	Cantidad de factura	Términos	Fecha de pago	Cantidad pagada	Balance de factura

Registro de kilometraje o millaje

Nombre:____

Fechado: De______________**a**________________

Fecha	Ciudad de destino	Nombre u otra designación	Propósito del negocio	Cantidad de millas
			Millas totales de esta hoja	

Registro de los gastos de diversión

Nombre:______________________________

Fecha: De____________**a**___________

Fecha	Lugar de diversión	Porpósito del negocio	Nombre de la persona que se invite	Cantidad gastada	

Registro de viajes

Viaje a: ______________________________ **Propósito de negocio:** ______________________

____

Fecha: De ____________ **a** ____________ **Número de días pasados en el viaje:**_____

Fecha	Lugar	Gasto Pagado a	Comidas				Hotel	Taxis, Etc.	Automóvil			Gastos Misc
			Desayuno	Almuerzo	Cena	Misc.			Gasolina	Estacionamiento	Peaje	
		Totales ⟶										

Adjuntar todos los recibos de comidas, hotel, auto, diversión, etc. Puede anotar detalles de sus gastos en los recibos. Archive su récord de viaje y sus recibos en el mismo sobre. Etiquete el sobre como viaje realizado. Archive juntos todos los documentos del viaje. Cuando asigne los gastos, asegúrese de no doblar los gastos en nada. (Por ejemplo: La gasolina no puede usarse si elige usar kilometraje o millaje como base para descontar sus gastos de uso del carro.)

Hoja de balance

Nombre de negocio: **Fecha:** ____________ ___, 20___

ACTIVOS

Activos actuales

Efectivo		$ ________
Dinero para gastos menores		$ ________
Cuentas pendientes		$ ________
Inventario		$ ________
Inversiones a corto plazo		$ ________
Gastos pre-pagados		$ ________
Inversiones a largo plazo		$ ________
Activos fijos		
Tierra (valuada al costo)		$ ________
Edificios		$ ________
1. Costo	________	
2. Menos depreciación acumulada	________	
Mejoras		$ ________
1. Costo	________	
2. Menos depreciación acumulada	________	
Equipo		$ ________
1. Costo	________	
2. Menos depreciación acumulada	________	
Muebles		$ ________
1. Costo	________	
2. Menos depreciación acumulada	________	
Autos/Vehículos		$ ________
1. Costo	________	
2. Menos depreciación acumulada	________	
Otros Activos		
1.		$ ________
2.		$ ________
TOTALES ACTIVOS		**$ ________**

PASIVOS

Pasivos actuales

Cuentas pendientes	$ ________
Notas pagaderas	$ ________
Interés pagadero	$ ________
Impuestos pagaderos	
Impuestos federales sobre la renta	$ ________
Impuestos de autoempleo	$ ________
Impuestos estatales sobre la renta	$ ________
Impuestos acumulado sobre ventas	$ ________
Impuestos sobre la propiedad	$ ________
Nómina acumulada	$ ________
Pasivos a largo plazo	
Notas pagaderas	$ ________
PASIVOS TOTALES	**$ ________**

VALOR NETO (CAPITAL ACCIONARIO)

Sociedad de propietarios	$ ________
o	
Sociedad	
______________, ___% Capital	$ ________
______________, ___% Capital	$ ________
o	
Corporación	
Capital en acciones	$ ________
Excedente pagado en	$ ________
Ingresos retenidos	$ ________
TOTAL VALOR NETO	**$ ________**

Activos – Pasivos = Valor neto
y
Pasivos + Valor neto = Activos totales

Declaración de pérdidas y ganancias

Nombre de la compania: ______________________________

Comenzando: ___de____________, 20___ **Terminando: ___de___________, 20___**

INGRESOS		
1. Ingresos de ventas		**$**
2. Costo de bienes vendidos (c-d)		
a. Inventario inicial (01/01)		
b. Compras		
c. C.O.G. ventas disponibles (a+b)		
d. Menos inventario final (12/21)		
3. Ganancia bruta en ventas (1-2)		**$**
GASTOS		
1. Variables (ventas) (a hasta h)		
a.		
b.		
c.		
d.		
e.		
f.		
g. Gastos variables misceláneos (ventas)		
h. Depreciación (Prod/Serv activos)		
2. Fijos (Administrativo) (a hasta h)		
a.		
b.		
c.		
d.		
e.		
f.		
g. Gastos variables misceláneos (administrativo)		
h. Depreciación (equipo de la oficina)		
Gastos totales de operación (1+2)		
Ingresos netos de operaciones (GB-Gastos)		**$**
Otros ingresos (Interés de los ingresos)		
Otros gastos (Interés de los gastos)		
Ganancias netas (pérdidas) antes de los impuestos		**$**
Impuestos		
a. Federales		
b. Estatales		
c. Locales		
GANANCIA NETA (PÉRDIDA) DESPUÉS DE LOS IMPUESOS		**$**

Hoja de trabajo de efectivo a pagarse

(Efectivo que sale del negocio)

Nombre de compañia: ____________________ **Periodo cubierto:** __________ **a** __________

1. **GASTOS INICIALES** $____________
   - Licencia del negocio ____________
   - Registro de la corporación ____________
   - Gastos legales ____________
   - Otros costos de iniciales:
     - a. ____________
     - b. ____________
     - c. ____________
2. **COMPRA DE INVENTARIO** ____________
   - Efectivo para bienes para reventa
3. **GASTOS VARIABLES (EN VENTA)**
   - a. ____________
   - b. ____________
   - c. ____________
   - d. ____________
   - e. ____________
   - f. ____________
   - Gastos variables misceláneos ____________
   - **TOTAL DE GASTOS DE VENTA** ____________
4. **GASTOS FIJOS (ADMINISTRATIVOS)**
   - a. ____________
   - b. ____________
   - c. ____________
   - d. ____________
   - e. ____________
   - f. ____________
   - Gastos fijos misceláneos ____________
   - **TOTAL DE GASTOS ADMINISTRATIVOS** ____________
5. **ACTIVOS (COMPRAS A LARGO PLAZO)** ____________
   - Efectivo a pagarse en el periodo actual
6. **PASIVOS** ____________
   - Desembolso del efectivo para retirar deudas, préstamos, y/o cuentas pagaderas
7. **CAPITAL DEL PROPIETARIO** ____________
   - Efectivo a ser retirado por el propietario

TOTAL DE EFECTIVO A PAGARSE $ ____________

Hoja de trabajo de fuentes de efectivo

(Efectivo que entra el negocio)

Nombre de negocio:______________________________

Periodo cubierto de ____________ ___, _____ a ____________ ___, _____

1. EFECTIVO EN MANO **$ ____________**

2. VENTAS (INGRESOS)

Ingresos por venta de productos ____________

Ingresos por servicios ____________

Depósitos por ventas o servicios ____________

Recaudación de cuentas por cobrar ____________

3. INGRESOS MISCELÁNEOS

Interés de ingresos ____________

Pagos de préstamos por recibirse ____________

4. VENTA DE ACTIVOS A LARGO PLAZO ____________

5. PASIVOS

Fondos de préstamos (bancos, instituciones prestamistas, SBA, etc.) ____________

6. CAPITAL ACCIONARIO

Inversiones del propietario (único propiedad o sociedad) ____________

Capital contribuido (corporación) ____________

Venta de acciones (corporación) ____________

Capital de riesgo ____________

TOTAL DEL EFECTIVO DISPONIBLE **$ ____________**

Declaración pro forma del flujo de dinero in efectivo

Nombre del negocio: ______________________________

Año: ______

	Ene	Feb	Mar	Abr	May	Jun	TOTALES 6-MESES	Jul	Ago	Sep	Oct	Nov	Dic	TOTALES 12-MESES
BALANCE INICIAL DEL EFECTIVO														
RECIBOS DEL EFECTIVO														
A. Ventas/Ingresos														
B. Por cobrar														
C. Ingresos por interés														
D. Activos de ventas a largo plazo														
TOTAL DE EFECTIVO DISPONIBLE														
PAGOS EN EFECTIVO														
A. Costo de bienes a ser vendidas														
1. Compras														
2. Material														
3. Mano de Obra														
Total costo de bienes														
B. Gastos variables (de ventas)														
1.														
2.														
3.														
4.														
5.														
6.														
7. Gastos variables misceláneos														
Total gastos variables														
C. Gastos fijos														
1.														
2.														
3.														
4.														
5.														
6.														
7. Gastos fijos misceláneos														
Total gastos fijos														
D. Gastos de interés														
E. Impuesto sobre la renta federal														
F. Otros usos														
G. Pagos de activos a largo plazo														
H. Pagos de préstamos														
I. Retiros del propietario														
TOTAL DE DINERO PAGADO														
BALANCE/DEFICIENCO EFECTIVO														
PRÉSTAMOS A RECIBIRSE														
DEPÓSITOS DEL CAPITAL ACCIONARIO														
BALANCE FINAL DEL EFECTIVO														

Glosario

El siguiente glosario definirá términos financieros y de negocios con los cuales usted quizá no esté familiarizado. El uso de estos términos le ayudará a comunicarse en un lenguaje que será entendido por socios de negocio u otros empresarios con quienes tenga relación.

A

Absorción La adquisición de una compañía por otra.

Acción Una de las partes iguales en la cual la propiedad de una corporación está dividida. Una "acción" representa una propiedad parcial en una corporación.

Acción bursátil Una acción de propiedad en una corporación. Otra definición sería mercancías acumuladas.

Acción de mercado El porcentaje de acción de una compañía de ventas totales dentro de un mercado dado.

Acreedor Una compañía o individuo a quien un negocio debe dinero.

Activo Cualquier cosa con valor (en efectivo) que es propiedad de su negocio (por ejemplo, efectivo en mano, inventario, terrenos, edificios, vehículos y equipo). Cuentas pendientes, notas pendientes y compras prepagadas también son activos.

Activos actuales Dinero más cualquier activo que será convertido en efectivo dentro de un año, más cualquier activo que planea usar dentro de un año.

Activos fijos Cosas compradas para su uso en un negocio, que se deprecian en un periodo de tiempo determinado según la vida útil de la compra. Normalmente incluye terrenos, edificios, vehículos y equipo no usado para reventa. Los terrenos no se deprecian, pero es activo fijo.

Actuario Un experto profesional en seguros de pensión y de vida, educado en métodos y procedimientos matemáticos, estadísticos y contables, y en probabilidades de seguros.

Acuerdo de préstamo Un documento que establece lo que un negocio puede o no hacer mientras deba dinero al prestamista.

Agente Una persona autorizada para actuar o representar a otra persona ante una tercera parte.

Amortización Liquidar sobre una base a plazos: el proceso de pagar gradualmente un pasivo sobre un periodo de tiempo.

Análisis Desglosar una idea o problema en sus partes: un examen profundo de las partes.

Análisis de equilibrio Un método usado para determinar el punto donde el negocio ni ganará ni incurrirá en pérdidas. Este análisis se expresa en el total de dólares por ingresos, exactamente compensado por el total de gastos o en unidades totales de producción, el costo que equivale exactamente a los ingresos obtenidos por la venta.

Análisis de proporción Un análisis que involucra la comparación de dos artículos separados en declaraciones financieras. Un artículo es dividido por el otro y la relación se llama proporción.

Análisis horizontal Un análisis del porcentaje de los aumentos y disminuciones de los diferentes puntos de los estados financieros comparativos. Un estado de cuenta financiera horizontal involucra la comparación de datos por el periodo actual con los mismos datos de una compañía en periodos anteriores. Se hace una lista de los porcentajes de aumento o disminución.

Análisis SWOT Significa fuerzas, debilidades, oportunidades y amenazas. Un análisis SWOT es un examen detallado de factores clave internos (fuerzas y debilidades) y externos (oportunidades y amenazas) a un negocio.

Análisis trimestral del presupuesto Método usado para medir ingresos y egresos reales contra proyecciones del trimestre corriente del año financiero y para los trimestres completos. La diferencia se expresa como la cantidad y el porcentaje por encima o por debajo del presupuesto.

Análisis vertical Un análisis del porcentaje usado para mostrar la relación de los componentes en un solo estado de cuenta financiero. En el análisis vertical de un reporte de ingresos cada punto se expresa como un porcentaje de ventas netas.

Anunciar La práctica de hacer público las buena cualidades de algo para inducir al público a comprar o invertir en ello.

Apreciación El aumento en el valor de un activo por encima de la depreciación de su costo debido a condiciones económicas y otras condiciones.

Artículos de incorporación Un documento legal archivado con el estado, que incluye los propósitos y regulaciones de una corporación. Cada estado tiene distintas regulaciones.

Atrasos Cantidades anteriores debidas y no pagadas.

Auditoria Un examen de documentos de contabilidad y evidencia de apoyo con el propósito de alcanzar una opinión informada respecto a su propiedad.

Aval Algo de valor o sostenido como un compromiso para respaldar una deuda u obligación que se efectuará.

Aventura de negocios Tomar riesgos financieros en una empresa comercial.

B

Balance La cantidad de dinero que permanece en una cuenta.

Balance de cuenta La diferencia entre el débito y el crédito de una cuenta.

Base acumulada Un método para mantener cuentas que muestran gastos incurridos e ingresos ganados en un periodo fiscal dado, aunque los ingresos o egresos no se hayan pagado ni recibido en efectivo.

Base depreciable de un activo El costo de un activo usado en el cálculo de gasto de depreciación anual.

Bruto Ingresos globales totales antes de deducciones.

C

Cámara de comercio Una organización de empresarios diseñada para promover los intereses de sus miembros. Hay tres niveles: nacional, estatal y local.

Canal de distribución Todos los individuos y organizaciones involucrados en el proceso de mover productos de productor a consumidor.

Capital Dinero disponible para invertir o el total de activos acumulados disponible para producción. Ver "Capital del propietario".

Capital accionario Las acciones de los accionistas en una corporación, más cualquier ingreso retenido.

Capital circulante Activos reales menos pasivos reales. Esto es una medida básica de la habilidad de una compañía para pagar sus obligaciones actuales.

Capital del propietario El interés financiero del propietario de un negocio. El total de todo el capital del propietario es igual a los activos del negocio menos los pasivos. El capital del propietario representa inversiones totales en el negocio más o menos ganancias o pérdidas que el negocio acumule hasta el presente.

Capital de riesgo Dinero invertido en empresas que no tienen acceso a fuentes tradicionales de capital.

Capital variable Dinero aportado por los propietarios del negocio.

Ciclo de vida del producto Las fases del desarrollo y disminución seguidas por un producto exitoso.

Colecta de fondos Eventos organizados para recaudar fondos.

Comparar puntos de referencia Comparar los productos, servicios y prácticas de su compañía con los que encabezan la industria.

Contador público Un contable que ha cumplido con los requisitos prescritos y diseñados por el estado para asegurar la competencia de un profesional público en contabilidad.

Contrato Un acuerdo relativo a responsabilidades mutuas entre dos partes o más.

Contrato de arrendamiento Un acuerdo sobre el alquiler a largo plazo.

Corporación Una organización voluntaria de personas, de individuos reales o entidades legales, unidas legalmente para formar una empresa; una entidad artificial legal creada con subvención gubernamental y tratada por ley como un individuo.

Correo directo Mercadeo directo de bienes y servicios al consumidor a través del correo postal.

Cosignatario Persona que firma un acuerdo de préstamo como avales, comprometiéndose a cumplir las obligaciones del titular de la firma en caso de falta de pago.

Costo de bienes vendidos El costo de inventario vendido durante un periodo fiscal. Es igual al inventario inicial para el periodo más el costo de compras hechas durante el periodo menos el inventario final para el periodo.

Costos variables Gastos que varían en relación al volumen de actividad de un negocio.

Crédito Otra palabra para deuda. El crédito se le da a clientes cuando se les permite hacer una compra con la promesa de pagar más tarde. Un banco da crédito cuando presta dinero.

Crédito comercial Permiso para comprar de proveedores en una cuenta abierta.

Cuenta Un documento separado que muestra los aumentos y disminuciones de cada activo, pasivo, capital del propietario, ingresos y egresos. También, un arreglo, contrato, escrito o no escrito, para comprar y entregar un producto o servicio a pagar más tarde, según lo acordado.

Cuenta de carga Un documento dado por un ferrocarril u otro transportista. Reconoce el recibo de bienes específicos para ser transportados a un cierto lugar; expone el contrato entre el despachador y el transportista e incluye el reparto adecuado de los bienes.

Cuenta de venta Documento legal formal que comunica el título o interés de propiedad específica del vendedor al comprador.

Cuentas pagaderas Un archivo de qué se debe a los acreedores por bienes o servicios recibidos.

Cuentas por cobrar Un archivo de qué se debe a su negocio como resultado de extender crédito a un cliente que compra sus productos o servicios. Todas las cuentas de crédito sumadas son sus "cuentas por cobrar".

Cuestionario Una forma de recoger datos usada para recoger información de una entrevista personal, telefónica, de encuesta o por correo.

D

Déficit El exceso de los pasivos de un negocio sobre sus activos; un patrimonio neto negativo.

Demanda del mercado Volumen total comprado en un área geográfica específica de un grupo de clientes específicos en un periodo de tiempo específico bajo un programa de mercadeo específico.

Depreciación Una disminución en valor por edad, desgaste o deterioro. Depreciación es un gasto normal de las empresas que se debe tomar en cuenta. Hay leyes y regulaciones que gobiernan la forma y periodos que pueden usarse para la depreciación.

Descuento Una deducción del precio declarado o listado de un producto o servicio.

Descuento de efectivo Una deducción que se hace para el pago rápido de una factura.

Deuda Lo que se debe.

Deuda de capital La parte del capital de inversión que debe pedirse prestado.

Deudas malas Dinero que se le debe a usted, pero que no puede recaudar.

Distribuidor Intermediario Un mayorista, agente o compañía que distribuye bienes a comerciantes o empresas.

E

Efectivo Dinero en mano o disponible fácilmente.

Emprendedor Un innovador que reconoce oportunidades para introducir un nuevo producto, un nuevo proceso o una organización mejorada y que reúne el dinero necesario, monta los factores de producción y organiza una operación para aprovechar la oportunidad.

Encuesta Un método de investigación mediante el cual se hacen preguntas a personas.

Enfoque del mercado Escoger una estrategia de mercadeo en términos de fuerzas competitivas y realidades del mercado.

Equipo Propiedad física de naturaleza más o menos permanente que por lo regular es útil para continuar operaciones, que no sean de terrenos, edificios o mejoras de cualquiera de ellos. Ejemplos: maquinaria, herramientas, vehículos, muebles y accesorios.

Equipo capital Equipo que se usa para fabricar un producto, ofrecer un servicio o para vender, almacenar y repartir mercancía. Este equipo no se vende para hacer negocio, pero se usa y desgasta o consume en el curso del negocio.

Estado de cuenta bancaria Un reporte mensual de una cuenta que un banco presenta a cada uno de sus depositantes.

Estado de ingresos Un documento financiero que muestra cuánto dinero (ingresos) entró y cuánto dinero (egresos o gastos) salió.

Estado de pérdidas y ganancias Una lista de la cantidad total de ventas (ingresos) y costos totales (egresos). La diferencia entre ingresos y egresos es su ganancia o pérdida. Estado de ingresos.

Estados financieros Los reportes periódicos que resumen los asuntos financieros de un negocio.

Estilo de vida Una forma de vida que incluye las actividades, intereses y opiniones de un individuo.

F

Factura Una cuenta por la venta de bienes o servicios enviada por el vendedor al comprador.

Falta de pago Fracaso de pagar una deuda o cumplir una obligación.

Flujo de caja El movimiento real de efectivo de un negocio; ingreso y egreso de dinero en efectivo.

Franquicia Un negocio que requiere tres elementos: tarifa de franquicia, nombre de comercio común y relación continua con la empresa matriz.

G

Ganancia Beneficio financiero; retornos sobre gastos. La suma que se queda después de deducción de costos.

Ganancia bruta en ventas La diferencia entre ventas netas y el costo de bienes vendidos.

Ganancias (y pérdidas) capitales La diferencia entre precio de compra y precio de venta en la venta de activos.

Garantía Un compromiso de una tercera parte para pagar un préstamo en el evento que el prestatario no pueda.

Gasto administrativo Los gastos a cuenta de la dirección, administración general y de pólizas de un negocio en contraste a gastos de ventas, fabricación o costo de bienes.

Gastos Los costos de producir ingresos a través de la venta de bienes o servicios.

Gastos capitales Un gasto por la compra de una propiedad, planta o equipo que tiene una vida útil de más de un año. (Activos fijos)

Gastos controlables Los gastos que pueden ser controlados o contenidos por el dueño del negocio. Gastos variables.

Gastos de operación Gastos normales incurridos en la operación de un negocio.

Gastos directos Aquellos gastos que se relacionan directamente con su producto o servicio.

Gastos fijos Costos que generalmente no varían de un periodo a otro. Generalmente, estos gastos no son afectados por el volumen de negocio.

Gastos generales Un término general para costos de materiales y servicios que no añaden nada directamente, ni son fácilmente identificables con el producto o servicio de venta.

Gastos prepagos Gastos que están pagados antes de su uso. Algunos ejemplos son seguros, renta, compras de inventario prepago, etc.

Gestión El arte de conducir y supervisar un negocio.

H

Historia financiera personal Un resumen de información financiera personal sobre el propietario de un negocio. La historia financiera personal frecuentemente es requerida por un prestamista o inversionista potencial.

Hoja de balance Una declaración detallada que enumera los activos y pasivos totales de un negocio para mostrar su patrimonio neto en un tiempo determinado.

I

Ingreso neto La cantidad por la cual los ingresos suman más que los gastos. En una declaración de ingresos esto normalmente se expresa como una cifra antes de impuestos y después de impuestos.

Ingresos Dinero proveniente de la venta de productos o servicios o del uso de inversiones o propiedad.

Ingresos no ganados Ingresos que han sido recibidos, pero todavía no ganados.

Ingresos retenidos Ingresos de una corporación que se quedan en el negocio y no se pagan en dividendos. Esta cantidad representa las ganancias acumuladas, no distribuidas, de la corporación.

Intercambiar El proceso donde dos o más partes intercambian valor para satisfacer necesidades y deseos.

Interés El costo de prestar dinero. El precio cobrado o pagado por el uso de dinero o crédito.

Intermediario Una persona o compañía que efectúa funciones o presta servicios de compra y/o venta de bienes en el proceso de productor a consumidor.

Internet La vasta colección de redes interconectadas de información por computación, que ofrece servicios de correo electrónico y acceso a la Web.

Inventario Las existencias de bienes que un negocio tiene a mano para la venta a sus clientes.

Invertir Gastar dinero para cualquier propósito del cual se espera una ganancia.

J

Junta directiva Individuos elegidos por los accionistas de una corporación para administrar el negocio.

L

Licencia Permiso formal para hacer negocios.

Línea de crédito La cantidad máxima de crédito o dinero que una institución financiera o firma comercial extenderá a un cliente.

Línea de producto Un grupo de productos relacionados entre sí por consideraciones técnicas, de mercadeo o de su uso final.

Liquidar Saldar una deuda o convertir a dinero en efectivo.

Liquidez La habilidad de una compañía para cumplir sus obligaciones financieras. Un análisis de liquidez se centra en la hoja de balance de activos y pasivos actuales.

M

Mantenimiento de los libros contables El proceso de archivar transacciones de negocios en los archivos de contabilidad.

Máquina facsímil (fax) Máquina capaz de transmitir datos escritos vía líneas telefónicas.

Marca Un diseño, marca, símbolo u otro aparato que distingue una línea o tipo de bienes de los de un competidor.

Margen de ganancia La diferencia entre el precio de venta y todos los costos.

Margen de ganancia neta La medida del éxito de un negocio con respecto a ingresos por ventas. Se obtiene al dividir las ganancias netas entre las ventas. Un margen alto significa que la firma obtiene más ganancias.

Margen de ganancias brutas Un indicador del porcentaje de cada dólar de venta que se queda después que un negocio ha pagado sus bienes. Se calcula al dividir las ganancias brutas entre las ventas.

Margen de ganancias por operación La tasa que representa las ganancias de operación puras, sin interés e impuestos. Resulta de la división de los ingresos por operaciones entre las ventas. Es mejor mientras mayor sea el porcentaje del margen de ganancias por operación.

Medidas de la deuda La indicación de la cantidad de dinero de otras personas que se usa para generar ganancias de un negocio. Mientras mayor sea la deuda, mayor el riesgo de fracasar.

Medidas de inversión Tasas usadas para medir los ingresos del propietario por su inversión en la compañía. Vea "Retorno de inversión".

Mercadeo Todas las actividades promociónales involucradas en la compra y venta de un producto o servicio.

Mercadeo distinguido Seleccionar y desarrollar una cantidad de ofertas para cumplir las necesidades de segmentos específicos del mercado.

Mercadeo masivo Seleccionar y desarrollar una sola oferta para un mercado completo.

Mercadeo no diferenciado El mercadeo para seleccionar y desarrollar una oferta para un mercado completo.

Mercadeo objetivo Seleccionar y desarrollar una cantidad de ofertas para cumplir las necesidades de una cantidad de segmentos específicos del mercado.

Mercado Una colección de compradores posibles o reales o un lugar donde hay una demanda de productos y/o servicios. Compradores reales o posibles de un producto o servicio.

Mercado objetivo Los individuos específicos, distinguidos por características socioeconómicas, demográficas y por interés, que son los clientes más probables de los bienes y servicios de un negocio.

Mercado organizacional Un mercado formado por productores, industrias de comercio, gobiernos e instituciones.

Mercancías Bienes comprados y vendidos en un negocio. Las "mercancías" o existencias son una parte del inventario.

Mezcla de producto Todos los productos en la línea de producto total de un vendedor.

Mezcla del mercado El conjunto de variables como producto, lugar, promoción, precio y empaque, que un jefe de mercadeo controla y orquesta para llevar un producto o servicio al mercado.

Microcredito Pequeños préstamos a prestatarios que no pueden acceder a un préstamo en un banco tradicional. Es la parte esencial del campo de la microfinanciación, dentro del que se encuentran otros servicios, tales como los microseguros, ahorros u otros.

Micro negocio Un negocio operado por el propietario con pocos empleados y menos de 250 mil dólares en ventas anuales.

Micro publicación Un término usado comúnmente para materiales impresos generados por computadora como boletines informativos y folletos.

Muestra Una porción limitada del total de un grupo.

N

Necesidad Un estado de privación percibida.

Negocio al detalle Un negocio que vende bienes y servicios directamente a clientes individuales.

Negocio al por mayor Un negocio que vende sus productos a otros mayoristas, detallistas o clientes por volumen a descuento.

Negocio de servicio Un negocio que ofrece a sus clientes servicios en lugar de productos.

Neto Lo que se queda después de descontar todos los gastos de lo bruto.

Nicho Un grupo bien definido de clientes a quienes se ofrece un producto particularmente apropiado.

Nicho de mercado Un grupo bien definido de clientes que tienen interés en el producto que se les ofrece.

No recurrente Una vez, que no se repite. Gastos "en los que no se recurre" son los gastos de iniciación de un negocio que sólo necesitan pagarse una vez y no ocurren de nuevo.

Nombre comercial Un término, símbolo, diseño o combinación del mismo que identifica y diferencia un producto o servicio de un vendedor.

Nota Una promesa escrita con términos del pago de una deuda.

Notas a corto plazo Préstamos que se deben por un año o menos.

O

Otros gastos Egresos que no están conectados directamente con la operación de un negocio. Lo más común es ingreso de interés.

Otros ingresos Dinero ganado de fuentes que no participan en la operación. Lo más común es ingreso de interés.

P

Pagadero Listo para pagarse. Unas de las cuentas estándares mantenidas por un contable es "cuentas pagaderas." Esta es una lista de las cuentas actualizadas y adeudadas que deben ser pagadas.

Página principal El "índice de contenido" de un sitio Web, que detalla qué información se incluye. La primera página que se ve cuando se accede un sitio Web.

Pasivos Cantidad que un negocio debe a sus acreedores. Las deudas de un negocio.

Pasivos actuales Deudas que necesitan estar pagadas en el transcurso de un año.

Pasivos a largo plazo Pasivos que durarán por más de un año.

Pendiente Listo para ser pagado. Cuando venda al crédito, mantenga "cuentas pendientes" en un archivo de lo que se le debe y quien lo debe. En contabilidad, un "pendiente" es un activo.

Pérdida neta La cantidad por la cual hay más egresos que ingresos. En un estado de ingresos esta cifra por lo regular aparece antes de pagar impuestos y después del pago de impuestos.

Pista El nombre y dirección de un posible cliente.

Poner un precio promocional Precio temporal de un producto o servicio por debajo del precio listado o por debajo del costo para atraer clientes.

Posición del mercado Encontrar un nicho de mercado que hace énfasis en las fuerzas de un producto o servicio en relación a las debilidades de la competencia.

Precio El valor de cambio de un producto o servicio desde la perspectiva del comprador y del vendedor.

Precio base La cantidad más baja que un propietario de un negocio puede cobrar por un producto o servicio y todavía cubrir todos los gastos, más ganancias aceptables.

Precio techo La cantidad más alta que un cliente paga por un producto o servicio basado en el valor percibido.

Préstamo Dinero u otros activos dados temporalmente, normalmente con una cantidad específica de interés.

Presupuesto Un plan expresado en términos financieros. El negocio es evaluado al medir su ejecución en términos de sus metas. El presupuesto contiene proyecciones de dinero en efectivo que ingresa o egresa.

Previsión de mercado Una demanda anticipada que resulta de un gasto planeado de mercadeo.

Principal La cantidad mostrada en la cara de una nota o bono. Principal no pagado es la cantidad restante en cualquier momento.

Pro forma Una proyección o cálculo de qué resultará en el futuro de acciones en el presente. Un estado financiero pro forma es uno que muestra como resultarán las operaciones reales del negocio si se logran ciertas proyecciones.

Producto Algo capaz de satisfacer necesidades, incluyendo cosas tangibles, servicio o ideas.

Profesional de la contabilidad Alguien que posee la habilidad de mantener los archivos de negocios. Generalmente, un profesional mejor entrenado que alguien que sólo lleva los libros contables. Un contador puede establecer los libros necesarios para la operación de un negocio y ayudar al propietario a entenderlos.

Promoción La comunicación de información por un vendedor para influir en las actitudes y comportamiento de compradores potenciales.

Propiedad personal tangible Maquinaria, equipo, muebles y accesorios no atados a la tierra.

Propiedad única Una estructura legal de un negocio que tiene una sola persona como propietario.

Proveedores Individuos o negocios que ofrecen recursos que necesita una empresa para producir bienes y servicios.

Proyección de tres años Un estado de ingresos pro forma (proyección) que muestra ingresos y egresos anticipados de un negocio.

Psicografía El sistema para explicar el comportamiento del mercado en términos de actitudes y estilos de vida.

Publicidad Cualquier presentación no pagada y orientada a las noticias de un producto, servicio o entidad de negocio en un formato de medios masivos.

R

Recibos de efectivo El dinero que recibe un negocio por parte de sus clientes.

Reducción de tamaño Término usado actualmente para indicar la acción de reasignación de empleos, despidos y la reestructuración, para hacer un negocio más competitivo, eficiente y/o rentable.

Representante de ventas Un vendedor independiente que dirige esfuerzos para vender sus productos o servicios a otros, pero no es empleado de su compañía. Los representantes de ventas frecuentemente representan más que una línea de productos de más de una compañía y generalmente trabajan por comisión.

Resultado final Las ganancias o pérdidas netas de un negocio después de impuestos por un periodo fiscal específico.

Retorno de inversión (ROI, en inglés) La tasa de ganancia que una inversión ganará. El retorno de inversión es igual al ingreso neto anual dividido por activos totales. Mientras mayor es el retorno de inversión, mejor.

S

Seguridad Garantía prometida a un prestamista como protección en caso que el prestatario no pague un préstamo.

Seguro de pasivo Protección de riesgo de acciones por las cuales un negocio es responsable.

Sociedad Una relación de negocio legal de dos o más personas que comparten responsabilidades, recursos, ganancias y responsabilidades.

Sociedad limitada Una sociedad legal donde unos propietarios pueden asumir responsabilidad dependiendo de la cantidad invertida.

Subcontratar Término usado en negocios para identificar el proceso de subcontratación de trabajo de otras empresas o individuos.

T

Tasa actual Una indicación segura de liquidez calculada al dividir activos actuales entre pasivos actuales. Una tasa de 2.0 es aceptable para la mayoría de negocios.

Tasa de deuda La tasa financiera clave usada por acreedores para determinar qué tan endeudado está un negocio y la capacidad que tiene para saldar las deudas. La tasa de deuda se calcula al dividir los pasivos totales entre los activos totales. Entre más alta la tasa hay mayor riesgo de fracaso. La tasa aceptable depende de las pólizas de sus acreedores y banqueros.

Tasa rápida Un examen de liquidez al restar inventario de los activos actuales y dividir el resultado entre pasivos actuales. Por lo regular se recomienda una tasa rápida de 1.0 o más.

Telemercadeo Comercializar bienes o servicios directamente al consumidor, vía telefónica.

Términos de venta Las condiciones con respecto al pago de una compra.

V

Valoración Evaluación de un pedazo específico de propiedad personal o real. El valor puesto sobre la propiedad evaluada.

Valor de capital El valor monetario de una propiedad o negocio que excede reclamos y/o embargos preventivos hechos por otros contra el mismo. Una inversión de capital en un negocio también lleva una acción de posesión del negocio, un interés en las ganancias y voz respecto a la dirección de la empresa.

Valor neto El capital accionario de un negocio representado por el exceso de los activos totales sobre las cantidades totales debidas a acreedores externos (total de pasivos) en un determinado momento. El valor neto de un individuo se determina al deducir la cantidad de todos los pasivos del total de todos los activos personales.

Venta directa El proceso a través del cual el productor de un producto o servicio vende al usuario, al consumidor o detallista, sin intermediarios.

Ventas al por mayor Vender para reventa.

Ventas multiniveles También conocido como mercadeo de redes. En lugar de contratar empleados de ventas, las compañías de ventas multiniveles venden sus productos entre miles de distribuidores independientes. Compañías de ventas multiniveles ofrecen a los distribuidores comisiones por las ventas al detalle y por las ventas de su "línea inferior" (la red de otros distribuidores que ellos patrocinan).

Volumen Una cantidad de negocio: el "volumen" de un negocio es el total que vende sobre un periodo de tiempo.

Índice

G

H

I

J

L

M

N

P